湖南省"十三五"教育科学规划重点资助课题"高职院校技术技能积累与创新集成研究"研究成果 课题编号：XJK016AZY001

校企协同视域下工科高职院校技术技能积累与创新

周哲民 万秋红 著

北京理工大学出版社
BEIJING INSTITUTE OF TECHNOLOGY PRESS

版权专有　侵权必究

图书在版编目（CIP）数据

校企协同视域下工科高职院校技术技能积累与创新/周哲民，万秋红著．—北京：北京理工大学出版社，2020.8

ISBN 978-7-5682-8851-4

Ⅰ.①校… Ⅱ.①周…②万… Ⅲ.①高等职业教育-工科院校-产学合作-教学研究-中国 Ⅳ.①G718.5

中国版本图书馆 CIP 数据核字（2020）第 140432 号

出版发行 / 北京理工大学出版社有限责任公司	
社　　址 / 北京市海淀区中关村南大街 5 号	
邮　　编 / 100081	
电　　话 /（010）68914775（总编室）	
（010）82562903（教材售后服务热线）	
（010）68948351（其他图书服务热线）	
网　　址 / http：//www.bitpress.com.cn	
经　　销 / 全国各地新华书店	
印　　刷 / 保定市中画美凯印刷有限公司	
开　　本 / 710 毫米 × 1000 毫米　1/16	责任编辑 / 梁铜华
印　　张 / 13.25	文案编辑 / 杜　枝
字　　数 / 280 千字	责任校对 / 刘亚男
版　　次 / 2020 年 8 月第 1 版　2020 年 8 月第 1 次印刷	责任印制 / 施胜娟
定　　价 / 85.00 元	

图书出现印装质量问题，请拨打售后服务热线，本社负责调换

序

在"科学—技术—生产"创新驱动链中,国家不仅要建设一批重大科学工程、国家科学中心、国家实验室等,更需要把科学发现转化成真正生产力的区域技术创新中心、区域技术服务联盟等。高职院校价值主要表现在为国家经济结构转型升级提供技术创新的驱动力和技术技能人才智力支撑,工科高职院校作为大国工匠和高素质技术技能人才成长摇篮,在国家科技创新体系和国家经济结构转型升级中的不可替代作用日益凸显。但从现实来看,工科高职院校办学历史短,技术技能积累基础薄弱,办学思路上重就业导向轻创新发展驱动,在办学定位上没有扎根当地经济提升和引领产业发展转型,办学管理上过于沿袭普通高校管理模式,阻碍了技术积累和创新的深化和拓展,导致工科高职院校不能适应我国经济动力新旧转换和产业转型升级的新形势,因而强化工科高职院校技术技能积累能力势在必行。

本书是湖南省"十三五"教育科学规划重点资助课题"高职院校技术技能积累与创新集成研究"研究成果,该课题2016年立项,2020年结题,时间的跨度刚好是高等职业教育高质量发展和高水平提升的时期。以《高等职业教育创新发展行动计划(2015—2018年)》为标志,高职教育开始进入创新驱动发展的新时代。2019年颁发的《国家职业教育改革实施方案》明确提出"职业教育与普通教育是两种不同教育类型,具有同等重要地位"的论断,我国的教育结构呈现明晰的"双轨制"并行轨迹。同年国家启动"双高计划",集中力量建设56所高水平高职学校和141个高水平专业群,打造技术技能人才培养高地和技术技能创新服务平台,支撑国家重点产业、区域支柱产业发展。作者在新时代高职教育高质量发展的背景下,提出"校企协同视域下工科高职院校技术技能积累与创新"课题确实是契合了现实的需要。作者拥有15年的企业和14年的高职院校跨界工作历程和多年教学管理实践,以及作为清华大学教学管理博士学位获得者,既有丰富的实践管理经验,又有较扎实的理论功底。作者结合自己的工科高职院校教学管理工作实践的困惑与思考,在当前国内外学者关于技术技能积累与创新已有研究的基础上,从工科高职院校技术技能积累问题现状、理论基础、内涵特征、评价模型、体制机制、平台与路径及策略体系进行了清晰的逻辑脉络梳理和论证。本书的内容聚焦工科高职院校技术技能积累与创新研究,结论主要体现在以下五个方面：①系统阐述了工科高职院校技术技能积累的内涵、特征和运行模型，论证了强化技术技能积累是推动工科高职院校创新驱动发展的有效引擎，是深化产教融合和提高社会服务力的有力杠杆，是促进实体经济产业技术升级及技能传承与创新的重要支撑，是实现规模扩张驱动向内涵创新驱动的转型、提高人才培养质量的关键路径。②认真分析了校企协同是系统提高工科高职院校技术技能积累能力的首要途径和关键实践路径。工科高职院校和企业需打破组织之间的壁垒和边界，通过协调、同步、合作、互补形成新的有序结构和系统动力，为工科高职院校技术技能积累储能。个人技术技能积累是工科高职院校技术技能积累最基本的内在动力和最活跃的要素，组织层面的管理协同是提升工科高职院校技术技能积累力的关键。③工科高职院校技术技能积累和技术技能人才培养两者之间呈现相互作用和紧密耦合的关系。高素质创新型技术技能人才培养是工科高职院校技术技能积累运行系统的序参量，技术技能积累是创新型技术技能人才培养的"加油站"，通过资源转化和成果迁移赋能创新型技术技能人才培养。学生、企业、教师、专业和课程是技术技能积累与技术技能人才培养耦合动态运行系统的耦元连接体。④在协同投入—协同过程—协同绩效工科高职院校技术技能积累评价逻辑结构中，协同过程的权重最高，反映了在工科高职院校技术技能积累建设过程中，更重要的是加强协同过程的效能建设，其中校企协同共建实训基地、校企协同建立技能大师工作室、校企协同建立技术开发中心、校企协同开发教学标准、校企现代学徒制双元育人和校企协同共建二级产业学院是最有效的协同路径。⑤系统提出工科高职院校技术技能积累整体策略和集成解决方案。工科高职院校通过构建协同信任机制，塑造价值认同共同体；通过构建组织学习机制，建立协同学习共同体；通过构建利益协调机制，打造校企利益共同体；协同共建生产性实训基地，夯实技术技能积累实体条件；协同共建产业学院，构建技术技能积累集聚高地；协同共建技能大师工作室，实现技术技能知识生成和共享；协同共建技术服务联盟，以应用驱动技术技能积累；协同共建应用技术创新中心，以创新牵引技术技能积累；协同共建双师结构团队，发挥技术技能积累关键主体作用；协同创新创业教育，强化技术技能积累孵化功能。本书拓展和深化了我国高职教育产教融合和校企合作领域的研究，提出的工科高职院校技术技能积累内涵特征与理论模型创新丰富了高职院校技术技能积累的理论研究；构建的工科高职院校技术技能积累评价体系对工科高职院校强化技术技能积累功能和建设具有一定的参考价值和指导意义，对指导工科高职院校办学和发展建设具有较强的现实意义，系统提出了工科高职院校技术技能积累校企协同机制、协同平台、积累载体、关键主体和创新创业实践平台运行图谱和集成策略，为促进高职院校技术技能积累与创新提供了可借鉴的实践范式。

本书既有深刻的理论内涵，又有丰富的实践案例。本书的成果有助于工科高职院校提升"高端"技术技能人才培养，更重要的是有助于工科高职院校提升"高位"的应用技术开发、技术升级、技术创新及"高能"促进国家经济转型和产业升级，也有助于为政府制定促进产教融合和校企合作政策提供建设性的参考。

作为一本系统研究工科高职院校技术技能积累与创新的著作，本书还有一些未能解释的问题，有些观点和论点还需要进一步研究和论证，希望作者继续深入探索和拓展研究，为高等职业教育的发展做出应有的贡献。

是为序！

刘显泽

2019 年 12 月于长沙

刘显泽，湖南省教育科学研究院职成所原所长，二级研究员，曾任湖南都市职业学院院长，政府特殊津贴专家、湖湘智库专家、全国职业院校教学工作诊断与改进专家委员会，湖南省职业院校现代学徒制专家委员会副主任、教学工作诊断与改进专家委员会高职专委秘书长，湖南省职业教育与成人教育学会副会长，2014 年获国家级教学成果一等奖，2016 年获首届湖湘智库研究"十大金策"，中南大学、湖南师范大学、湖南农业大学兼职教授、硕士生导师。

目 录

第1章 引 论 ·· (1)
  1.1 研究背景与意义 ··· (1)
    1.1.1 研究背景 ··· (1)
    1.1.2 研究意义 ··· (5)
  1.2 概念界定 ··· (8)
    1.2.1 校企协同 ··· (8)
    1.2.2 工科高职院校 ·· (8)
    1.2.3 技术技能积累 ·· (8)
    1.2.4 技术创新 ··· (9)
    1.2.5 协同创新 ··· (10)
  1.3 国内外研究综述 ··· (10)
    1.3.1 有关国家技术技能积累的研究 ························ (11)
    1.3.2 有关企业技术积累的研究 ···························· (13)
    1.3.3 有关技术技能积累内涵的研究 ························ (15)
    1.3.4 有关高职院校技术技能积累协同机制的研究 ·········· (18)
    1.3.5 有关高职院校技术技能积累模式、平台与路径的研究 ···· (20)
    1.3.6 技术技能积累研究综述 ······························ (23)
  1.4 研究目标与研究设计 ······································· (25)
    1.4.1 研究目标 ·· (25)
    1.4.2 研究方法 ·· (26)
    1.4.3 研究路线 ·· (27)
    1.4.4 主要创新点 ·· (28)

第2章 理论研究：工科高职院校技术技能积累的理论基础和理论模型 ··· (29)
  2.1 协同理论与工科高职院校技术技能积累 ···················· (29)
    2.1.1 协同理论概述 ······································· (29)
    2.1.2 基于协同理论的工科高职院校技术技能积累分析 ······ (30)
  2.2 社会交换理论与工科高职院校技术技能积累 ················ (34)
    2.2.1 社会交换理论概述 ··································· (34)
    2.2.2 基于社会交换理论的工科高职院校技术技能积累分析 ··· (35)
  2.3 组织学习理论与工科高职院校技术技能积累 ················ (38)
    2.3.1 组织学习理论概述 ··································· (38)
    2.3.2 基于组织学习理论的工科高职院校技术技能积累分析 ··· (40)
  2.4 工科高职院校技术技能积累内涵、特征与运行模型 ········· (42)

    2.4.1 工科高职院校技术技能积累内涵 ……………………………… (42)
    2.4.2 工科高职院校技术技能积累的特征 …………………………… (44)
    2.4.3 工科高职院校技术技能积累运行模型 ………………………… (47)
第3章 问题研究：工科高职院校技术技能积累的调查分析 ………………… (49)
  3.1 工科高职院校技术技能积累调查 …………………………………… (49)
    3.1.1 方案设计 ………………………………………………………… (49)
    3.1.2 调查结果 ………………………………………………………… (51)
    3.1.3 调查结论 ………………………………………………………… (59)
  3.2 工科高职院校技术技能积累的影响因素分析研究 ………………… (60)
    3.2.1 方案设计 ………………………………………………………… (61)
    3.2.2 实证分析 ………………………………………………………… (65)
    3.2.3 学理分析 ………………………………………………………… (72)
  3.3 工科高职院校技术技能积累与技术技能人才培养耦合关系分析 … (74)
    3.3.1 技术技能积累与技术技能人才培养的耦合静态关系分析 … (75)
    3.3.2 技术技能积累与技术技能人才培养耦合动态运行分析 …… (78)
第4章 评价研究：工科高职院校技术技能积累评价标准研究 ……………… (81)
  4.1 工科高职院校技术技能积累水平评价指标基本原则 ……………… (81)
    4.1.1 评价过程的产教融合和校企协同原则 ……………………… (82)
    4.1.2 评价内容的系统性和独立性原则 ……………………………… (82)
    4.1.3 评价结果的准确性和导向性原则 ……………………………… (83)
  4.2 工科高职院校技术技能积累水平评价指标体系的构建 …………… (84)
    4.2.1 实验性评价指标筛选过程 ……………………………………… (84)
    4.2.2 德尔菲法优化评价指标体系 …………………………………… (88)
    4.2.3 基于层次分析软件 YAAHP 确定评价指标权重 …………… (90)
  4.3 结果分析与思考 ……………………………………………………… (98)
    4.3.1 协同投入指标 …………………………………………………… (98)
    4.3.2 协同过程指标 …………………………………………………… (99)
    4.3.3 协同绩效指标 …………………………………………………… (99)
第5章 策略研究：校企协同培育技术技能积累生态和文化 ………………… (101)
  5.1 校企协同机制：校企构建技术技能积累共同体 …………………… (101)
    5.1.1 构建协同信任机制，塑造价值认同共同体 ………………… (101)
    5.1.2 构建组织学习机制，建立协同学习共同体 ………………… (107)
    5.1.3 构建利益协调机制，打造校企利益共同体 ………………… (110)
  5.2 校企协同组织变革 …………………………………………………… (112)
    5.2.1 工科高职院校组织与经济环境关系 …………………………… (113)
    5.2.2 工科高职院校组织变革内涵与原则 …………………………… (114)
    5.2.3 工科高职院校组织变革策略 …………………………………… (115)

5.3 协同共建专业课程体系 …………………………………………… (116)
　　5.3.1 协同共建专业课程的内涵 ………………………………… (117)
　　5.3.2 基于职业活动导向的专业核心课程开发 ………………… (118)
　　5.3.3 校企"双元"合作开发教材 ……………………………… (120)
5.4 协同推进现代学徒制人才培养 …………………………………… (121)
　　5.4.1 基本内涵 …………………………………………………… (121)
　　5.4.2 典型案例 …………………………………………………… (122)
　　5.4.3 分析与启示 ………………………………………………… (125)
5.5 协同推进"1+X"制度 …………………………………………… (128)
　　5.5.1 基本内涵 …………………………………………………… (128)
　　5.5.2 试点探索 …………………………………………………… (129)
　　5.5.3 分析与启示 ………………………………………………… (130)
5.6 协同共建生产性实训基地 ………………………………………… (132)
　　5.6.1 基本内涵 …………………………………………………… (132)
　　5.6.2 典型案例 …………………………………………………… (134)
　　5.6.3 分析与启示 ………………………………………………… (135)
5.7 协同共建专业群 …………………………………………………… (137)
　　5.7.1 基本内涵 …………………………………………………… (137)
　　5.7.2 典型案例 …………………………………………………… (139)
　　5.7.3 分析与启示 ………………………………………………… (142)
5.8 协同共建产业学院 ………………………………………………… (144)
　　5.8.1 基本内涵 …………………………………………………… (145)
　　5.8.2 典型案例 …………………………………………………… (146)
　　5.8.3 分析与启示 ………………………………………………… (148)
5.9 协同共建技能大师工作室 ………………………………………… (150)
　　5.9.1 基本内涵 …………………………………………………… (150)
　　5.9.2 典型案例 …………………………………………………… (151)
　　5.9.3 分析与启示 ………………………………………………… (153)
5.10 协同共建技术服务联盟 ………………………………………… (154)
　　5.10.1 基本内涵 ………………………………………………… (155)
　　5.10.2 典型案例 ………………………………………………… (156)
　　5.10.3 分析与启示 ……………………………………………… (158)
5.11 协同共建应用技术创新中心 …………………………………… (159)
　　5.11.1 基本内涵 ………………………………………………… (160)
　　5.11.2 典型案例 ………………………………………………… (161)
　　5.11.3 分析与启示 ……………………………………………… (163)
5.12 协同推动职业教育集团化办学 ………………………………… (165)

5.12.1　基本内涵 ………………………………………………………（165）
　　　5.12.2　典型案例 ………………………………………………………（166）
　　　5.12.3　分析与启示 ……………………………………………………（168）
　　5.13　协同共建高水平双师结构团队 ………………………………………（170）
　　　5.13.1　基本内涵 ………………………………………………………（170）
　　　5.13.2　典型案例 ………………………………………………………（172）
　　　5.13.3　分析与启示 ……………………………………………………（173）
　　5.14　协同创新创业教育 ……………………………………………………（175）
　　　5.14.1　基本内涵 ………………………………………………………（176）
　　　5.14.2　典型案例 ………………………………………………………（177）
　　　5.14.3　分析与启示 ……………………………………………………（179）

第6章　研究结论与政策启示 ……………………………………………………（183）
　　6.1　研究结论 ………………………………………………………………（183）
　　　6.1.1　校企协同是一个校企双方合作共赢、行动选择、利益博弈和共建
　　　　　　共享的过程 ………………………………………………………（183）
　　　6.1.2　个人层面的技能协同、组织层面的管理协同和产业层面的战略协
　　　　　　同是校企协同的三个层面 ………………………………………（183）
　　　6.1.3　工科高职院校技术技能积累和创新型技术技能人才培养两者之间
　　　　　　呈现相互作用和紧密耦合的关系 ………………………………（184）
　　　6.1.4　基于协同投入—协同过程—协同绩效评价逻辑结构，构建和探索
　　　　　　工科高职院校技术技能积累评价标准 …………………………（185）
　　　6.1.5　整体提升工科高职院校技术技能积累是一项系统工程，需要从个
　　　　　　人层面的技能协同、组织层面的管理协同和产业层面的战略协同
　　　　　　培育生态环境和文化协同推进技术技能积累 …………………（185）
　　6.2　政策启示 ………………………………………………………………（186）
　　　6.2.1　国家层面 …………………………………………………………（186）
　　　6.2.2　地方政府层面 ……………………………………………………（187）
　　　6.2.3　工科高职院校层面 ………………………………………………（188）
　　6.3　研究展望 ………………………………………………………………（188）
　　　6.3.1　人工智能背景下工科高职院校技术技能积累路径和策略研究 ………
　　　　　　………………………………………………………………………（189）
　　　6.3.2　"一带一路"国际合作工科高职院校技术技能积累路径和策略研
　　　　　　究 ……………………………………………………………………（189）
　　　6.3.3　四年制本科高职院校技术技能积累路径和策略研究 …………（189）

后　记 ………………………………………………………………………………（191）
附录1　"工科高职院校技术技能积累现状"调查问卷 ………………………（193）
附录2　"工科高职院校技术技能积累影响因素和评价"调查问卷 …………（198）

第1章
引 论

1.1 研究背景与意义

1.1.1 研究背景

1.1.1.1 源自工科高职院校教学管理工作实践的困惑与思考

本研究的选题正是在国家高度重视发展职业教育的背景下,从本人的跨界工作历程和教学管理实践困惑与思考中,经问题导向,再逐渐聚焦进而演变成教育管理研究课题中形成的。本人在企业工作15年,先后在大型国有企业担任班组长、车间主任和设计师等职务,2005年,作为"双师型"教师人才引进调至国家优质高职院校——湖南化工职业技术学院从事过程自动化专业教学,从而开启了高职教育教学和教育管理职业生涯,先后在该校担任专业负责人、教研室主任、高职教育研究所所长、评估办主任等职务。2013年,作为人才引进调至湖南省示范高职院校——湖南电气职业技术学院,先后担任教务处处长、院长助理和教学副院长职务。从事高职教学与管理工作14年,有幸主持了高职院校各类重大项目申报和建设:2007年,主持申报省级特色专业并立项;2008年,主要参与了教育部高职高专院校人才培养工作水平评估;2012年,主持省示范性高职院校建设、省级化工职业教育集团和省级中小型化工企业校企协同中心的成立及运行;2013年,主要组织了教育部高职高专院校人才培养工作评估;2015年,主持申报省级示范性特色专业群并立项;2016年至今,作为秘书长组织了全国新能源装备技术专业教学指导委员会和全国新能源职业教育集团的各项工作与运行;2019年,领衔风电系统运行与维护教学创新团队立项为首批国家级职业教育教师教学创新团队,本人入围首批全国机械行业职业教育服务先进制造专业领军人才(新能源装备技术专业方向)。拥有15年的企业技术技能积累经验及14年的工科高职院校的教育教学管理实践和研究的我,一直在追问工科高职院校不可替代的功能定位和核心竞争力到底体现在哪里?国家虽然对高职教育逐渐厚爱,"让职业教育香起来、亮起来、忙起来、强起来、活起来、特起来"一直是教育部高层领导的期待,为什么高职教育在人们心目中一直是"弱势教育类型"?高素质创新型技术技能人才培养、应用技术研究和工艺技术创新、社会继续再教育的培训及技术技能积累和传承是工科高职院校应然使命,如何在粗放性、规模化发展向特色化和品牌化发展转型期间将这些功能协调和创新发展?工科高职院校又如何在高等教育体系中基于自身特色和优势发挥不可替代的作用,更有力支撑产业发展?这些问题一直萦绕在我的脑海中。

1.1.1.2 工科高职院校在国家科技创新体系中的重要地位不可替代

《国家中长期科学和技术发展规划纲要(2006—2020年)》中指出:国家科技创新体系是以政府为主导、充分发挥市场配置资源的基础性作用、各类科技创新主体紧密联系和有效互动的社会系统。① 国家科技创新体系就是一个国家中所有参与和影响创新资源配置及其利润效率的行为主体通过一定机制形成的互相联系和作用的关系网络。目前,我国基本建构了政府、企业、高校(含科研院所)、技术创新中介四角相倚的创新体系。从"科学—技术—生产"创新驱动链分析出,国家科技创新战略体系中不仅通过建设一批重大科学工程、国家科学中心、国家实验室等重大科学项目构建相对完整的基础研究体系驱动科学发现,更需要把科学发现转化成真正生产力的技术创新,因此,区域技术创新中心、区域技术服务联盟等技术技能积累创新服务机构的重要作用日益凸显,因此,工科高职院校作为高素质的技术技能人才摇篮和区域技术技能积累集散地在国家科技创新体系占据越来越重要的位置,其价值主要表现在为国家经济结构转型升级提供技术创新的驱动力和技术技能人才智力支撑。与其他普通高校相比,工科高职院校具有更敏锐感知产业技术创新发展动态的比较优势。优势一,工科高职院校专业建设紧密对接地区产业链,具有更为明确的市场导向性天然禀赋;优势二,工科高职院校人才培养定位是企业技术创新的第一线高技术技能人才,具有更紧密的校企良性互动的动态联系网络。②

为了强化职业教育技术技能积累和技术创新功能,2014年5月2日,国务院颁布了《关于加快发展现代职业教育的决定》,提出"制定多方参与的支持政策,推动政府、学校、行业、企业联动,促进技术技能的积累与创新。推动职业院校与行业企业共建技术工艺和产品开发中心、实验实训平台、技能大师工作室等,成为国家技术技能积累与创新的重要载体"③;同年6月16日,教育部等六部门联合印发《现代职业教育体系建设规划(2014—2020年)》的通知,提出要"创新校企协同的技术技能积累机制",建立重点产业技术积累创新联合体。制定多方参与的支持政策,推动政府、学校、行业、企业的联动,促进技术技能的积累和创新。④ 高职院校作为职业教育的高端,理应引领职业教育技术技能积累

---

① 国务院.国家中长期科学和技术发展规划纲要 [Z].2006 – 02 – 07.
② 黄宗远.高等职业教育在国家自主创新体系中的地位和作用研究 [J].中国高教研究,2006 (10):71 – 72.
③ 国务院.关于加快发展现代职业教育的决定 [Z].2014 – 06 – 22.
④ 教育部.关于印发《现代职业教育体系建设规划(2014 – 2020年)》的通知 [Z].2014 – 06 – 16.

和技术创新功能,紧密对接实体经济的工科高职院校发挥技术技能积累优势能够弥补单一模式的企业技术技能积累自身无法克服的缺陷。建立工科高职院校技术技能积累机制和平台,不仅能推动高职院校本身的创新驱动发展,更能促进实体经济产业技术升级及技能传承与创新。① 工科高职院校技术创新是通过强化技术技能积累和沉淀,对原有的技术操作程序和技术工艺不断改进的过程,就是新技术的开发实现过程,有利于培养学生的创新思维和发展学生的创新力。②

1.1.1.3 工科高职院校技术技能积累能力不适应区域经济发展要求

随着我国经济结构调整和产业升级,发展方式从"高速度发展"到"高质量发展"换挡转型,经济新常态呈现技术迭代加速、结构优化和动能转化的重要特征,尤其是"中国制造 2025"和七大战略性新兴产业发展规划的推进,产业即将迈入全球价值链中高端,将对劳动力的技术技能水平和质量提出新要求。然而国内技术技能人才的发展现状为:一是总量不足,据中国劳动科学研究所发布的《2010—2020 年我国技能劳动者需求预测研究报告》统计,目前国内技术技能人才需求为 3 067.1 万人,短缺 105.8 万人;二是素质偏低,目前国内在生产一线的劳动者素质普遍偏低,技术工人只占全部工人的 1/3 左右;三是缺乏创新能力,主要表现在国内技术技能人才技术革新及创造能力较弱、技术成果市场转化率较低等。③ 另外,作为高素质技术技能人才"摇篮"的高职院校缺乏产业导师和专业建设领军人物,85% 以上的职业院校专业技术水平与应用经验远远落后于企业,60% 以上的专业教师难以胜任本专业技术实践教学。④ 工科高职院校技术技能人才的供给侧与实体经济需求侧之间的落差直接导致支撑区域经济发展乏力。2016 年,全国高等学校共出版科技著作 13 113 部,发表学术论文 870 529 篇,通过国际级项目验收 4 884 项。其中,高职高专学校占比分别为 26.89%、5.59% 和 0,同年,各类高校专利授权数为 121 981 项,其中,高职高专学校占比仅为 9.48%。可见,高职教育当前的科技贡献率同庞大的规模是远远不能匹配的。⑤ 中欧国际工商学院经济学和金融学教授许小年在 2016 年第二届"中国制造 2025"高峰论坛上揭露了制造业的痛点:"中国制造业产品技术含量偏低,趋同化现象普遍,落后的产能过剩,缺乏高素质的创新型产业技术人员,企业除价格外,很少有其他竞争手段,使很多企业处于薄利甚至亏损的经营状态"。追根

---

① 张永,曹方建,吕品. 产学研合作促进高职院校技术技能积累 [J]. 中国科技产业,2016(5):76-77.

② 肖凤翔,肖艳婷,雷姗姗. 高职院校承担技术创新的条件和策略 [J]. 中国职业技术教育,2014(6):78-83.

③ 王秦,李慧凤,嗷静海. 基于校企协同的技术技能积累机制实现路径研究 [J]. 中国职业技术教育,2015(33):10-18.

④ 从云飞. 我国职业院校技术技能积累与创新机制的构建 [J]. 华北水利水电大学学报(社会科学版),2015(5):89-92.

⑤ 王利平. 高职教育在国家创新链中的位置及维度 [J]. 中国高校科技,2018(8):51-54.

溯源，制造业实体经济的部分病灶来源于高素质的创新型产业技术人员的供给侧。工科高职院校技术技能积累能力不适应区域经济发展要求的具体表现：缺乏建立和形成引领区域经济发展校企协同的技术创新战略联盟；缺乏建立和形成示范引领强、影响力大、辐射面广的学生生产性实训和双师教师培训基地；缺乏建立和形成跨部门、跨专业产教融合应用技术资源和教学培训资源平台；缺乏建立和形成大型应用技术设施及最新技术资料、技术数据信息共享数据库；缺乏建立和形成驱动区域经济发展的工程应用技术中心。①

1.1.1.4 经济动力新旧转换和产业转型升级带来的挑战和机遇

《中国制造2025》行动纲领逐步规划了将现阶段经济增长模式主要依靠物质资源投入、环境消耗的模式转变为依靠科技进步、劳动者素质提高及管理创新驱动上来。② 经济动力新旧转换中心任务是通过发展新技术、新产业、新业态、新模式，促进产业智慧化、跨界融合化和品牌高端化。产业转型升级的核心在于通过产业链的纵向一体化、产业水平发展横向一体化和产业融合式发展的立体化促进产业结构的调整和更新换代。根据德鲁克的研究，在泰勒管理时代，约10%的人员从事技术工作，到了20世纪90年代，从事技术劳动的人员迅速上升到80%左右；而当今，以智能制造为标志的现代制造业，从事技术技能工种的人员达到90%以上。③ 经济动力新旧转换和产业转型升级的关键是数量充足、结构合理、综合能力素质更高的复合型创新型技术技能人才队伍体系。在国家经济结构调整和转型升级中，实体经济企业生产车间技术升级和效能提升是制造业从比较优势走向竞争优势的重要微观基础，④ 企业生产车间的产业升级关键要素是高素质的创新型产业技术技能人才的有效供给。从宏观经济结构和车间微观技术形态分析，复合型高端技术技能人才已成为中国智能制造的重要支撑，经济动力新旧转换和产业转型升级为工科高职院校内涵提升和技术技能积累提供了机遇和挑战，工科高职教育及时适应产业发展趋势，强化以技术为根本的教育，加强专业改革和创新，更好地为企业的技术创新做好全方位服务。⑤ 以2015年教育部出台的《高等职业教育创新发展行动计划（2015—2018年）》为标志，高职教育开始进入创新驱动发展的新时代。"以促进就业为导向，坚持适应需求、面向人人，坚持产教融合、校企合作，坚持工学结合、知行合一，推动高等职业教育与经济社会同步发展，加强技术技能积累，提升人才培养质量，为实现'两个一百年'

---

①陆俊杰.技术创新与技术积累：职业教育中被忽略的重要部分[J].中国职业技术教育，2016（12）：18-21.

②国务院.中国制造2025[Z].2015.

③张祺午.服务中国制造2025 培养高素质技术技能型人才[J].中国高等教育，2018（13）：63-65.

④威廉·拉佐尼克.车间的竞争优势[M].徐华，黄虹，译.北京：中国人民大学出版社，2007.

⑤段宏毅.论技术创新与技术教育的关系[J].中国成人教育，2015（21）：32-34.

奋斗目标和中华民族伟大复兴的中国梦提供坚实人才保障。①"创新发展行动计划的指导思想为高职院校创新发展指明了方向，并强调了技术技能积累是实现规模扩张驱动向内涵创新驱动的转型，提高人才培养质量的关键路径。高职院校需要从三个层面着力突破，一是实现人的转型提升，最关键的就是提升教师和管理者的创新素质；二是实现发展理念的转型，高职教育定位要突破仅仅是就业教育的藩篱，更要定位在创新创业教育；三是实现人才培养模式的转型，深化产教融合与校企合作，探索现代学徒制人才培养模式，提升高职院校技术技能积累能力既要落实在专业教学中，又能反哺到专业教学中，真正培养出高素质的复合型技术技能人才。② 这种高度复合型人才，不仅体现在需要掌握横跨具体工业领域与软件领域的学科知识，还体现在需要具备技术创新能力及需要掌握完整的复杂生产系统的知识原理与精湛的技术技能方面。③

综上所述，工科高职院校技术技能的积累与创新不仅关乎我国当前实体经济结构的调整与产业转型升级，更关乎当前我国高职教育的改革与发展，关乎高职院校自身的兴衰存亡。刘宁通过实证分析得出结论，高职教育的发展对区域经济增长具有大的贡献，高职教育领衔职业教育创新发展，对促进产业结构合理化的作用比中职教育更大。④⑤ 高职院校的技术技能积累对内涵发展具有明显的促进作用，高职院校的人才培养、社会服务和科学研究三大职能都与技术技能积累有关联，⑥ 因此，技术技能积累与创新已成为当前我国工科高职教育改革发展诸多问题的症结所在，技术技能积累与创新势在必行。

1.1.2 研究意义

职业教育与民生就业及区域产业经济发展息息相关。改革开放四十年以来，国家大力发展职业教育，我国现代制造业、高速铁路、城市轨道交通、现代物流、电子商务、信息服务等快速发展的行业中，新增技术技能人才70%以上来自职业院校，成为实体经济发展的中坚力量。⑦ 职业教育已成为国家提升人力资本质量的主旨教育类型，高职院校已成为大国工匠和高素质技术技能人才成长的摇篮。⑧ 截至2018年，全国共有职业院校1.17万所，在校生2685.54万人，其中高职（专科）院校1418所，在校生1133.7万人。高职院校的在校生占高等

---

① 教育部.高等职业教育创新发展行动计划（2015—2018年）[Z].2015-10-19.
② 崔发周.高职创新发展需要"动力转换"[N].中国教育报，2017-05-24.
③ 徐国庆.智能化时代职业教育人才培养模式的根本转型[J].职教论坛，2016（3）：72-78.
④ 刘宁.高职院校社会服务能力评价研究[D].济宁：曲阜师范大学，2014.
⑤ 王培俊，王立平.中国职业教育对经济增长的影响[J].职业技术教育，2011，32（16）：24-28.
⑥ 郭书维.职业教育促进产业升级的实证研究[J].职教论坛，2016（21）：28-34.
⑦ 雷承波.高职教育现代学徒制试点困境与优化路径[J].教育与职业，2019（6）：12-18.
⑧ 姜大源.论高职扩招给职业教育带来的大变局与新占位[J].中国职业技术教育，2019（10）：5-11.

教育的 40.05%。① 高职教育的发展加速了我国高等教育从精英教育到大众化教育甚至到平民化教育的过渡进程，也为我国产业发展提供了源源不断的技术技能人才，但在职业教育体系建设和职业院校内涵建设上与我国产业结构升级和经济动能换挡还无法匹配。中共十九大对新时代职业教育工作提出了"完善职业教育和培训体系，深化产教融合、校企合作"的新目标和新的发展路径，今后五年，甚至更长时间内，我国职业教育的目标是完善职业教育体系，内涵建设路径是深化产教融合和校企合作，因此，基于校企协同强化工科高职院校技术技能积累研究具有较为深远的现实意义。

1.1.2.1 推动工科高职教育内涵建设赋能产业升级的需要

为了大力发展高职教育，国家先后立项国家高职示范校、国家骨干院校和国家优质校建设牵引高职院校的内涵建设和教学改革。2006 年，国家示范性高等职业院校建设项目开始启动，旨在推动和深化专业和课程改革。2010 年，国家骨干高等职业院校建设项目开始启动，旨在推动校企合作提高社会服务能力。2015 年，国家启动高等职业教育创新发展行动计划，旨在深化产教融合、校企合作，加强技术技能积累，推动增强高等职业教育整体实力、提高人才培养质量、提升服务经济社会发展水平和优化高等教育结构。2019 年，国家启动"双高计划"，集中力量建设 50 所左右高水平高职学校和 150 个左右的高水平专业群，打造技术技能人才培养高地和技术技能创新服务平台，支撑国家重点产业和区域支柱产业的发展。同年颁发的《国家职业教育改革实施方案》中明确提出"职业教育与普通教育是两种不同教育类型，具有同等重要地位"②。一方面，为我国的教育结构呈现明晰的"双轨制"并行轨迹；另一方面，为职业教育的体系建构提供了指南，高职教育作为职业教育最高的层次，发挥高职教育在职业教育中的引领作用，不仅体现在技术技能人才培养的"高端"，更重要的是在应用技术开发、车间工艺技术升级改造、技术革新和创新上体现"高位"，在促进国家经济转型和产业升级上体现出"高能"的状态。工科高职院校作为高素质技术技能人才的培养摇篮，是实体经济产业升级的强力支撑，建立校企协同的技术创新联盟、生产性产教融合实训基地和公共职工培训基地、应用技术中心和创新创业孵化基地等技术技能积累平台，为国家经济结构转型升级提供技术技能积累的基础和技术创新的驱动力。"九层之台，起于累土"，因此，作为实体经济的主要技术技能智力支撑的工科高职院校，其技术技能积累愈发的重要和迫切。

1.1.2.2 丰富工科高职院校技术技能积累的理论研究

技术技能积累是职业教育理论最近出现的专业术语。有关技术技能积累的内

---

① 中华人民共和国教育部. 2018 年全国教育事业发展统计公报[EB/OL]. http://www.moe.gov.cn/jyb_sjzl/sjzl_fztjgb/201907/t20190724_392041.html, 2019 – 07 – 24.
② 国务院. 关于印发国家职业教育改革实施方案的通知 [Z]. 2019 – 02 – 13.

涵、特征、机制、规律和原则等理论研究尚不成熟。高职教育属于跨界教育，既具有教育特性，又具有产业特性。工科高职院校技术技能积累基础薄弱，而实体经济技术技能积累有明显的比较优势。研究工科高职院校技术技能积累目的就是从校企协同的视角，从产业界借力和借资源，基于协同理论和交换理论科学地认识并有效地解决工科高职院校技术技能积累校企协同实践中的困难和问题，研究在个人层面技能协同、组织层面管理协同和产业层面战略协同构建校企协同的激励机制、校企协同的利益分配机制、校企协同组织间学习机制和校企协同的协调机制，促进工科高职院校与实体企业、职业教育部门与产业管理部门、职业教育与经济社会之间的良性互动与可持续发展，实现资源互补和共享，提升各自的发展创新能力、技术技能积累能力和学生工程实践能力，达成技术技能人才培养和社会服务和应用技术研究目标。基于工科高职教育的服务区域经济功能和技术技能人才培养定位，从产教跨界的视角准确把握工科高职院校技术技能积累的内涵与特征，总结技术技能积累规律，挖掘及其作用发挥，增强积累有效性和效能，形成工科高职院校自身技术技能能力的基点，创新工科高职院校办学模式和技术技能人才培养模式，以获得不可替代的核心人才竞争力为目标，为产业转型和经济结构调整提供创新型技术技能人才智力支撑，因此，本课题的研究成果不但可以为我国工科高职院校技术技能积累内涵、特征、机制、规律和原则研究提供新的思路和视角，而且还可以丰富我国高职教育内涵建设的理论体系。

1.1.2.3　创新工科高职院校技术技能积累的实践范式

强化技术技能积累是提升工科高职院校内涵建设和社会服务力的关键主线，但在教育教学实践中如何强化技术技能积累，一直是工科高职院校管理者面对的问题，本课题就是尝试探索创新工科高职院校技术技能积累实践范式，为工科高职院校的管理者提供借鉴和政策启示的。通过问卷调研分析全国高职院校技术技能积累现状，基于工科高职院校质量年报并通过 SPSS 20.0 统计软件对全国工科高职院校的技术技能积累力及其相关因素进行实证分析，以工科高职院校技术技能积累的问题和窘境，把握住问题渊源和脉络，探寻技术技能积累规律。对影响工科高职院校技术技能积累的因素进行较为深入系统的理论分析并运用 AHP 和德尔菲法构建一套能全面反映工科高职院校技术技能积累水平的评价体系，为加强工科高职院校技术技能积累工作找准定位，并提供具有操作性的对策和建议。基于案例分析技术技能积累能力突出的优秀工科高职院校，校企协同共建实训基地、产业学院、应用技术协同创新中心、行业技术服务联盟等技术技能积累平台理念和措施，从而构建学习型技术技能积累共同体的路径和策略方案集合，同时，将协同理论、交换理论和组织学习等理论分析框架准确、合理地融入实践策略研究之中。本课题构建了强化技术技能积累机制、路径、方法、评价和实践平台等策略集合，以期为工科高职院校技术技能积累破解难题和走出困境提供参考和建议，对我国工科高职院校技术技能的积累和能力的提升具有很强的现实意义和实践指导意义。

1.2 概念界定

概念界定是研究问题的开始，只有概念清晰才能切中问题的关键。正如德国学者沃尔夫冈·布列钦卡提出的"应用概念来描述全面的现象，并通过概念研究提出规律性假设，进而开展研究工作"。

1.2.1 校企协同

校企协同就是指学校和企业打破各自资源（人、财、物、信息、流程）之间的壁垒和边界，通过对各种资源最大化的开发、共享、利用和挖掘，企业与学校资源之间相互联系与作用产生协同效应，以充分达成一致的目标而进行协调的运作。校企协同是一个宽泛的概念，其中包含了校内、校际、校企、校所、校地及跨境合作等多元主体之间的协同发展，是工科高职院校教育教学改革创新，强化技术技能积累与创新，可以全面提高社会服务力的有效途径，从而实现优势互补、资源共享和互利共赢。①

1.2.2 工科高职院校

工科高职院校是指主要面向工业企业一线从事生产、施工、制造、运行、安装、维护、检测等工作岗位，以服务区域经济发展为宗旨，以增强就业竞争力为导向，以培养综合职业能力为本位，旨在培养理想信念坚定、德技并修、全面发展，具有一定科学文化水平、良好的职业道德和工匠精神、较强的就业创业能力，掌握专业知识和技术技能，具有持续学习和终身学习的能力的可持续发展的高素质创新型技术技能人才的职业院校。我国是全球唯一拥有联合国产业分类目录中所有工业门类的国家。目前，1 418 所高职院校中有约 3/5 可以划作工科类高职院校。

1.2.3 技术技能积累

技术技能积累是指工科高职院校在长期的教育教学、培训、应用技术研发、推广和创新实践中，依托专业优势，对接产业，深度融入产业链，校企协同；依照一定的技术技能轨道和路径，所获得的实体性要素（关键实验实训设备、仪器和工具、大师工作室、技术平台等重要设施等）的增添及技术技能知识和技术技能能力的递进、积淀和传承。包含两部分的技术技能积累，一部分是显性的技术技能积累，如技术专利、实验数据、设计方案、生产设备等实体性要素增添；而另一部分则是隐性的技术技能积累，如以人为载体的能力及分析能力、开发能力、设备操作与维护能力、管理能力等软性能力的递进。

---

①杨路.校企协同的内涵与模式 [J].理论界，2012（12）：193 – 194.

1.2.4 技术创新

创新是指以现有的思维模式提出有别于常规或常人思路的见解为导向，利用现有的知识和物质，在特定的环境中，本着理想化需要或为满足社会需求而改进或创造新的事物、方法、元素、路径、环境，并能获得一定有益效果的行为。技术创新这一概念是由创新理论的奠基人——熊彼特（1912）首次提出的，他认为创新的意义不在于发明创造，而是在于发明创造的成果是否能够更好地推进企业的生产实践，从而为企业带来价值。技术创新是指生产技术的创新，包括开发新技术，或者将已有的技术进行应用创新。技术创新建立在科学道理的发现基础之上，可以把技术创新过程划分为六个阶段。一是创意思想的形成阶段。创意的形成主要表现在创新思想的来源和创新思想形成环境两个方面。创意思想可能来自科学家或从事某项技术活动的工程师的推测或发现，也可能来自市场营销人员或用户对环境或市场需要或机会的感受，但是这些创意要变成创新还需要很长时间。人造纤维从创意到创新约用了200年，计算机是100年，而航天飞机更长。创新思想的形成环境主要包括市场环境、宏观政策环境、经济环境、社会人文环境、政治法律环境等。二是研究开发阶段。研究开发阶段的基本任务是创造新技术，一般由科学研究（基础研究、应用研究）和技术开发组成。企业从事研究开发活动的目的是很实际的，开发可以或可能实现实际应用的新技术，即根据本企业的技术、经济和市场需要，敏感地捕捉各种技术机会和市场机会，探索应用的可能性，并把这种可能性变为现实性。研制出可供利用的新产品和新工艺是研究开发的基本内容。研究开发阶段是根据技术、商业、组织等方面的可能条件对创新构思阶段的计划进行检查和修正。有些企业也可能根据自身的情况购买技术或专利，从而跳过这个阶段。三是中试阶段。这个阶段的主要任务是完成从技术开发到试生产的全部技术问题，以满足生产需要。小型实验在不同规模上考验技术设计和工艺设计的可行性，解决生产中可能出现的技术和工艺问题，是技术创新过程不可缺少的阶段。四是批量生产阶段。按商业化规模要求把中试阶段的成果变为现实的生产力，产生出新产品或新工艺，并解决大量的生产组织管理和技术工艺问题。五是市场营销阶段。技术创新成果的实现程度取决于其市场的接受程度。本阶段的任务是实现新技术所形成的价值与使用价值，包括试销和正式营销两个阶段。试销具有探索性质，探索市场的可能接受程度，进一步考验其技术的完善程度，并反馈到以上各个阶段，予以不断改进与完善。市场营销阶段实现了技术创新所追求的经济效益，完成技术创新过程中质的飞跃。六是创新技术扩散阶段。即创新技术被赋予新的用途，进入新的市场，如雷达设备应用于机动车测速，微波技术应用于微波炉的制造等。

1.2.5 协同创新

协同创新是指在多个创新主体之间、多个创新要素之间共同协作、相互配合，并期望达到共同创新目的的创新行为。其形式有产业链协同、产业集群协同、产学研协同等形式，一般情况下是指产学研协同创新，尤其是指高校、科研院所与企业等创新主体之间进行的创新合作，从而构建起来的创新平台和模式。产学研联盟是指在创新过程中，企业与其他创新主体之间开展技术创新的合作模式。高校、科研机构有人才、技术、信息资源等优势，企业的市场开发能力强，而且企业与高校、科研机构属于不在同一行业竞争的关系，二者组成联盟可以各自发挥优势，形成互补。企业可以出资金、场地、设备等硬件需求，高等院校和科研机构可以出人才、技术等软件支撑，形成软硬件结合的合作联盟或研发机构，这样的联盟能够极大地提高科技成果的生产力转化率和占有市场的成功率。人才、资金、信息、资源机制和管理环境是协同创新的五大要素。

1.3 国内外研究综述

"技术技能积累"术语来源于"技术积累"。技术积累研究发轫于经济学和管理学领域，在微观经济学领域里，美国学者罗森伯格最先提出了技术积累论。之后，彭罗斯对企业内生成长中的知识促进和积累机制作了重要的研究。在技术积累的特征方面，纳尔逊和温特在熊彼特创新演化观点的基础上提出了影响经济变迁的技术演变是一个积累的过程。这种积累过程是在原技术基础上的积累，同时，也是更高层次积累的基础。帕维特等学者认为，技术积累是互补性的积累，技术积累是一个连续的、非跳跃的过程；彭罗斯认为，技术和知识的积累表现为外部知识内部化，即显性知识转化为隐性知识的过程。在中国学术期刊网上，按关键词"技术积累"进行搜索发现，2000年至今，我国研究者发表的相关学术论文共有1 308篇；按关键词"技术技能积累"进行搜索发现，2014年至今，我国研究者发表的相关学术论文共有32篇，其中2014年0篇、2015年1篇，2016年3篇，2017年10篇，2018年10篇，2019年8篇；若按主题"技术技能积累"进行搜索，则为65篇，其中2014年2篇、2015年7篇，2016年12篇，2017年18篇，2018年16篇，2019年10篇。其中，比较有影响的期刊论文有马陆亭2014年发表在《高校教育管理》的"应建立国家技术技能积累制度"；王秦、李慧凤、嗽静海2015年发表在《中国职业技术教育》的"基于校企协同的技术技能积累机制实现路径研究"；徐霄红2016年发表在《中国高教研究》的"创新校企协同的技术技能积累模式——基于企业大学的对标分析"；周哲民、王晓阳2017年发表在《职业技术教育》的"高职院校技术技能积累的内涵与特征"；周哲民、万秋红、王晓阳2018年发表在《中国职业技术教育》的"高职院校技术技能积累研究文献综述";龚方红、朱苏、徐安林2018年发表在《中国职业技术教育》的"高职院校技术技能积累模式的探索与实践"。在理论领域，学者基于教育学和协同学视角，关注技术技能积累的意义、内涵、模式。在实践领域，校企协同成为探索技术技能积累创新机制构建的主要路径，动力、激励、评价、反馈等环节成为实践关注的要点。① 与主题词"技术技能积累"直接相关的硕士、博士论文还没有出现。随着高职教育与产业发展耦合度越来越高，国家层面激励高职教育发展的政策密集出台，学术界对高职教育"技术技能积累"的关注度越来越高。本书主要根据期刊来源选择了一些比较有代表性的研究成果从国家技术技能积累、企业技术积累、高职院校技术技能积累内涵、技术技能积累体制机制和技术技能积累模式、平台与路径五个方面进行研究分析和综述。

1.3.1　有关国家技术技能积累的研究

从内在发展需求进行分析，技术技能积累主体主要有国家、企业、职业院校三个方面。对于国家而言，技术技能积累是其科技进步的原动力。② 从国家层面探讨技术技能积累与经济发展的关系模式，是学者关注的领域。Soskice D W (1993) 研究得出一个结论，即西方国家工业化进程中，存在"低技能均衡"与"高技能均衡"两种技术技能积累模式。"低技能平衡"模式以英美两国为代表，国家为技术技能积累创造条件，企业技术技能积累的主要方式是从外部招聘技术人才，员工个体的技术技能通过自行参加教育得以积累；而"高技能均衡"则以德国、日本为代表，国家对市场进行有意识的干预，企业通过建立高度的劳资信任关系来促进技术技能的内部积累，员工主要通过行业企业提供的培训计划实现个体技术技能的积累，③ 即"低技能平衡"突出外生式积累，而"高技能均衡"则突出内生式积累。④ 马振华从国家层面探讨我国的技能积累与经济发展的关系模式认为，由于我国经济转型向市场资源配置机制变迁，国家层面技能积累模式也应从"国家供给导向"到"市场导向"的转变，并建议对国家主导的学校技能积累模式是我国技能积累模式的现实选择。⑤ 常振波研究了个人技术技能积累、企业技术技能积累和国家技术技能积累三者之间的关系，认为企业技术技能积累基础是企业中员工的技术技能，同时，企业技术技能水平在一定程度上又

---

① 周哲民，万秋红，王晓阳. 高职院校技术技能积累研究文献综述 [J]. 中国职业技术教育，2018, 682 (30)：26-33.

② 卢志米. 政企校协同技术技能积累平台构建探析 [J]. 教育发展研究，2016 (Z1)：16-22.

③ David W. Social Skills from Mass Higher Education: Rethinking the Company-based Initial Training Paradigm [J]. Oxford Review of Economic policy,1999(9):3.

④ Soskice D W. Social skills from mass higher education: rethinking the company-based initial training paradigm[J]. Oxford Review of Economic Policy,19939(3):101-113.

⑤ 马振华. 技能积累与经济发展的关系模式——兼论我国技能积累的模式选择 [J]. 工业技术经济，2009, 28 (8)：73-76.

在影响社会层面、国家层面的技术技能。个人技术技能积累是整体企业的微观表现和组成基础。国家技术技能积累促进技术变革和创新，推动社会科技发展。这三个层面中，个人技术技能积累是企业技术技能积累最基本的内在动力。[1] 结合国外职业教育的成功经验与中国职业教育特点，分析在中国建立国家职业教育主导模式的意义，并在理论与实施层面，提出推行以"职业标准+工学交替"作为现阶段国家主导职业教育模式的建议。[2] Aghion 和 Hawitt 将教育与技能型技术进步联系起来，发现国家的教育政策与教育支出必须进行很好的设计和安排才能促进技术技能的积累与创新。[3] 目前，我国正处在产业转型升级的关键时期，技术和技能在经济发展中占据越来越重要的地位，技能型人力资本的数量和质量成为决定经济增长的主要因素。发展职业教育是进行技能型人力资本积累、实现技能型人力资本和科技进步之间高技能均衡的有效途径。[4] 技能形成机制不是企业随意取舍的结果，更不是企业在经济理性指引下理性选择的自然生成，而是各方力量互动博弈所达成的妥协性制度安排。德国学徒制技能形成的制度，实际上是由社会建构的，围绕学徒制而展开的议题，绝非只是培训、教育领域的问题，而是一个经济、社会领域的重要现实问题。[5]

科技创新是引领社会发展的第一动力引擎，企业是国家科技创新体系的创新主体，而企业技术积累则是技术创新的基础。美国复杂性科学奠基人布莱恩·阿瑟在《技术的本质》中讲道："科学与经济的发展都是由技术所驱动的。"[6] 马陆亭在《应建立国家技术技能积累制度》中论述："科学原理是公开的，而技术手段是保密的。技术是生产力的实现方式，技术强才能国家强；技能是技术成为产品的实现方式，技能强产品才能好；而科学则是技术的支撑。技术技能反过来又能促进科学的发展。"[7] 技术积累与技术创新关系犹如物质势能与动能的关系，物质蕴含的势能越强，其转化的动能越有活力。正如著名竞争战略学家迈克尔·波特所讲的"很多技术创新来自平时的技术积累，创新有赖经验的沉淀而非技术突破"。技术积累确实是技术创新活动最为重要的内在基础。在一定程度上，我国和发达国家之间的经济差距正是由技术积累水平的差距造成的。[8]

从以上国内外学者在国家技术积累的研究可以看出，国家层面的技术积累与经济发展的关系、国家技术积累与国家创新的关系和国家、企业及个人积累三者

---

[1] 常振波. 人员流动性视角的企业技术技能积累研究 [J]. 中外企业家，2015（10）：70 - 71.
[2] 管平. 职业教育国家主导模式的建立——对校企合作、工学结合的再认识 [J]. 中国高教研究，2013（6）：88 - 91.
[3] Aghion, P. and Howitt, P. Endogenous Growth Theory. Cambridge: The MIT Press, 1998; 35.
[4] 宋朝霞. 技能型人力资本积累路径初探 [J]. 高教探索，2013（6）：144 - 148.
[5] 王星. 技能形成的社会建构 [M]. 北京：社会科学文献出版社，2014.
[6] 布莱恩·阿瑟，曹东溟，王健. 技术的本质 [M]. 杭州：浙江人民出版社，2014.
[7] 马陆亭. 应建立国家技术技能积累制度 [J]. 高校教育管理，2014，8（6）：6 - 9.
[8] 傅家骥. 技术创新丛书：技术创新学 [M]. 北京：清华大学出版社，1998.

关系是关注的焦点,但从职业教育视角分析国家技术积累的路径和内在动力还缺乏系统的研究。

1.3.2 有关企业技术积累的研究

关于技术积累的定义和内涵的研究。清华大学傅家骥和施培公 20 世纪 90 年代开始有关企业技术积累和技术创新的研究,其技术积累相关问题的研究成果影响颇广,他们认为:"技术积累是企业在长期的生产和创新实践中所获得的技术知识和技术能力的递进。"① 顾乃康指出,技术积累指企业内的技术发展是一个积累的过程,即新技术的创造是逐渐的、持续的和不断精细化的过程,技术积累程度决定了企业在竞争中的地位。② 赵正国在其硕士论文《企业技术积累和技术创新的关系研究》将企业技术积累定义为:"企业在长期的生产和创新实践中,依照一定的技术轨道和路径,所获得的实体性要素(关键设备、仪器和工具、重要设施等)的增添以及技术知识和技术能力的递进"。③

学者从研究企业技术积累的规律入手,为提高企业技术积累能力的途径和方法出谋划策。我国企业技术积累方面所存在的问题主要表现在:技术积累意识淡薄;缺乏良好的技术积累生态环境;技术积累要素资源尤其是技术人才短缺。2015 年的调研数据就显示,时下仍有 64.9% 的企业重视创新,但只有 35.1% 的企业重视了技术积累。这意味着,半数以上的企业在追求研制成果这一目标上,忽略了价值创造更高的层次——技术积累这一本质。④ 施培公认为,企业所需的技术积累一般是通过迁移、联合和学习三种途径获得。所谓迁移,是指企业将外部技术积累内部化,迅速提高本企业技术知识储备和技术能力;所谓联合,是指企业通过跨组织联合与协作,共享技术资源优势,获取所需技术积累的支持;所谓学习,是指企业通过自组织学习获得的内生式积累途径。⑤ 赵正国也认为,企业主要通过三大类途径进行具体的技术积累,即自生式技术积累、外引式技术积累和合作式技术积累。在合作式技术积累方面,建议采用三种模式,即合同创新模式、基地合作创新模式和项目合伙创新模式。② 杨菲从时间和空间两个维度提出了历时性积累和聚集性积累提高企业技术能力两种途径。历时性积累是指随着时间的推进,企业经验等技能与时俱进;聚集性积累是指技术知识等在企业之间转移或行业渗透,如通过国际间技术转移、技术联盟、知识联盟等使企业技术技能提升。⑥

---

①傅家骥,施培公. 技术积累与企业技术创新 [J]. 数量经济技术经济研究,1996 (11): 70 - 73.
②顾乃康. 技术积累和国际生产 [J]. 世界经济研究,1996 (4): 49 - 52.
③赵正国. 企业技术积累和技术创新的关系研究 [D]. 北京: 北京工业大学,2009.
④齐花,周孝琪. 技术积累对企业价值创造能力的影响研究 [J]. 金融经济月刊,2015 (8): 231 - 234.
⑤施培公. 我国企业技术积累若干问题探讨 [J]. 科研管理,1995 (6): 33 - 37.
⑥杨菲,安立仁,张洁. 区域技术积累能力评价研究 [J]. 科技进步与对策,2015 (17): 129 - 133.

如何基于企业独特资源和优势并通过技术积累形成企业核心能力也是学者关注的问题。赵晓庆认为企业技术能力的增长是一个技术能力各要素的连续性积累和总体技术能力的间断性跃迁的过程。① 邢立娜强调了企业通过技术积累形成核心技术系统的重要性，企业技术积累是形成企业核心能力的关键。主张企业基于技术轨道的顺轨型创新集群、基于技术平台的衍生型创新集群和向某一技术关联域扩散的渗透型创新集群，构建以技术轨道、技术平台、技术关联域三大企业核心技术系统。② 袁凤飞从企业战略视角分析研究了技术积累选择问题，每个企业都是独特的资源和能力的结合体，企业战略选择必须最大限度地有利于培植和发展企业的战略资源，注重技术、技能、知识等无形资源的积累，使这些资源具有独特的异质性、难以模仿，并由此可能产生持续竞争优势。③ 滕璐璐也强调了，基于技术积累活动实现知识与技术能力的递进是形成企业核心竞争力的关键。④

企业技术积累与技术创新之间的关系也是学者研究的内容。学者常景铎认为，中小企业要注重实施积累性创新，同时，强化四个结合：与企业创新文化相结合；与岗位创新活动相结合；与 ISO9004：2000 贯标相结合；与制度化管理相结合。⑤ 郭丽岩指出核心技术、自主研发与能力积累是创新企业特点，企业自主研发积累的"核心技术"是装备制造企业竞争优势的源泉。⑥ 赵正国通过案例研究认为，技术积累和技术创新之间是辩证关系，正向技术积累为技术创新的持续进行提供了基本的能力保障，但不合时宜的技术积累为负向技术积累也可能成为阻碍技术创新发展。⑦ 马名杰认为企业技术积累快速增加是创新能力提升的源泉，并得出结论——我国制造业要实现创新能力的稳步提升，必须加快企业技术积累的形成，同时，保持科技投入强度稳定、较快增长。⑧ 以人员流动性对技术技能积累的影响为导向，以影响人员流动性的影响因素为论述主体，搭建从人员流动性视角对企业技术技能积累影响的理论研究。⑨

综合国内外学者在企业技术积累的研究主要聚焦在三个方向。第一个方向，是研究技术积累在企业战略发展和企业核心技术发展的重要性；第二个方向，是研究企业技术积累的规律，基于企业独特资源和优势通过技术积累提高企业技术能力探索途径和方法；第三个方向，是研究企业技术积累与技术创新互动及与外

---

① 赵晓庆，许庆瑞.企业技术能力演化的轨迹 [J].科研管理，2002，23（1）：70-76.
② 邢立娜.企业技术积累与核心能力形成 [J].现代管理科学，2004（1）：48-49.
③ 袁凤飞.基于技术体系的技术选择问题研究 [D].上海：同济大学，2006.
④ 滕璐璐，王传磊.形成核心竞争力的技术积累途径 [J].科技进步与对策，2009，26（19）：82-84.
⑤ 常景铎.中小企业应实施积累性技术创新 [J].现代企业，2007（2）：34-35.
⑥ 郭丽岩.核心技术、自主研发与能力积累——创新企业经验性知识管理体系的构成与特点 [J].技术经济与管理研究，2008，156（1）：21-23.
⑦ 赵正国.企业技术积累和技术创新的关系研究 [D].北京：北京工业大学，2009.
⑧ 马名杰，杨超.我国制造业创新能力提升的进展和前景 [J].经济纵横，2012（12）：11-15.
⑨ 常振波.人员流动性视角的企业技术技能积累研究 [J].中外企业家，2015（28）：70-71.

部环境之间关系。从以上企业技术积累研究现状分析，可以看出学界对企业技术积累的效率影响因素、企业技术积累的评级体系、企业技术积累与高等院校的技术互动等问题均未被系统研究，但学者对企业技术积累研究的视角和方法为高职院校技术技能积累的研究提供了借鉴。

1.3.3 有关技术技能积累内涵的研究

关于技术含义的主要有以下几种：法国《百科全书》认为，技术是为了达到某一目的所采用的工具与规则的体系；国际工业产权组织（AIN）认为，技术是指制造一种产品或提供一项服务的系统的知识。这种知识包括了一项产品或工艺发明，一项外形设计，一种实用形式，一种设计管理等专门技能；美国国家科学基金会认为技术是指扩展人类能力的任何工具或技能，包括有形的装备或无形的工作方法；费里拉（J. FJIM）认为，技术是指一种创造出可再现性方法或者手段的能力，能够导致产品、工艺过程和服务的改进。吴国盛认为："技术就是制造和使用人造物"；① 姚德明认为技术是能够被用来开发产品和服务及产品生产和交货系统的理论与实践知识、技能和制造物。② 关于技能含义的主要有以下几种：当代西方心理学新词典认为技能是个体运用已有的知识经验，通过练习而形成的一定的动作方式或智力活动方式；中国百科大辞典认为技能通过练习而形成的、转变为"自动化"、完善化了的动作系统。按性质和特点可分为运动技能和智力技能两种；教育词典认为技能是教育学的基本概念之一，指个体运用已有的知识经验，通过练习而形成的智力动作方式和肢体动作方式的复杂系统。关于技术与技能的辩证关系：著名德国技术哲学家 F·拉普认为，技术就是技能、工程科学、生产过程和手段。③ 孙福万认为："技术是一种外在于人的客观力量，技能则是一种内在于人的主观能力"，姜大源阐述技术存在的载体至少有两种：一是人，承载经验、知识或技巧、技艺、方术的个体；一是物，集成人类经验与自然效应并被对象化了的技术装备；而技能存在的载体只有一种：人，具备能力、技艺或才能的个体。④ 我国技术哲学家远德玉认为技能是构成技术的一个要素，在技术的形成中，需要技能，在生产现场运用技术中，也需要技能。⑤

在职业教育中，技术技能是一个复合体，技术与技能是密切相关的，具有不可分性。学者分析了职业教育中技术与技能的"你中有我，我中有你"的关系。姜大源（2008）根据知识和能力结构，人才可以分为四种类型，即学术型、工程

---

①吴国盛编.技术哲学经典读本［M］.上海：上海交通大学出版社，2008．4．
②姚德明，熊健民.高等职业院校知识传播与技术应用的价值及功能［J］.职业技术教育，2010，31（13）：41－44．
③F·拉普著.技术哲学导论［M］.刘武等译．沈阳：辽宁科技出版社，1986．117．
④姜大源.职业教育：技术与技能辨［J］.中国职业技术教育，2008（34）：2－6．
⑤远德玉.过程论视野中的技术［M］.沈阳：东北大学出版社，2008．

型、技术型和技能型。高等职业教育"就其人才类型而言,主要是技术型人才",中等职业教育"就其人才类型而言,主要是技能型人才"。① 有关"技能型人才""技术型人才"能力区分如图 1-1 所示,高职教育人才培养规格可以界定为高素质技术技能型人才,其对于高职教育人才的技术技能和素质要求有了较为系统的兼顾。② 和震也认为职业教育所培养的人才分为技术应用型人才和操作技能型人才,所谓的技术型人才和技能型人才,实际上是一类人才中的不同层次,差别只是前者需要的理论技术和心智技能较多而已,因此,职业教育的培养目标可以概称为技术技能型人才。③ 技术技能具有非叠加性,尤其在机器人和人工智能正逐渐广泛应用在信息化和自动化融合的现代化大产业中,技能已逐步失去原有的地位和作用,而成为技术的一个要素。技术技能积累是一个新词,第一次出现在 2014 年颁发的《国务院关于加快发展现代职业教育的决定》文件中,该决定提出要"制定多方参与的支持政策,促进技术技能的积累与创新"。④ 马陆亭《应建立国家技术技能积累制度》的文章从国家层面阐释了技术技能积累的意义,首次在文献引用了"技术技能积累"这个新词,并分析了高职院校在国家技术技能积累中的作用。技术技能积累是人类社会向前发展的必然选择,能够改变自然、改造世界、造福人类,而积累需要科学的支撑,也需要有效的制度安排。⑤

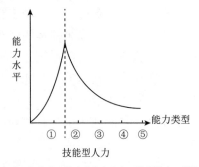 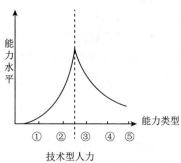

①一般能力;②完成特定意义工作的能力;③技术的应用与运转能力;④组织管理能力;⑤资源配置能力

图 1-1　技能型人才与技术型人才的能力区分

职业教育技术技能积累的内涵及与技术技能人才培养的耦合关系是学者们研究的方向,姚德明研究了技术技能积累与知识积累的关系,指出知识的积累和技术能力积累是相互转化,互相促进。⑥ 孙凤敏从心理学视域下探讨了技术技能人

---

① 姜大源.职业教育:技术与技能辨 [J].中国职业技术教育,2008 (34):1-1.
② 董刚,杨理连.高职教育高素质技术技能型人才培养质量研究 [J].中国高教研究,2012 (9):91-94.
③ 和震.论现代职业教育的内涵与特征 [J].中国高教研究,2008 (10):65-67.
④ 国务院.关于加快发展现代职业教育的决定 [Z].2014-06-22.
⑤ 马陆亭.应建立国家技术技能积累制度 [J].高校教育管理,2014,8 (6):6-9.
⑥ 姚德明,熊健民.高等职业院校知识传播与技术应用的价值及功能 [J].职业技术教育,2010,31 (13):41-44.

才的内涵、特征与培养策略,理论技术、经验技术、动作技能和心智技能都是技术技能人才培养的重要目标。① 周哲民基于高职教育产教跨界视角阐释高职院校技术技能积累的内涵主要包括五点,即校企协同是技术技能积累的重要实践形式;内生性积累是技术技能主要积累路径;反哺创新型技术技能人才培养和提升社会服务力是技术技能积累的目的;个人技术技能积累是技术技能积累最基本的内在动力和最活跃的要素;专业建设是技术技能积累的基石和支撑平台。② 陈向阳研究了技术文化在高职技术技能积累中的价值,认为技术文化可以促进人实践智慧的生成、创造力的提高和沟通真善美统一的现实桥梁。③ 樊勇非常关注技术精神在技术技能积累中的引领作用,他认为,技术精神是技术实践活动中形成的共同信念、价值标准和行为规范的总称。它一方面约束工程技术人员的技术行为,是科学家及工程技术人员在科技领域内取得成功的保证;另一方面,又逐渐地渗入大众的意识深层,形成共识和潜移默化的行为方式。④

职业教育技术技能积累的作用是学者们关注的另一个焦点。在科学界领域,吴东莞认为学术积累是科技英才原创活动的前提,科学原创根植于学术传承的积累。⑤ 黄海燕主张,高职院校构建技术技能积累集聚中心承担起科学成果转化为应用型技术的"中转站"作用,也在个体层面要求重视学生的技能培养,同时,还建议高职院校应当把"推进技术技能积累"和"发挥文化育人作用"有机融合起来,实现技术技能积累与技术技能人才培养相互促进,相互支撑。⑥ 唐智彬认为,高职院校"技术技能积累作用"是与高等教育"研究高深知识与文化传承"相应的职业教育功能。⑦ 吴一鸣指出,技术技能积累是提高社会服务力的基础,而社会服务则是高职院校发展的核心竞争力,是创新人才培养的内在驱动力,是深化产教融合的资源集聚力。⑧ 陆俊杰提倡技术技能积累和技术创新是职业教育与工作岗位"之间"的一个过程,职业教育是以技术创新和积累途径与工作场所建立联结。⑨ 张永分析了高职院校技术技能积累与企业技术积累的比较优势。企业承担和开展的技术技能积累由于以追求经济利益为主要目的,存在诸多难以克服的注重短期利益等弊端。高职教育通过产学研合作和技术技能人才培

---

①孙凤敏,沈亚强.心理学视域下技术技能人才的内涵、特征与培养策略[J].中国职业技术教育,2017(5):5-9.
②周哲民,王晓阳.高职院校技术技能积累的内涵与特征[J].职业技术教育,2017,38(10):8-12.
③陈向阳,顾建军.技术文化视域中高职教育价值的再审视[J].中国高教研究,2010(10):75-77.
④樊勇,高筱梅.技术精神:一种值得关注的精神形态[J].学术月刊,2011(6):18-23.
⑤吴东莞.学术积累是科技英才原创活动的前提[J].人才开发,2006(10):11-13.
⑥黄海燕.加快构建技术技能积累的集聚地[EB/OL].http://news.gmw.cn/2015-12/14/content_18081128.html.2015-12-14.
⑦唐智彬.强化职业教育技术技能积累功能的内涵与意义[J].职教论坛,2016(2):1-1.
⑧吴一鸣.高职院校社会服务能力的要素解构与评价策略[J].职教论坛,2016(13):14-19.
⑨陆俊杰.技术创新与技术积累:职业教育中被忽略的重要部分[J].中国职业技术教育,2016(12):18-21.

养能够有效弥补企业主导的、传统的技术技能积累的不足，并且在校企合作过程中进一步提升人才培养水平，激发高等职业院校的科技创新能力，实现技术产业化与技术人才储备同步发展。① 蓝洁通过分析政府、行业企业、职业教育等载体对技术技能积累机制转型产生的不同影响，辨析职业教育所承载的技术技能积累功能，以期能从技术技能积累的角度把握职业教育改革创新的逻辑框架。②

综合国内外学者在职业教育技术技能积累的内涵与作用研究主要聚焦在三个方向。第一个研究方向是技术与技能逻辑关系的思辨研究，从职业教育人才培养目标视角分析，技术与技能是不可分的，技术技能是一个复合体。由此得出，企业强调的是技术积累，职业教育强调的是技术技能积累的缘由。第二个研究方向是职业教育技术技能积累的定义、内涵与外延。第三个研究方向是职业教育技术技能积累作用研究，职业教育的技术技能积累对内涵发展具有明显的促进作用。高职院校的人才培养、社会服务和科学研究三大职能都与技术技能积累有关联。很明显，学者们对职业教育技术技能积累与人才培养耦合关系及职业教育技术技能积累与产业发展关系还缺乏实证研究。

1.3.4 有关高职院校技术技能积累协同机制的研究

校企协同是高职院校技术技能积累的重要实践形式，高职院校技术技能积累机制的研究与校企合作机制和产学研合作机制研究同脉相承。高职院校校企协同是指在协同理论引领下，学校与企业通过个人层面技能协同、组织层面管理协同和产业层面战略协同等路径和方法，提升各自的发展创新能力、技术技能积累能力和学生工程实践能力，达成技术技能人才培养、社会服务和应用技术研究目标。③ 刘鲁平认为，建立校企合作互动的新机制是地方高职院校的战略选择，产学研合作机制的创新具体表现在基于共同需求动力机制、基于互惠多赢的利益机制、基于长期愿景的激励机制、基于优势互补的选择机制和基于优势互补的学习机制等九个方面。④ 匡维以三螺旋为视角，结合伯顿·克拉克建立创业型大学的观点，提出高职院校在校企合作中要更关注新技术、新工艺的发明，始终要将人才培养置于校企合作第一位、建立校企合作办公室和营造校企合作文化等建议。⑤ 何郁冰提出"战略—知识—组织"三重互动的产学研协同创新模式。基于双方利益兴趣点和利益分配规则将高校基础研究、专业人才、科研仪器设备等知

---

① 张永，曹方建，吕品.产学研合作促进高职院校技术技能积累 [J].中国科技产业，2016（5）：76-77.
② 蓝洁.技术技能积累机制转型与职业教育功能承载 [J].中国职业技术教育，2017（12）：31-34.
③ Koschatzky K. Networking and knowledge transfer between research and industry in transition countries empirical evidence from the Slovenian innovation system [J]. Journal of Technology Transfer,2002,27(1):27-38.
④ 刘鲁平，徐澍敏，张跃西.探索产学研合作机制培养高等应用型人才 [J].教育与职业，2007（6）：158-160.
⑤ 匡维."三螺旋"理论下的高等职业技术教育校企合作 [J].高教探索，2010（1）：115-119.

识优势和企业技术的快速商业化、相对充足的创新资金、市场信息及营销经验等能力优势实现最大化。① 刁叔钧基于共生理论建立产学合作教育联盟。② 肖坤基于协同理论创新引领技术技能人才培养，提出校企双方打破资源（人、财、物、信息、流程）之间的壁垒和边界，高职院校承担研究型大学与市场之间的"二传手"功能，遵循应用技术成果转化和技术转移规律，共同提升技术技能积累力。③ 徐霄红基于信息交流与共享，主张通过育人协同、组织协同、知识协同和管理协同等路径和方法构建校企协同的技术技能积累机制。④ 吴伟等学者则从科学技术研究和人才培养如何相互融合提出科教融合的三个内涵："科研机构"与"教育机构"的主体协作；"科研"过程与"教学"过程的结合，以及"科学研究活动"与"人才培养活动"的深度互动，也为高职院校得到技术技能积累了一定与技术技能人才培养相互融合的启发。⑤ 许应楠以苏南职业院校为例，基于协同理论，从外部战略规划、内部激励制度、协同发展机制等方面，提出完善人才培养和技术技能积累机制，并提出校企共建二级学院，二级学院采取校企双主体协作模式，打破学校和企业资源（人、财、物、信息、流程）之间的壁垒和边界，校企协同开展专业建设，敏锐感知产业结构升级动态调整专业结构；校企协同进行课程改革和课程资源开发工作，在学生顶岗实习、教师企业锻炼、员工转岗培训、企业工艺改进、新产品研发等可以进一步优化专业设置协同地方产业转型升级发展，提升人才培养与地方产业经济发展的契合度。⑥ 李晓阳针对高职教师技术技能积累了与社会服务及其能力提升的体制机制、内容载体、途径方法等方面的问题，构建以动力系统、孵化系统、反馈系统等"三系统"为基本要件的高职教师技术技能积累与社会服务能力孵化器，注重合作机制、构建模型、实施路径等方面的操作，确保孵化器良好运作，有益于提升高职教师技术技能积累与社会服务能力。⑦

综合国内外学者在高职教育技术技能积累机制的研究聚焦一个关键词"协同"。由于职业教育具有横跨产业与教育的跨界本质特性，因此，校企协同发挥各自资源禀赋和技术技能积累的优势就是职业教育技术技能积累机制的研究焦点。学者基于协同理论、三螺旋理论、资源依赖理论、共生理论、利益相关者理

---

① 何郁冰. 产学研协同创新的理论模式［J］. 科学学研究，2012，30（2）：165 - 174.
② 刁叔钧. 论基于共生理论的产学合作教育联盟［J］. 高教探索，2012（2）：144 - 146.
③ 肖坤，夏伟，卢晓中. 论协同创新引领技术技能人才培养［J］. 高教探索，2014（3）：11 - 14.
④ 徐霄红. 创新校企协同的技术技能积累模式——基于企业大学的对标分析［J］. 中国高教研究，2016（5）：97 - 100.
⑤ 吴伟，孟申思，王荣. 集成创新："2011 协同创新中心"人才培养模式解读［J］. 中国高教研究，2016（12）：41 - 45.
⑥ 许应楠，陈福明. 基于协同理论的职业院校产学研用校企协同人才培养机制及实践研究［J］. 中国职业技术教育，2017（4）：43 - 48.
⑦ 李晓阳. 高职教师技术技能积累与社会服务能力孵化器建设概要［J］. 职教论坛，2017（15）：9 - 11.

论、新制度主义理论等经济学、社会学相关理论框架结合技术技能积累校企之间的关系、积累内涵、积累特征、积累本质、协同机制等核心问题以思辨论证和案例描述的方式呈现了校企协同技术技能积累机制运行图谱，但同时也可以看出，对职业教育技术技能积累机制研究方法上单一，缺乏实证研究和数据分析，另外不同主办方的高职院校由于产业背景和历史渊源不同，技术技能积累机制区别较大，而学者关注这方面研究还不够。

1.3.5 有关高职院校技术技能积累模式、平台与路径的研究

高职院校技术技能积累机制的重点是激发双方积极参与和协同共享，机制需要高效运行，平台和途径是关键，因此，技术技能积累模式、平台与路径的研究也是学者们研究的重点。傅家骥研究了企业技术积累模式和路径，认为个人知识和能力积累是企业技术积累的基础，企业总体技术积累是个人积累的升华和整合，建议要加强个人技术积累。同样，作为一个组织高职院校技术技能积累内在基础也是个人技术技能积累。① 江旭主张高校应注重与政府、企业、科研院所、中介机构和投融资机构联合创新，不仅可以更快更省力地研究出新成果，还可以提高成果的转化率，为高职院校技术技能积累校企协同机制拓展了思路。② 重构高职教育专业课程体系，融入学生创新能力培养，推动职业活动导向的课堂教学，从而强化学生的专业实践能力培养，提高技术技能积累力是学者们研究的一个领域。周标建议在原有课程体系的基础上增设创新教育课程，创新课程开设的目的是启迪学生的创新思维，培养学生的创新精神和创新能力。③ 姚德明建议高职院校要形成自主学习、合作学习、组织学习的学习氛围，加强教师和学生实践能力的培养，在课程设计及培养目标中增加教师与学生到企业实践锻炼的机会，增强教师与学生知识积累和技术积累的能力。④ 侯长林主张通过加强技术创新文化建设途径提升技术技能积累。⑤ 成军建议通过工学结合途径，以"合作育人"为核心加强技术技能积累。⑥ 殷红通过与德国的职业教育比较研究建议高职院校定期派教师去企业交流和培训提高教师的科研能力，科研重点面向企业的技术服务和应用技术提高技术技能积累力。⑦ 肖凤翔等主张及时更新高职课程内容、设置技术开发课程、探究式教学方法改革和提倡情景化课程强化技术创新力和技术

---

① 傅家骥，施培公. 技术积累与企业技术创新 [J]. 数量经济技术经济研究，1996 (11)：70 - 73.
② 江旭，高山行. 中国高校专利战略探讨 [J]. 科学学与科学技术管理，2002, 23 (1)：13 - 16.
③ 周标，楼晓. 高职学生技术创新能力培养探析 [J]. 职业技术教育，2008 (7)：40 - 42.
④ 姚德明，熊健民. 高等职业院校知识传播与技术应用的价值及功能 [J]. 职业技术教育，2010, 31 (13)：41 - 44.
⑤ 侯长林. 技术创新文化：高职院校核心竞争力植培的生态基础 [J]. 中国高等教育，2012 (12)：5 - 5.
⑥ 成军. 高职教育工学结合人才培养模式的价值判断、困境及对策 [J]. 中国高教研究，2012 (2)：89 - 92.
⑦ 殷红. 德国高等职业教育发展研究及对我国高职校企合作的启示 [D]. 天津：天津大学，2012.

技能积累。① 林宇主张加强高职院校师资队伍建设和专业群的建设，提升技术技能积累力。② 曹叔亮基于合作竞争理论在创新潜能、资源优势、伙伴关系、组织文化、创新目标的可行性方面激发产学研协同创新参与主动性、积极性与创造性，实现合作共赢和技术技能积累。③ 学者们为了把高职院校技术技能积累问题的方法总结归纳到理论高度，进行了技术技能积累模式研究。王秦等通过研究，总结校企协同技术技能积累主要模式有三种，一是合同模式，企业委托学校从事技术或产品研发实施技术技能积累过程。二是基地合作模式，企业与学校共同建立技术创新基地。三是项目合伙模式，校企共同从事研发活动、共享研发成果的一种合作模式，同时，建议共同开发和共享的实用性课程机制，共建技能大师工作室，共建技术应用联盟，共同推进新技术应用和技术技能的积累。④ 徐霄红迁移了企业技术积累途径，主张高职院校技术技能的积累路径可以归结为两个方面，一是投资性的积累，即通过一定要素资源的投入，学习他人总结的技术技能，实现间接经验的分享，如接受职业教育、在职在岗培训等；二是内生性的积累，在实际岗位历练中，实现直接经验的升华，比较典型的如"干中学"。⑤ 霍丽娟认为高职院校应对接企业的技术创新升级需求和对接企业的技术技能人才需求，共同参与企业技术技能积累。高职院校可根据自身的专业建设实力及企业的需求选择知识传承型、知识传承和技术创新并存的非产权协议的优势互补型合作模式提升技术技能积累力。⑥ 张炜基于滕尼斯的"共同体"理念，强调群体中的个体共同的精神意识及对特定社群的归属感和认同感通过建立校企"双专业负责人制""教师工程师双身份制"加强技术技能积累。⑦ 探索现代学徒制人才培养模式改革提高高职院校技术技能积累能力是近期学者们研讨的新的领域。现代学徒制是校企协同育人的具体实践形式，也是传统学徒培训与现代学校职业教育相结合的一种职业教育制度，推进校企一体化育人，企业与学校联合招工招生，师傅与教师联合传授知识技能，工学交替，实岗育人，企校联合培养行业企业需要的高素质技术技能型人才。孙佳鹏等认为，通过现代学徒制破解职业教育校企合作难题，尊重学生、学校、企业和政府四方利益，可以实现人才成功培养的共赢

---

① 肖凤翔，肖艳婷，雷姗姗. 高职院校承担技术创新的条件和策略 [J]. 中国职业技术教育，2014 (6)：78-83.
② 林宇. 高等职业院校师资队伍建设的现状、问题及对策 [J]. 中国高教研究，2015 (1)：79-82.
③ 曹叔亮. 高职教育园区产学研协同创新的多元竞合模式——基于合作竞争理论 [J]. 职教论坛，2016 (13)：20-24.
④ 王秦，李慧凤，嗷静海. 基于校企协同的技术技能积累机制实现路径研究 [J]. 中国职业技术教育，2015 (33)：10-18.
⑤ 徐霄红. 创新校企协同的技术技能积累模式——基于企业大学的对标分析 [J]. 中国高教研究，2016 (5)：97-100.
⑥ 霍丽娟. 现代职业教育的技术技能积累模式研究 [J]. 职教论坛，2016 (10)：70-74.
⑦ 张炜. 基于校企共同体的"校中厂"运行机制及对策研究 [J]. 职业技术教育，2016，37 (17)：12-15.

过程，提升学生职业素养和职业技能及技术创新能力。① 王振洪也认为现代学徒制遵循职业和教育规律，可以强化学生系统集成、"跨界"的理性思维的培养。② 王晓勇主张通过建立技术联盟落实现代学徒制，技术联盟是一个以现代学徒制中的严格筛选的技术型企业为核心，生产型企业和高职院校密切配合，三方协同共建、齐抓共管的技术教学共同体。③ 王扬南阶段性地总结了我国探索现代学徒制试点工作，认为我国现代学徒制试点工作把握了质量核心，突出了双元主体，遵循学生成长规律和职业能力形成规律，将人文素养和职业素质教育融入人才培养过程中，更加有利于促进职业技能和职业精神的有机融合，为打造更多的"大国工匠"夯实基础，试点工作也证明了现代学徒制人才培养模式改革是提高高职院校技术技能积累能力的一种很重要的实践形式。④ 龚方红基于高职院校技术技能积累的历史连续性、职业教育性、路径依赖性等特点，探索实践由"平台、项目、技术、资源"四要素构成的高职技术技能积累模式。⑤ 门洪亮从现代学徒制人才培养模式的实施可以有效促进校企技术技能的积累、传承与创新，并提出在当前国家大力开展现代学徒制试点项目的背景下，现代学徒制人才培养工作在项目设计环节应贯穿技术技能积累理念，在人才培养中形成现代学徒制技术技能积累自我完善体系，从而切实提升人才培养质量，保障试点项目的顺利开展。⑥ 王伟麟等从技术技能积累的校企合作融合度、学生素质的综合度、教师教研水平与企业技术需求的匹配度和平台建设水平与社会需求的满足度四个维度和现状入手，深入探究了高职校企协同技术技能积累平台的建设路径，包括面向区域企业搭建技术服务平台、面向高职教师搭建技术技能积累与创新能力蓄积平台、面向高职学生搭建技术技能学习和实战平台等，同时，还提出了生产、教学、科研三结合的运行机制和多指标的评价体系。⑦ 姬瑞海等提出建设技术技能积累资源库是高职院校强化人才培养、助推经济发展、最终形成区域技术技能资源集聚中心的重要措施。技术技能积累资源库建设应确立目标、明晰思路、完善机制、坚持原则和科学设置内容。深化政、校、行、企多元协同，整合现有资源，强化技术

---

①孙佳鹏，石伟平. 现代学徒制：破解职业教育校企合作难题的良药 [J]. 中国职业技术教育，2014 (27)：102 – 103.

②王振洪，成军. 现代学徒制：高技能人才培养新范式 [J]. 成才之路，2015 (4)：93 – 96.

③王晓勇，卢兵，秦咏红. 基于现代学徒制的技术联盟式人才培养模式探索 [J]. 中国职业技术教育，2017 (2)：45 – 48.

④王扬南. 把握质量核心突出双元主体扎实推进现代学徒制试点工作 [J]. 中国职业技术教育，2017 (1)：31 – 35.

⑤龚方红，朱苏，徐安林. 高职院校技术技能积累模式的探索与实践 [J]. 中国职业技术教育，2018 (22)：78 – 83.

⑥门洪亮. 基于技术技能积累理念的现代学徒制人才培养探析 [J]. 中国职业技术教育，2019 (27)：88 – 91.

⑦王伟麟，方颖，林海波. 高职校企协同技术技能积累平台的建设与运行 [J]. 教育与职业，2019 (11)：69 – 72.

技能积累，是新时代背景下促进高职院校内涵建设的新路径。技术技能积累资源库是在一定的区域范围内，支持职业院校师生、企业员工和社会人员等用户学习、传承、应用技术技能和弘扬工匠精神等各种要素的集成。人才、知识、工具、技能和工匠精神是组成技术技能资源库的五要素，具体包括知识信息、实验实训场所、工具设备设施、网络系统、非物质文化遗产、技能文化。技术技能积累资源库是实物化形态和数字化形态共存，具有资源集成、网络传播、课堂教育教学、现场培训等服务用户终身学习的功能，先进性、公益性、共享性、区域性、针对性、持续动态更新等是其主要特征。[1]

综合以上学者有关工科高职院校技术技能积累模式、平台与路径的研究，其研究思路基源于企业技术技能积累模式、平台与途径。工科高职院校技术技能积累模式基于校企协同理论可以采取合同模式、基地合作模式和项目合伙模式，发挥校企双方资源互补优势，共同提升技术技能积累力；基于合作竞争理论和自组织学习理论，高职院校技术技能积累路径主要有投资性积累和内生性积累，而内生性积累与技术技能人才培养密切相关，主要从现代学徒制人才培养模式、专业课程体系重构、双师双能型教师和教学方法的改革强化学生创新能力的培养，达到整体提升高职院校的技术技能积累力目标。工科高职院校技术技能积累平台是实现管理协同和战略协同的载体，主要有技能大师工作室、产教联盟和协同中心技术联盟、校企共建实训基地、职教集团等多种校企协同形式。近期，一些优质的工科高职院校开展了混合所有制改革；而且，一些区域影响力很强的工科高职院校还建立了工程技术中心和院士工作站，工科高职院校的技术技能积累力日趋增强，但学者对这一现象背后的逻辑和学理基础的研究尚不足。

1.3.6 技术技能积累研究综述

从我国高职院校技术技能积累的研究总体情况来看，从2014年"技术技能积累"术语第一次出现在教育部政策文件开始，对技术技能积累内涵、特征、功能的研究逐步深入到技术技能积累的本质，研究的深度和广度都有了很大的提升，在迁移企业技术积累理论的同时有了自己的理论创新和实践创新，技术技能积累理论体系和技术技能积累实践模式研究也逐渐深入。从研究水平来看，不仅关注技术技能积累的路径，而且注重技术技能积累的成效性，并开始建立系统的技术技能积累分析评价指标来对相应的技术技能积累进行系统分析和评价。如王秦基于校企利益最大化、企业重视程度、职业院校参与动力和社会环境等要素，以科学性、全面性、可行性和可比性为原则，设计校企协同的技术技能积累机制

---

[1] 姬瑞海，李存霞.高职院校区域技术技能积累资源库建设研究 [J].职业，2019，500 (1)：24-25.

评价指标体系。① 然而，高职院校起步晚，基础薄，高职教育的系统理论研究和实践管理经验与普通高校相比，差距很大。不论是学校的校企合作办学体制、内部治理结构、专业设置和结构动态调整、教学组织和管理、教学评价、科研定位、技术技能积累及社会服务能力方式和手段等还存在许多急需研究的问题。此外，高等职业教育是一种跨界教育，需要遵循产业和教育两种规律，它远远超出普通教育所研究的范畴。现有研究多从实践出发，依靠职业院校及其所在地区产业经济的发展进行技术技能积累的探索，对实践基础上的理论升华和理论指导下的具体实施还缺乏系统的研究。② 综合以上高职院校技术技能积累国内外研究现状和研究动态，可以看出现有研究存在以下问题：

（1）国内外有关技术积累与创新的研究对象焦点集中在企业，在一定程度上对工科高职院校的技术技能积累与创新有借鉴意义，在工科高职院校与企业存在不同的组织目标、结构、文化和外部环境的背景下，应有不同的机制和路径。目前，我国工科高职院校与产业发展耦合紧密，依存度越来越高，工科高职院校的技术技能积累能力对产业转型的支撑能力也越来越强，但溯源工科高职院校的技术技能积累的研究来看，我国缺乏对高职院校的技术技能积累规律和特征的研究，从丰富技术技能积累理论和指导实践的积累模式都迫切需要与时俱进的积累理论来指导积累实践的深入开展。此外，在借鉴企业技术积累相关理论方面，对其吸收和借鉴的深度还不够，没有结合高职院校具有与企业之间形成紧密结合和良性互动的天然禀赋特征进行深入研究。

（2）工科高职院校与普通工科类本科高校是我国国家自主创新体系不可替代的重要组成部分，但由于工科高职院校与普通工科类本科高校属于不同的教育类型，其功能定位和面向层次不同，决定高职院校的技术技能积累规律不同于普通高校的科学技术研究规律。普通本科高校在技术创新、科研实力与管理和社会服务能力等方面都有一套较为成熟和成功的理论和实践经验可以借鉴。与普通本科高校相比，工科高职院校通过校企合作和产教融合等办学途径，具有更敏锐的技术市场嗅觉和更能服务于产业基层应用技术和技能创新活动的特点和优势。Aghion 和 Hawitt 研究认为，促进技术技能积累的教育政策应该把教育人才培养与技能型技术进步联系起来，很好的人才培养的设计和安排才能促进技术技能的积累与创新，③因此，在工科高职院校技术技能积累的研究领域，在如何推动高职院校强化协同创新，从而实现技术技能积累与技术技能人才培养同步协调发展和递进提升的研究还不够深入而且不成体系。

---

①王秦，杨博，陈道志.校企协同的技术技能积累机制评价指标体系研究［J］.现代教育管理，2017（4）：46 - 51.

②刘晶晶，杨斌.我国职业教育产教融合研究现状及发展趋势——基于 Cite - space 的可视化分析［J］.当代职业教育，2018，96（6）：32 - 39.

③Aghion,P. and Howitt,P. Endogenous Growth Theory. Cambridge:The MIT Press,1998:35.

（3）从研究方法来看，我国对工科高职院校技术技能积累的研究以思辨性研究为主，实证分析、应用研究和案例研究只占很少一部分。这使得相关研究结论的得出缺乏强有力的说服力，而且也导致研究结论对实践的指导力还需进一步检验。未来的研究应该加强实证研究，通过收集数据，对数据进行严密的分析来发现规律，建构理论，以增强理论对实践的解释力和指导力。

目前的研究还没有涉及以下问题：工科高职院校技术技能积累的校企协作机制、自组织学习动力机制、工科高职院校技术技能积累与创新型技术技能人才培养的关系、工科高职院校技术技能积累与社会继续再教育的培训及技术技能传承与创新的耦合研究、工科高职院校技术技能积累文化和工科高职院校技术技能积累力的评价体系等研究。首先，在上述问题中，对实践具有直接指导力的工科高职院校技术技能积累理论的缺乏是最突出的问题；其次，缺乏对工科高职院校技术技能积累的整体提升实践方案的系统研究。

1.4 研究目标与研究设计

1.4.1 研究目标

1.4.1.1 理论目标

基于工科高职教育的服务区域经济功能和技术技能人才培养定位，从产教跨界视角阐释工科高职院校技术技能积累的内涵与特征。在对我国目前高职院校技术技能积累机制、平台、模式和路径及政策进行梳理的基础上，基于协同理论和交换理论的分析范式系统分析校企协同技术技能积累机制，以及组织学习理论的分析范式探讨工科高职院校技术技能积累内生驱动力生成机理。

1.4.1.2 应用目标

采用问卷调研分析工科高职院校技术技能积累现状和影响因素，利用德尔菲法和 AHP 法对工科高职院校技术技能积累能力系统地评价，引导高职院校找准着力点整体提升技术技能积累能力；基于高等职业教育质量年报对技术技能积累能力卓越的工科高职院校进行案例分析，从校企协同机制、协同平台、积累载体、关键主体和创新创业实践平台系统提出工科高职院校技术技能积累整体策略，为工科高职院校强化技术技能积累提供可借鉴实践范式，以期为工科高职院校技术技能积累走出困境、破解难题提供参考和建议。

1.4.2 研究方法

1.4.2.1 文献研究

梳理出我国工科高职院校技术技能积累的发展脉络、借鉴历史经验、现实经验及影响高职院校技术技能积累能力的主要因素和障碍。

1.4.2.2 调查研究

问卷调查全国工科高职院校技术技能积累的现状；国家示范校、省级示范校和一般院校在技术技能积累方面显著区别；从内因和外因调查工科高职院校技术技能积累影响因素；现阶段，工科高职院校技术技能积累协同的途径和协同的平台；工科高职院校基层管理人员和专业教师对技术技能积累提升的建议和策略等。

1.4.2.3 案例研究

从高等职业教育质量年报选取在技术技能积累平台搭建、载体构建、创新创业实践、双师结构专业团队建设等方面较成功的工科高职院校，分析目前我国工科高职院校在技术技能积累中比较成功的案例，找到可供借鉴的实践经验、路径和影响技术技能积累的主要因素。从研究工具选择上，案例研究现实情境议题为尚未得到充分讨论的工科高职院校技术技能积累研究领域提供了丰富的研究工具。[1]

1.4.2.4 实证研究法

本课题涉及了多种统计方法。例如，采用了 SPSS 20 常用的描述性统计分析分析工科高职院校的技术技能积累力的整体现状和态势；利用主成分分析法分析影响工科高职院校技术技能积累力的主要因素；采用皮尔逊相关分析分析校企协同深度对工科高职院校技术技能积累力的影响度。

1.4.2.5 德尔菲法

将选取来自国内职业教育的权威专家，对工科高职院校及其相关问题有着清晰认识的专家，教育政策与管理研究方向有一定影响力的专家，专门从事教育智库研究的专家，采用背对背的访谈方式征询专家对影响工科高职院校技术技能积累因素的评价意见，最后根据专家的预测意见得出工科高职院校技术技能积累评价要素。

1.4.2.6 层次分析法

基于 YAAHP 层次分析软件，把工科高职院校技术技能积累评价问题按照总体目标、各层次的目标及评价标准作为一个整体系统，再将这个整体系统按各层次的目标进行分解，然后，通过求解判断矩阵特征向量的方法，计算每一层次的

---

[1] Mahoney J. Qualitative methodology and comparative politics[J]. Comparative Political Studies. 2005. 40(2): 122－144.

各元素对上一层次某元素的有限权重；最后，利用加权和的方法计算各备选方案对总目标的最终权重，遵循基本的评价价值取向，最终得出工科高职院校技术技能积累的最优评价体系。

1.4.3 研究路线

本研究的基本思路是以"提出问题—研究综述—分析问题—解决问题"为逻辑主线，从而提出问题：我国工科高职院校技术技能积累问题提出的背景、研究的意义和问题现状；研究综述：核心概念界定、国内外技术技能积累相关研究分析、研究方法和目标；接着分析问题：基于协同理论、社会交换理论和组织理论学习建立分析校企协同视域下工科高职院校技术技能积累问题的理论框架，通过实证研究透视现象分析工科高职院校技术技能积累问题的本质和关键因素；然后解决问题：从研究工科高职院校技术技能积累评价体系着眼，从个人层面的技能协同、组织层面的管理协同和产业层面的战略协同机制、协同平台、积累载体、关键主体和创新创业实践平台系统提出构建培育技术技能积累生态环境强化工科高职院校技术技能积累整体策略。最后，得出五个有价值的结论和政策启示。研究框架与路线流程如图1-2所示。

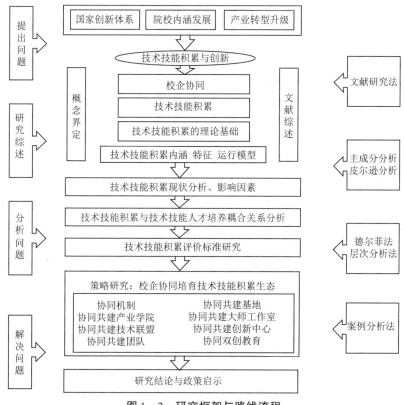

图1-2 研究框架与路线流程

1.4.4 主要创新点

教育理论创新来源于创新性教育实践，同时，教育理论创新又指导教育实践创新。

1.4.4.1 高职教育理论创新，丰富工科高职院校技术技能积累的理论研究

从"科学—技术—生产"创新驱动链中，工科高职院校的功能定位和高职教育作为国家提升人力资本质量和赋能产业转型升级的主旨跨界教育类型，研究了工科高职院校技术技能积累概念、工科高职院校技术技能积累内涵特征与理论模型，提出校企协同是工科高职院校技术技能积累的首要途径和关键实践路径，以及工科高职院校技术技能积累和技术技能人才培养两者之间呈现相互作用和紧密耦合的关系，明确了技术技能积累价值判断，拓展和深化了高职教育产教融合和校企合作领域的研究，丰富了工科高职院校技术技能积累的理论研究。

1.4.4.2 丰富高职教育标准，构建工科高职院校技术技能积累评价体系

高职教育标准建设是提升高职院校教育教学质量的重要举措，针对评估工科高职院校技术技能积累能力空白，基于协同投入—协同过程—协同绩效评价逻辑构成构建了工科高职院校技术技能积累评价体系，协调统筹校企资源，精心设计和优化技术技能积累中的关键要素和主要路径，引导和规范院校强化技术技能积累建设，旨在促进工科高职院校技术技能积累整体工作水平的提高，对工科高职院校强化技术技能积累功能和建设具有一定的参考价值和指导意义。

1.4.4.3 高职教育实践创新，提炼工科高职院校技术技能积累的实践范式

在分析高职院校技术技能积累现状、企业技术积累成功经验、国家经济结构转型升级和高职教育发展大环境的基础上，研究了目前我国工科高职院校在技术技能积累中比较成功案例，找到可供借鉴的实践经验和路径。通过构建协同信任机制、组织学习机制和利益协调机制及协同共建生产性实训基地、协同共建产业学院、协同共建技能大师工作室、协同共建技术服务联盟、协同共建应用技术创新中心、协同共建双师结构团队和协同创新创业教育提出了工科高职院校技术技能积累运行图谱和整体策略，为促进工科高职院校技术技能积累提供了可借鉴的实践范式。

第 2 章
理论研究：工科高职院校技术技能积累的理论基础和理论模型

2.1 协同理论与工科高职院校技术技能积累

2.1.1 协同理论概述

协同概念是 1965 年，美国的战略规划之父 H·伊戈尔·安索夫（H. Igor Ansoff）在他的第一部战略管理著作《公司战略》中提出的。1977 年德国的赫尔曼·哈肯（Hernn Haken）提出了协同学（synergetics）理论框架，synergy 前一部分"syn"表示"together"，即系统各要素在一起相互协调与合作，synergy 后一部分"ergy"表示"work–ing"，即组织结构和功能。"synergy"不仅包含协调合作意思，而且强调协调、合作产生的新的结构和功能。即协同是系统的各部分之间相互协作，使整个系统形成个体层次所不存在的新质的结构和特征。日本战略专家伊丹广之（Hiroyuki Itami）认为，协同是一种发挥资源最大效能的方法，他认为公司通过对隐形资产的使用可实现协同效应。[①] 就国内的学者而言，郭宏认为，协同就是协调两个或两个以上的不同资源或个体，协同一致地完成某一目标的过程或能力，并且通过协同产生"协同"效应，使总体的绩效大于个体绩效的总和。[②] 黄敏认为协同就是系统诸要素及各自子系统之间互相合作和共同作用。[③] 可以看出，不同学者对协同的含义的理解和表述也不相同，但基本的含义大致相同。所谓协同，是指两个或者两个以上的不同主体打破各自资源（人、财、物、信息、流程）之间的壁垒和边界。通过对各种资源最大化的开发、共享、利用和挖掘，以充分达成一致的目标而进行协调的运作。协同理论是指以系统论、信息论、控制论、突变论等为基础，采用统计学和动力学相结合的方法，研究系统各要素之间、要素与系统之间、系统与环境之间协调、同步、合作、互补的关系，研究新的有序结构的形成，从而激发效能形成整体力量达成目标。协同学以非平衡开放系统的"协同性"为研究对象，其目标是在千差万别

---

① [英] 安德鲁·坎贝尔等编著.战略协同 [M].任通海等译.北京：机械工业出版社，2000. 68–69.
② 郭宏.基于协同创新的高技术企业绩效管理研究 [D].天津：天津大学，2009.
③ 黄敏.基于协同创新的大学学科创新生态系统模型构建的研究 [D].重庆：中国人民解放军第三军医大学，2011.

的各科学领域中确定系统自组织赖以进行的自然规律。① 与"合作"比较,"协同"不仅有协调合作之意,而且强调协调、合作的结果,强调对信息、知识的共享使用,产出新的信息和知识,产生 1＋1＞2 协同效应。② 协同学的相关理论即为协同理论,包括协同效应、伺服原理和自组织原理三部分内容。协同效应是指复杂开放系统中的大量子系统会相互作用和影响,从而提高系统的整体效应,是使系统从无序变成有序、达到稳定状态的内在驱动力。伺服原理是指复杂开放系统在变化过程中会受到不同变量的影响,对系统行为起到支配主导作用,称之为序参量,系统的动力学和突现结构通常由序参量决定。自组织原理是指复杂开放系统在变化过程中,由于各子系统之间的相互协调作用,系统会自发形成具有一定功能的自组织结构,又称非平衡系统中的自组织现象。基于协同理论可知,运用协同理论进行研究的对象必须要具备复杂、开放、多个子系统组成、子系统之间相互作用、具有自组织性等要素。

2.1.2 基于协同理论的工科高职院校技术技能积累分析

高职院校校企协同是指在协同理论引领下,高职院校与实体企业通过个人层面技能协同、组织层面管理协同和产业层面战略协同等路径和方法,提升各自的发展创新能力、技术技能积累能力和学生工程实践能力,达成技术技能人才培养、社会服务和应用技术研究目标。技能协同是知识和技术技能在校企组织间的转移、吸收、消化、共享、集成、利用和再创造及相互转换和提升的过程,主要措施包括校企人员双向嵌入,技术交流及项目为纽带共同协作应用技术的改进和专业建设。管理协同是校企双方突破固有的组织边界,协同共建一个跨边界的组织机构,采取非盈利组织或混合所有制的治理形式,追求实现技术创新升级和技术技能人才培养目标。典型方式是校企协同共建生产性实训基地、产业学院、技术工艺和产品开发中心等紧密型或松散型的混合组织。战略协同指基于校企双方在价值观和文化上的认同和信任,在专业—产业—人才—创新链中进行战略部署,发挥各方资源优势和影响力,通过优势互补与资源集成达成协同效应,实现专业链和产业链的有机衔接和融合。典型的方式是建立基于风险共担和利益共享的产业联盟、职业教育集团和技术服务联盟。③④

2.1.2.1 协同理论与工科高职院校技术技能积累系统的契合性分析

基于协同理论可知,运用协同理论进行研究的对象必须要具备复杂系统、开放系统、系统内部存在非线性作用、系统不平衡态、具有自组织性五个条件。⑤

---

① 赫尔曼·哈肯. 高等协同学 [M]. 郭治安译. 北京:科学出版社,1989.
② 肖坤,夏伟,卢晓中. 论协同创新引领技术技能人才培养 [J]. 高教探索,2014 (3):11 - 14.
③ 何郁冰. 产学研协同创新的理论模式 [J]. 科学学研究,2012,30 (2):165 - 174.
④ Koschatzky K. Networking and knowledge transfer between research and industry in transition countries empirical evidence from the Slovenian innovation system[J]. Journal of Technology Transfer,2002,27(1):27 - 38.
⑤ 赫尔曼·哈肯. 高等协同学 [M]. 郭治安译. 北京:科学出版社,1989.

工科高职院校技术技能积累作为研究的对象可以视作一个独立的系统,完全具备基于协同理论分析的五个条件。

(1) 工科高职院校技术技能积累系统是一个复杂系统。该系统主要由工科高职院校、行业协会、企业、院校主管部门等子系统组成,这些子系统有着不同的利益诉求和动机,在从无序向有序状态、利益不平衡向利益相对均衡过渡递进中,必然会产生利益博弈和相互碰撞。而在这些子系统中起到决定作用的是具有主观能动性的利益相关者,这必然会涉及不同利益主体之间的博弈,同时,工科高职院校技术技能积累系统涉及创新型技术技能人才培养、社会服务和应用技术研究等高校功能,使该系统具有无可辩驳的复杂性。

(2) 工科高职院校技术技能积累系统是一个开放系统。工科高职院校技术技能积累系统具备职业教育的职业性、实践性、跨界性和开放性特征。一是会受外部经济和产业发展等外部动力因素影响,如国家经济结构调整、产业技术升级、技术技能人才市场需求和区域经济的产业政策等;二是会受到系统内部动力因素影响,如企业技术技能人才的需求、高职院校的办学理念及利益相关者利益平衡等。工科高职院校为了提高技术技能积累能力必然会与地方政府、区域经济和产业文化领域系统发生能量交换和信息交流,否则将由于无法适应经济发展的要求而被淘汰。

(3) 工科高职院校技术技能积累系统内部实体企业与院校由于资源禀赋不同存在非线性作用。一是实体企业在技术技能积累的优势:市场敏锐性强,技术时刻保持先进性,企业技术人员实践经验丰富,企业工匠精神、职业精神和劳模精神落实在生产每个细节;企业在技术技能积累劣势:培训的成本较高、理论性知识积累较少。二是高职院校在技术技能积累的优势:完备的教学条件,理论基础扎实的专任教师;高职院校在技术技能积累的劣势:教师掌握的技术与产业发展不同步,掌握的信息与企业不对称,对学生的人才培养目标和教学内容的选取与企业存在偏差。[1]

(4) 工科高职院校技术技能积累各子系统之间存在非平衡性。工科高职院校技术技能积累系统内部的专业设置与调整、课程设置与改革、实训设备更新和教学方法改革等构成错综复杂的相互联系,具有非线性的特点,同时,工科高职院校技术技能积累的发展不断适应产业发展,需要不断打破平衡状态,扩大与产业进行物质、信息和能量的交换。工科高职院校技术技能积累系统具备协同性,当高职院校供给侧与企业需求侧处于非平衡条件下,校企之间的协同效应使系统中的某些运动趋势联合起来并占据优势地位,从而支配系统整体的演化。

(5) 工科高职院校技术技能积累是一个自组织系统。其主要体现在三个方面:一是政府都出台了强化技术技能积累的相关政策法规,激励和保障院校与企

---

[1] 卢志米.政企校协同技术技能积累平台构建探析 [J].教育发展研究,2016 (Z1):16-22.

业参与技术技能积累工作；二是通过校企双方制定契约与协议，校企之间形成一个利益共同体，校企协同有章可循；三是高职院校内部制定了激励教师参与技术技能积累和规范技术技能积累等制度，各子系统就会有序运行，利于技术技能积累目标的最终实现。

综上所述，协同理论与工科高职院校技术技能积累系统具有强烈的契合性，因此，可以协同理论为依据，运用协同的方法和范式来指导工科高职院校技术技能积累系统研究，进而不断提升工科高职院校技术技能积累水平。

2.1.2.2 校企协同在国家推进高职院校技术技能积累政策分析

"技术技能积累"第一次出现是在国家政策文件2014年5月2日国务院颁发的《关于加快发展现代职业教育的决定》中。该决定提出要"强化职业教育的技术技能积累作用。制定多方参与的支持政策，推动政府、学校、行业、企业联动，促进技术技能的积累与创新。推动职业院校与行业企业共建技术工艺和产品开发中心、实验实训平台、技能大师工作室等，成为国家技术技能积累与创新的重要载体。"① 该文件明确了职业教育技术技能积累功能与作用，也指明职业教育技术技能积累的主体是院校与企业，共建技术工艺和产品开发中心、实验实训平台、技能大师工作室等是校企协同技术技能积累的重要载体。为了贯彻执行国务院《关于加快发展现代职业教育的决定》，2014年6月16日，教育部、国家发展改革委、财政部、人力资源社会保障部、农业部、国务院扶贫办组织颁发的《现代职业教育体系建设规划（2014—2020年）》中更明确地提出要"创新校企协同的技术技能积累机制。建立重点产业技术积累创新联合体。在关系国家竞争力的重要产业部门，规划建立一批企业和职业院校紧密合作的技术技能积累创新平台，促进新技术、新材料、新工艺、新装备的应用，加快先进技术转化和产业转型升级步伐。推动企业将职业院校纳入技术创新体系，强化协同创新，促进劳动者素质与技术创新、技术引进、技术改造同步提高，实现新技术产业化与新技术应用人才储备同步。"② 该文件对职业院校强化技术技能积累功能指明了具体的方向、路径和平台，尤其强调了技术技能积累与技术技能人才培养的紧密耦合关系和技术技能积累与技术技能创新之间的关系。③ 2015年6月30日，教育部《关于深入推进职业教育集团化办学的意见》要"强化产教融合、校企合作，推动建设以相关各方'利益链'为纽带，集生产、教学和研发等功能于一体的生产性实训基地和技术创新平台"。2015年7月27日，教育部印发的《关于深化职业教育教学改革全面提高人才培养质量的若干意见》中指出"深化校企协同育人。创新校企合作育人的途径与方式，充分发挥企业的重要主体作用。推动校企共建校内外生产性实训基地、技术服务和产品开发中心、技能大师工作室、创

---

①国务院.关于加快发展现代职业教育的决定［Z］.2014－05－02.
②教育部等.关于印发《现代职业教育体系建设规划（2014—2020年）》的通知［Z］.2014－06－16.
③教育部.关于深入推进职业教育集团化办学的意见［Z］.2015－06－30.

业教育实践平台等,切实增强职业院校技术技能积累能力和学生就业创业能力"。① 该文件对职业院校的技术技能积累的内涵进一步扩充,在原来的技术技能积累载体上增加了产品开发中心和创业教育实践平台。2015年10月19日,教育部印发关于《高等职业教育创新发展行动计划(2015—2018年)》的通知,提出"根据区域发展规划和产业转型升级需要,优化院校布局和专业结构,将专科高等职业院校建设成为区域内技术技能积累的重要资源集聚地。服务中国制造2025的能力显著增强,推动专科高等职业院校与当地企业合作办学、合作育人、合作发展,鼓励校企共建以现代学徒制培养为主的特色学院,以市场为导向多方共建应用技术协同创新中心。充分利用各种资源建设大学科技园、大学生创业园、创业孵化基地和小微企业创业基地,作为创业教育实践平台"。② 该文件是高职教育贯彻创新驱动发展理念的行动计划,进一步明确高职院校要成为区域内技术技能积累的重要资源集聚地。2017年10月16日,中共十九大报告提出"完善职业教育和培训体系,深化产教融合、校企合作"明确产教融合和校企合作是职业教育的根本遵循。2017年12月5日,国务院印发的《关于深化产教融合的若干意见》中指出"健全高等学校与行业骨干企业、中小微创业型企业紧密协同的创新生态系统,增强创新中心集聚人才资源、牵引产业升级能力;鼓励企业依托或联合职业学校、高等学校设立产业学院和企业工作室、实验室、创新基地、实践基地;鼓励以引企驻校、引校进企、校企一体等方式,吸引优势企业与学校共建共享生产性实训基地"为产教融合的途径和载体提出了更具体的操作指南。③ 2018年2月5日,教育部等六部门印发关于《职业学校校企合作促进办法》的通知,指出"职业学校应当制定校企合作规划,建立适应开展校企合作的教育教学组织方式和管理制度,明确相关机构和人员,改革教学内容和方式方法、健全质量评价制度,为合作企业的人力资源开发和技术升级提供支持与服务;增强服务企业特别是中小微企业的技术和产品研发的能力;鼓励和支持职业学校与企业合作开设专业,制定专业标准、培养方案等;鼓励各地采取竞争性方式选择社会资本,建设或者支持企业、学校建设公共性实习实训、创新创业基地、研发实践课程、教学资源等公共服务项目;职业学校应当将参与校企合作作为教师业绩考核的内容,具有相关企业或生产经营管理一线工作经历的专业教师在评聘和晋升职务(职称)、评优表彰等方面,同等条件下优先对待。"④ 更进一步明确校企合作是职业院校的办学模式,对个人技能协同和管理组织协同指明具体操作程序和流程。2019年1月24日,国务院颁发了《国家职业教育改革实施方案》指南性文件,指出"职业教育与普通教育是两种不同教育类型,具有同

---

①教育部.关于深化职业教育教学改革全面提高人才培养质量的若干意见[Z].2015-07-29.
②教育部.关于印发《高等职业教育创新发展行动计划(2015—2018年)》的通知[Z].2015-10-19.
③国务院.关于深化产教融合的若干意见[Z].2017-12-05.
④教育部.关于印发《职业学校校企合作促进办法》的通知[Z].2018-02-05.

等重要地位；深化产教融合、校企合作，育训结合，健全多元化办学格局，推动企业深度参与协同育人，扶持鼓励企业和社会力量参与举办各类职业教育；高等职业学校要培养服务区域发展的高素质技术技能人才，重点服务企业特别是中小微企业的技术研发和产品升级；校企共同研究制定人才培养方案，及时将新技术、新工艺、新规范纳入教学标准和教学内容；鼓励职业院校建设或校企共建一批校内实训基地，提升重点专业建设和校企合作育人水平；建立健全职业院校自主聘任兼职教师的办法，推动企业工程技术人员、高技能人才和职业院校教师双向流动；推进资历框架建设，探索实现学历证书和职业技能等级证书互通衔接"。①该文件既是对我国职业教育实施改革的纲领性文件，也是对校企协同进行的具体部署，即协同培养人才，协同制定人才培养方案，协同共建实训基地和技术应用中心等。2019 年 4 月 2 日，教育部和财政部颁发《关于实施中国特色高水平高职学校和专业建设计划的意见》的同时启动"双高计划"。近三年，国家集中力量建设 50 所左右高水平高职学校和 150 个左右的高水平专业群，"对接科技发展趋势，以技术技能积累为纽带，建设集人才培养、团队建设、技术服务于一体，资源共享、机制灵活、产出高效的人才培养与技术创新平台；与行业领先企业深度合作，建设兼具产品研发、工艺开发、技术推广、大师培育功能的技术技能平台，支撑国家重点产业、区域支柱产业发展，引领新时代职业教育实现高质量发展"②，对高水平高职院校技术技能积累提出"高"要求，不仅体现在与行业领先企业协同发展，而且体现要产出高水平的成果，支撑和引领产业发展，不言而喻，技术技能积累"高"是评价高水平高职学校和高水平专业群的核心指标。

从近五年国家颁发的有关强化职业教育技术技能功能的政策文件分析，随着职业教育的快速发展，国家越来越重视高职院校"技术技能积累"的功能与作用发挥。历次文件中提到的"校企协同"与"技术技能积累"几乎是如影随形的，证实校企协同是高职院校加强技术技能积累的首要途径和关键实践形式。校企协同强化技术技能积累遵循职业教育跨界和产教融合发展规律，需要校企主体之间建立协同机制，搭建积累平台，共享优质资源，互补差异化资源，其核心是知识和技术技能协同。③

2.2 社会交换理论与工科高职院校技术技能积累

2.2.1 社会交换理论概述

社会交换理论是在美国社会学家乔治·霍曼斯(G. C. Hons)提出的一种社会

---

① 国务院.关于印发国家职业教育改革实施方案的通知 [Z].2019 – 01 – 14.
② 教育部，财政部.关于实施中国特色高水平高职学校和专业建设计划的意见 [Z].2019 – 03 – 29.
③ 肖坤，夏伟，卢晓中.论协同创新引领技术技能人才培养 [J].高教探索，2014（3）：11 – 14.

心理学理论的基础上，经布劳（Blau）等学者发展形成的一个比较系统的社会心理理论体系。霍曼斯认为，社会交换涵盖情感、物质、权利、声望地位等社会所有交换，布劳在霍曼斯社会交换理论的心理原则基础上，指出要使人类行为转变成交换行为需要两个条件："一是只有借助与他人互动，自身行为的最终目标才能够实现；二是必须采取某些手段才能实现某种行为。"即人类之间相互交往的目的都是源于通过相互交往中交换并满足了某些需要。布劳基于此将社会交换划分为三种类型。第一，内在报酬性社会交换。交往者把交往过程本身看作是此种类型交换的目的。第二，外在报酬性社会交换。交往者把此种交往过程视为一种手段，目的是实现更长远的目标。第三，混合性社会交换。兼具内在性和外在性两种报酬。布劳按交换对象又分别提出微观社会交换和宏观社会交换。微观社会交换对象是个体，宏观社会交换对象是组织。互相提供报酬和公平性是微观社会交换和宏观社会交换相同之处，差异在于宏观结构中人与人的交往不是直接的关系。在宏观社会交换中，由于组织间的交往具有间接性、时空间隔大等特点，因此，需要用制度化规范交换过程。[①] 霍曼斯交换理论是布劳的大部分社会交换理论产生的基础，两者之间却有着较大的不同。一方面，霍曼斯倾向于透过个体的心理的解释来推演群体的所有行为，而布劳认为由于社会结构过于复杂，个体心理现象难以还原，个体构成微观社会结构交往，群体构成宏观社会结构交往，但宏观结构更为复杂，需要规范和手段来维持秩序。另一方面，霍曼斯解释社会交换采用对等性原则，而布劳则认为一部分社会交换可用对等性原则来解释，一部分社会交换则可不用对等性原则进行解释。这也是产生社会分层和权力不对等的原因。社会交换产生于社会吸引，而经济是产生社会吸引的主要因素之一，布劳提出的理性、公平、互惠的社会交换基本命题，适用于对校企协同技术技能积累。

2.2.2 基于社会交换理论的工科高职院校技术技能积累分析

布劳的社会交换理论为校企协同工科高职院校技术技能积累提供了强有力的理论依据。参照布劳提出的两个条件；一是该行为的最终目标只有通过与他人互动才能达到；二是该行为必须采取有助于实现这些目的的手段。很明显，工科高职院校技术技能积累目标只能通过采取一定的手段、方法、措施在校企协同多元主体的互动中才可能实现。据此，工科高职院校技术技能积累行为是典型的社会交换行为。基于社会交换理论，本研究将工科高职院校和实体企业视为宏观社会交换的两个独立主体。

2.2.2.1 社会交换理论与校企协同技术技能积累过程的契合性分析

基于社会交换理论视角分析，校企协同技术技能积累过程就是工科高职院校

[①] 彼得·M·布劳.社会生活中交换与权力 [M].李国武，译，上海：商务印书馆，2012.

与实体企业两个独立社会组织，建立协同体系，通过交流互动，建立资源互补，取得预期报酬，达到互惠共赢的过程。其契合性体现在以下三个方面：

（1）技术技能积累是一种社会交换。在工科高职院校校企协同加强技术技能积累建设过程中，校企双方吸引是诱因，各自内在需求是动力，资源交换和互补则是目的。工科高职院校具备教学和培训资源齐全、应用技术理论基础扎实等方面技术技能积累的优势，而实体企业具有市场敏锐性强、即时跟踪先进技术和技术人员实践经验丰富等方面技术技能积累优势，校企协同的关键在于校企双方在最大限度满足自己需求的同时也满足了对方的需求，只要校企双方遵守着共享价值与规范，并将自己的优质资源释放付出后，那么得到了回报，双方的交换关系就由此产生，校企双方的技术技能积累能力和技术创新能力共同提高的目的就能实现，最终促进了自身发展。

（2）校企协同强化技术技能积累是一种合作共赢的关系。在工科高职院校校企协同加强技术技能积累建设过程中，校企合作共赢是双方互相激励的过程。当校企双方在协同过程中各自的获得感增强，双方之间的信任水平和期望值就会随之提升，在这个过程中，技术技能积累交换价值也将动态增加到一个新的水平值。当校企协同强化技术技能积累越来越深入时，校企双方更愿意去保持长期的合作关系而不仅限于短期合作，双方获得感与资源的贡献程度相应地呈现出正相关关系。①

（3）校企协同强化技术技能积累需要制度化规范。由于校企间交往具有间接性、时空间隔大等特点，需要制度化规范技术技能积累过程维持稳定的宏观交换关系。校企协同的动力源于双方期望从对方得到回报。当双方付出获得了期待中的回报后，这种协同技术技能积累社会交换关系才得以继续，否则这种交换关系就会中止。制度化规范规定各自的权益与义务，通过交换各自的优势资源，得到了外在回报，于是又开始新的"再投入—再回报"交换过程，由此推动双方的技术技能积累建设的持续发展。

因此，鉴于以上分析，社会交换理论是解释校企协同视域下工科高职院校共生式技术技能积累中这种交换关系的重要理论基础。

2.2.2.2 基于社会交换工科高职院校技术技能积累系统的校企互惠层面分析

在工科高职院校技术技能积累系统中，院校与企业是社会经济系统中两种不同类型的组织。院校和企业之间的合作关系本质上是在政府的主导下，院校和企业通过交换各自所需的利益和好处而建立起来的一种社会关系。由于院校和企业存在本质上的区别，因此，二者在进行校企合作时对交换所获得的利益诉求截然不同。

---

① 陈鑫.高校主导型产学研协同创新平台运行研究［D］.武汉：华中科技大学，2017.

(1) 对工科高职院校来说,作为教育系统中的重要组成部分,肩负着培养技术技能型人才、科学研究、社会服务和促进就业创业的重要职责。虽然其人才培养和办学宗旨具有明显的经济社会发展服务导向,但本质上属于社会公益性的组织。通过和行业企业建立合作关系,吸纳企业参与学校办学,能获得多方面的益处,主要有:一是能为学生实习和实训提供更好的场所;二是能为专业教师到企业实践、提高实践动手能力和教学水平提供稳定可靠的场所;三是便于从企业引入实操能力强、行业经验丰富的兼职教师,有利于打造"双师型"的高水平职业教育师资队伍;四是有助于为学生提供更多的就业机会,提高学校的就业率和竞争力;五是有助于实时了解行业企业的发展动态及其对人才的需求状况,为学校的专业设置和教学改革提供实践依据,更好地促进学校办学水平的提高;[①] 六是建立校企合作,提高学校办学水平,不仅顺应我国职业教育改革的趋势,还能得到相关教育主管部门的认可和肯定,有助于通过相关的考核和评估,持续获得政府的支持。为了从企业中获得这些利益,职业院校能够用来和企业交换的资源主要有:一是参与企业的员工培训,提供培训所需的场所和师资;二是派出教师与企业进行联合科技攻关,解决技术难题,帮助企业发展;三是通过派出教师和学生到企业实践,为企业提供廉价甚至免费的劳动力;四是通过订单式的培养模式,为企业培养所需的技术人才;五是从办学经费中象征性地支付给企业一些实习补助或基地建设费用。

(2) 对实体企业来说,企业一般是指以盈利为目的,运用各种生产要素(土地、劳动力、资本、技术和企业家才能等),向市场提供商品或服务,实行自主经营、自负盈亏、独立核算的具有法人资格的社会经济组织。企业存在和运营的前提是盈利,对经济利润的追求是企业发展需要考虑的头等大事,企业所有的决策和行为都受经济利益的驱动,通过参与校企合作,能获得的益处也是多方面的,主要表现在:一是接受合作院校送来的实习生和实践教师,能获得廉价的劳动力,降低企业的人力成本;二是与职业院校合作进行员工培训,有助于提高培训水平。为了从职业院校中获得这些利益,企业在协同技术技能积累过程中能够用来和职业院校交换的资源主要有:一是企业能提供师生专业实践的场所和校外实习基地;二是企业能提供应用技术攻关课题;三是企业有技术经验丰富的技术人员;四是企业可以提供先进的装备,因此,校企双方可以在内在报酬性社会交换、外在报酬性社会交换和混合性社会交换"三层面互惠"得到相应的获得感。

(3) 建立校企双方平衡机制,规避利益失衡风险。布劳认为,由校企利益不相容的要求带来的两难困境需要交换者从注意一个角度转到照顾另一个角度上。高职教育校企合作法律制度可以借鉴布劳对两难困境提供的解决之道,应当

---

① 王剑. 社会交换理论视角下职业院校教师企业实践困境与对策分析 [J]. 中国职业技术教育,2016 (7): 73-77.

建立平衡机制，规定校企双方在注意自己利益的同时能够照顾到对方的利益。在制定某项主要对一方有利的具体制度时应当对有利的一方规定较高的义务以照顾另一方的利益。如学生实习制度主要对学校有利，企业则承担着较大的风险，就应对学校规定较高的风险防范义务。[1] 院校教师企业实践进展不畅的主要原因在于各相关主体之间存在着明显的"社会交换失衡"。要让职业院校教师企业实践形成一种长效的机制，必须调动各方的积极性，形成一种多赢的局面。要做到这一点，关键是要努力实现社会交换过程的公平。换言之，要让各方以合理的交换代价获得期望的报酬和益处，使得交换双方产生较为强烈的社会吸引。

2.3　组织学习理论与工科高职院校技术技能积累

2.3.1　组织学习理论概述

Cangelosi 和 Dill 在 1965 年发表了《组织学习：对一个理论的观察》开创了组织学习理论的先河。后来，许多学者对组织学习领域进行了深入研究，Argyris 等提出了发现、发明、执行和推广直线型学习模型；[2] Dodgson 基于将个体知识保留在组织中的过程建立组织学习循环模型；[3] Nonaka 把知识创造与传播过程划分为社会化、外在化、组合化和内在化四个阶段，提出了组织学习的知识螺旋模型；[4] Templeton 等提出组织学习有如下七个因素：认识、沟通绩效评价、智力培养、环境适应、社会学习、智力资本管理和组织联合；[5] Tippins 等表示组织学习有五个因素：信息获取、信息扩散、理解共享、陈述性组织记忆和程序性组织记忆。[6] 1990 年，在彼德·圣吉的《第五项修炼：学习型组织的艺术和实践》推动下，组织学习理论的研究进入了高潮，国外许多权威期刊设专刊刊登有关组织学习理论的研究成果方面，该理论是一种非线性的公共政策分析框架，是对非理政策分析方法的创新。[7] 彼德·圣吉的学习型组织模型有五项新技能构成，即系统

---

[1]王远东.高职教育校企合作促进法中交换制度的建立——"社会交换"理论对校企合作立法的启示[J].职教论坛，2013（5）：7-9.

[2]Argyris C, Schon D A. Organizational learning: Atheory of action perspective[M]. Reading. MA: Addison-Wesley,1978.

[3]Dodgson M. Organizational learning: a review of some literature[J]. Organization Studies,1993,13(1):25-34.

[4]Nonaka I, Takeeuchi H. The knowledge-creating company: How Japanese companies create the dynamics of innovation[M]. New York: Oxford University Press,1995.

[5]Templeton G F, Lewis B R, Snyder C A. Development of a measure for the organizational learning construct[J]. Journal of Management Information Systems,2002,19(2):175-218.

[6]Tippins M J, Sohi R S. It competency and firm performance: Is organizational learning a missing link[J]. Strategic Management Journal,2003,24(2):745-761.

[7]郭小兵，王勇，许庆瑞.组织学习理论：喧嚣中的蠕行[J].研究与发展管理，2003，15（4）：1-6.

思考、自我超越、改善心智模式、建立共同愿景和团队学习。融合五项修炼对成就学习型组织是非常重要的，五项修炼技术的整合是组织跃向学习型组织的工具理论。彼德·圣吉专著《第五项修炼——学习型组织的艺术及实务》中的"第五项修炼"也正是指"系统思考"。它正是整合其他修炼成为一体的理论和实务。少了系统思考，就无法探究各项修炼之间如何互动。系统思考强化其他修炼，并不断地提醒我们融合整体能得到大于各部分加和的效应，但是"系统思考"也需要有"建立共同愿景""改善心智模式""团队学习"与"自我超越"四项修炼来发挥它的潜力。"建立共同愿景"培养成员对团队的长期承诺；"改善心智模式"专注于以开放的方式，提认我们认知方面的缺失；"团队学习"是发展团队力量，使集体力量大于个体力量加和的技术；"自我超越"则是不断反照个人对周遭影响的一面镜子，缺少自我超越的修炼人们将陷入"压力—反应"式的结构困境，因此，彼德·圣吉指出，系统思考可以使我们了解学习型组织最重要的部分，也就是以一种新的方式使我们重新认识自己与所处的世界———一种心灵的转变，从将自己看作与世界分开转变为与世界联接，从将问题看作是由外面某些人或事所引发的，转变为看到自己行动如何解决问题。总之，学习型组织是指组织适时感应组织内外环境的变化，及时识别挑战和机遇，为了适应变化，应对挑战，抢占机遇。组织不断改变组织系统架构，对新的知识有意识的不断学习，并将学习成果在组织内部共享、转移和转化创造出自身独具的知识，形成终身学习的观念和共同发展的愿景，以达到提高组织竞争能力，实现组织的创新发展。[1][2]

从不同视角进行组织间学习的研究有产学研联盟[3]、企业创新网络[4]战略联盟[5]、产业集群[6]、跨国公司[7]等。组织间学习强调组织间学习过程、行为，关注行为主体之间的联结互动、知识共享与创造。[8] 组织间学习通常通过构建联盟等社会集群平台，加强外部交流，促进组织间的知识共享、转移与新知识的产生，并通过新知识的生成促进集群创新。[9]

---

[1] 彼得·圣吉，张成林.第五项修炼——学习型组织的艺术与实践 [J].紫光阁，2010（4）：63-64.
[2] 大学学习型组织发展与大学领导行为之关系研究 [D].上海：华东师范大学，2010.
[3] 刘溦华.产学研合作中组织间学习效果的影响因素及对策分析 [J].研究与发展管理，2007（4）：112-118.
[4] 张毅，张子刚.企业网络组织间学习过程的影响因素研究 [J].研究与发展管理，2006，18（3）：22-28，73.
[5] 邓雪.企业战略联盟内组织间学习影响因素研究 [J].渤海大学学报（哲学社会科学版），2010（2）：109-113.
[6] 刘霞，陈建军.产业集群成长的组织间学习效应研究 [J].科研管理，2012，33（4）：28-35.
[7] 易凌峰，侯英姿.跨国公司外派的组织学习机制模型：基于逆向知识转移视角 [J].华东师范大学学报（哲学社会科学版），2010，42（6）：93-97.
[8] 刘霞，陈建军.产业集群成长的组织间学习效应研究 [J].科研管理，2012，33（4）：28-35.
[9] Schulz K P, Geithner S. Between exchange and development: Organizational learning in schools through inter-organizational networks[J]. Learning Organization, 2010, 17(1): 69-85.

2.3.2 基于组织学习理论的工科高职院校技术技能积累分析

高职教育属于高端职业教育，必定遵循职业教育的跨界原则和开放原则，从组织间学习视角分析，工科高职院校和企业作为组织间学习的双主体，各自蕴含独特的技术技能资源和优势，校企协同合作式技术技能积累的过程实质就是跨越组织间的学习过程，要加强院校与企业两主体之间的联结互动、知识共享与创造，同时，工科高职院校要重视自生式技术技能积累，建立学习型组织，在系统思考、自我超越、改善心智模式、建立共同愿景和团队学习五项学习技能上强化内生式技术技能积累。

2.3.2.1 组织间学习理论与工科高职院校技术技能积累过程的契合性分析

工科高职院校技术技能积累主要有两种方式：校企协同共生式技术技能积累和独立自主内生式技术技能积累。校企协同共生式技术技能积累就是组织间学习的过程，独立自主内生式技术技能积累就是构建学习型组织的过程。它们的共同点是以技术技能为基础的共享、转移、收获、应用和创造的过程，其契合性体现在以下三个方面：

（1）校企协同过程就是一种组织间学习过程。现阶段，工科高职院校和企业在人才、信息、资源、技术、管理和技术开发条件等方面存在着差异性和补充性。高职院校经过二十多年快速的稳步发展，在技术技能积累方面有一定的存量，尤其是国家示范校和骨干院校在技术创新和技能传承上有较丰富的技术技能资源和较优越的应用技术开发条件。企业在学习资源的优势主要是掌握最新的市场信息、最先进的技术和用户的技术需求，相对来说，其劣势表现在缺乏系统的培训资源、技术知识、实验设备等技术创新资源，尤其是中小微企业的这种缺乏更甚，[1] 因此，工科高职院校和企业通过协同方式共享互补资源，双方寻求技术合作、获取最新知识与技能，提升各自技术创新能力，向企业提供知识，参与企业的学习过程，院校可以获得其所需的应用性研究成果必然成为加强技术技能积累的最佳选择。[2] 高职院校和企业的组织间学习能力可以间接评估高职院校技术技能积累的能力[3]。

（2）校企协同过程就是一种知识与技能共享的过程。校企协同技术技能积累过程中，个人技能协同是基础，个人技能协同其实就是知识的共享过程，可以分为两种共享方式：编码化方式和个人化方式。编码化方式是将个人技能与知识编码转换成较为显性的知识表现方式，如工作流程、技能手册和程序指南，再通过组织内

---

[1] 吴楠，赵嵩正，张小娣. 关系嵌入性、组织间学习能力与技术创新绩效关系研究 [J]. 科技管理研究，2015（9）：167-172.

[2] 叶飞，周蓉，张红. 产学研合作过程中知识转移绩效的关键影响因素研究 [J]. 工业技术经济，2009，28（6）：116-120.

[3] Martin X. Salomon R. Knowledge transfer capacity and its implications for the theory of the multinational corporation[J]. Journal of International Business Studies,2003,(34):356-373.

部的管理机制和沟通渠道进行共享，主要用于显性技术技能共享。个人化方式是指将没有掌握某种技能和知识的人和掌握该技能和知识的人紧密地联系在一起，通过人与人之间的直接交流实现技能与知识的共享，主要用于隐性技术技能共享。校企协同技术技能积累中，工科高职院校专业教师与企业员工既可以通过编码化方法，把技术技能知识通过文字、图表、符号等书面化形式展示出来进行共享，也可以通过个人化方式，把技术技能知识通过口头交流进行传递，实现知识共享。知识共享可以有效地克服互相沟通知识的障碍，并使技术技能知识有效传承和传播。

（3）技术技能积累过程就是建立学习型组织的过程。在工科高职院校技术技能积累系统中，独立自主内生式技术技能积累也是很有效的途径，与校企协同技术技能积累具有互补性。高职院校基于技术技能知识学习和应用技术相关研究，可以在系统思考、自我超越、改善心智模式、建立共同愿景和团队学习五项学习技能上加强技术技能积累建设，如加强基层教研室和科研小组开展团队教研活动，专业教师运用各自的知识和能力进行技术技能知识的转化和更新，彼此之间联系更加紧密，彼此分享学习或研究经验，使教师的经验条理化、明晰化、结构化和概括化，从而有助于教师知识的获取、创造和传播，更加有助于隐性技术技能知识的学习和共享。

2.3.2.2 基于组织间学习理论工科高职院校技术技能积累过程的机理分析

工科高职院校技术技能积累过程就是校企双方不断相互学习的过程。在学习源—学习主体—学习客体—学习情境构成的组织间学习网络中，从工科高职院校角度提升自身技术技能积累能力学习源是企业，学习主体是工科高职院校，学习客体既有显性的知识和技术也有隐性的技能，学习情境既包括客观的硬件条件也包含学习氛围和组织文化等软件。当然，工科高职院校技术技能积累实力很强时以及协同对象是中小企业时，学习源是工科高职院校，学习主体是企业。

（1）学习源——企业，现阶段工科高职院校技术技能积累基础薄弱，企业属于知识供方。企业参与技术技能积累、技术技能知识共享动机、经验与能力对校企合作技术技能积累效果具有很大的影响，甚至起到决定性的作用。目前，在工科高职院校技术开发和技术创新能力不强的情况下，校企协同技术技能积累学习源是企业。如果企业在校企协同学习过程中缺乏向工科高职院校共享技术技能知识的动机和能力，那么整个组织间的学习效果就会下降。

（2）学习主体——高职院校，属于技术技能需求方，处于相对弱势。高职院校的办学理念、学习动机、专业教师能力和经验等会直接影响到校企协同的积累效果。工科高职院校的学习能力是影响技术技能积累效果的关键因素，学习能力越强技能积累效果才会越好。高职院校管理者技术技能积累意识和意图越强，教师团队学习主观能动性越高，技术技能积累效果就越好[①]。此外，工科高职院

[①] 刘潋华.产学研合作中组织间学习效果的影响因素及对策分析［J］.研究与发展管理，2007，19（4）：112－118.

校是否是学习型组织也是影响技术技能积累效果的重要因素。

（3）学习客体——技术技能知识的特性，包括显性的技术技能和隐性的技术技能。显性的技术技能包括技术专利、实验数据、设计方案、生产设备等；隐性的技术技能包括分析能力、开发能力、设备操作与维护能力、管理能力等以人为载体的能力。技术技能知识本身的特性在很大程度上影响技术技能积累的效果。一般来说，知识越复杂，内隐性越高，专属性越强，可表达性就越弱，往往也就越难以流动，学习效果也就越差。将隐性的技术技能"社会化"和"外化"是提高技术技能积累效果的关键。"社会化"阶段，通过观察、模仿、实际操作、提炼，可以把企业大国工匠的隐性的技术技能转换为工科高职院校的课程内容；"外化"阶段，通过言传的概念和模型提升，可以实现组织隐性知识向组织显性知识的转化，把有关隐性知识转化为可以在书本上呈现和在课堂上讲授的知识。

（4）学习情境，各种影响技术技能积累效果的软硬件因素集合。包含了校企互信程度、空间距离、院校专业结构与企业产品结构匹配度、校企组织文化和领导管理风格等的组合。在校企协同技术技能积累网络中，只有这些情境因素合理搭配，才能创造一个适合校企协同加强技术技能积累氛围，才能提高组织间学习效果。

基于以上分析，工科高职院校技术技能积累系统就是学习源—学习主体—学习客体—学习情境构成的组织间学习网络，要提升校企组织间学习效能，必需激发学习源—企业的协作积极性，提高学习主体—工科高职院校学习能力，把复杂的学习客体"社会化"和"外化"，营造有利于校企组织间学习的学习情境和组织文化。

2.4　工科高职院校技术技能积累内涵、特征与运行模型

2.4.1　工科高职院校技术技能积累内涵

内涵，逻辑学名词，事物内部所含的实质或意义，是一个概念所反映的事物的本质属性的总和。正确理解工科高职院校技术技能积累的内涵要把握以下四个方面的内容：工科高职院校为什么要强化技术技能积累？什么是技术技能积累？工科高职院校如何技术技能积累？工科高职院校技术技能积累功能是什么？

（1）工科高职院校为什么要强化技术技能积累？在前面研究的背景分析得知，一是工科高职院校在国家科技创新体系中重要地位不可替代。工科高职院校作为高素质的技术技能人才摇篮和区域技术技能积累集散地在国家科技创新体系占据越来越重要的位置，其价值主要表现在为国家经济结构转型升级提供技术创新的驱动力和技术技能人才智力支撑；二是工科高职院校作为高素质的创新型产

业技术人员的供给侧与制造业实体经济的需求侧无法匹配，工科高职院校技术技能积累能力不适应区域经济发展要求与我国当前实体经济结构的调整与产业转型升级形势；三是工科高职院校的技术技能积累对内涵发展具有明显的促进作用，高职院校的人才培养、社会服务和科学研究三大职能都与技术技能积累有关联，因此，工科高职院校强化校企协同技术技能积累，强筋健骨，促进整体内涵建设，为国家经济结构转型升级提供技术创新的驱动力和技术技能人才智力支撑。

（2）什么是技术技能积累？职业教育术语"技术技能积累"来源于经济界术语"技术积累"。赵正国在傅家骥、顾乃康等学者研究的基础上认为，可以将企业技术积累定义为"是指企业在长期的生产和创新实践中，依照一定的技术轨道和路径，所获得的实体性要素（关键设备、仪器和工具、重要设施等）的增添以及技术知识和技术能力的递进"。[①] 结合工科高职教育的特性，工科高职院校技术技能积累是指工科高职院校在长期的教育教学、培训、应用技术研发、推广和创新实践中，依托专业优势，对接实体产业，深度融入产业链，依照一定的技术技能轨道和路径，所获得的实体性要素（关键实验实训设备、仪器和工具、大师工作室、技术平台等重要设施等）的增添及技术技能知识和技术技能能力的递进、积淀和传承。其包含两部分的技术技能积累，一部分，是显性的技术技能积累，如技术专利、实验数据、设计方案、生产设备等实体性要素增添；而另一部分，则是隐性的技术技能积累，如以人为载体的能力，包括分析能力、开发能力、设备操作与维护能力、管理能力等软性能力递进。

（3）工科高职院校如何技术技能积累？工科高职院校加强技术技能积累主要有两种方式：共生式技术技能积累和内生式技术技能积累。共生式技术技能积累是指工科高职院校通过跨组织联合与协作，共享技术资源优势，将外部技术积累内部化，迅速提高本企业技术知识储备和技术能力；所谓内生式技术技能积累是指工科高职院校通过自组织学习获得，依靠自身不断学习，创新机制，内生驱动和增强自我造血能力，提升技术技能积累水平。现阶段，工科高职院校的技术技能积累基础差，需要"借力打力"，通过校企合作和产教融合等途径快速提高技术技能积累，因此，校企协同是工科高职院校技术技能积累的主要实践形式，校企协同是互补性的校企合作，要求校企双方在资源、知识、能力之间的互补性，即校企双方取长补短、互通有无，有利于校企双方技术技能的传承、积累和创新发展，实现校企双方整体利益的"帕累托最优"。[②] 校企协同是一个校企双方谈判协商、行动选择和利益分享的过程，因此，基于校企协同的技术技能积累机制能够建立技术技能积累能力提升的良性循环，既能发挥企业的敏锐的技术市场嗅觉感知能力，也能激发高职院校的组织自学习能力，强化技术技能积累基础

[①] 赵正国. 企业技术积累和技术创新的关系研究 [D]. 北京：北京工业大学，2009.
[②] 王秦，李慧凤，嗷静海. 基于校企协同的技术技能积累机制实现路径研究 [J]. 中国职业技术教育，2015（33）：10-18.

能力。但长期来看，工科高职院校要从根本上提高自身的技术技能积累水平，还必须把共生式技术技能积累和内生性技术技能积累协调统筹推进。另外，个人技术技能积累是高职院校技术技能积累最基本的内在动力和最活跃的要素。个人层次技术技能积累是奠定组织层次技术技能积累的良好基础，建立激励机制和流动机制激发确保专业教师专业实践能力和技术应用能力提高，优化组合与配置专业人才，形成良好的专业技术团队和梯队，尤其是加强专业领军人物的培养和引进工作，提高行业影响力，健全和完善技能大师工作室运行机制，使技能大师工作室成为高职院校重要的技术技能积累平台。[①]

(4) 工科高职院校技术技能积累功能是什么？一是反哺创新型技术技能人才培养。就业导向的高职教育向创新导向转移是适应我国经济转型升级的需要，创新型技术技能人才培养需要高职院校有较强的技术技能积累能力支撑；二是提高工科高职院校的技术创新能力。高职院校作为区域经济发展的技术技能人才供给方，同时，也是区域经济应用技术创新的集聚中心；三是提升社会服务力。工科高职院校企业员工培训、转业军人培训、新型农民技能培训、技能鉴定、人力资源开发等社会服务功能需要技术技能积累能力提供支撑。

2.4.2　工科高职院校技术技能积累的特征

工科高职院校技术技能积累的基本特征是工科高职院校技术技能积累内涵的外在体现，要想更好地理解工科高职院校技术技能积累的基本内涵，必须牢牢把握其特征。《现代汉语词典》对"特征"的定义是，指某一物质自身所具备的特殊性质，是区别于其他物质的基本征象和标志。工科高职院校技术技能积累的特征呈现企业技术技能部分特征，更突显了职业教育的校企协同性、专业依赖性、人才培养性和技术创新性。

2.4.2.1　校企协同性

技术技能积累的校企协同性主要体现在两个方面。第一，高职院校专业教师深入企业，与企业实践专家一道选择前沿且成熟的企业工艺技术和方案设计知识及技术改进经验优化和提升，形成最新的项目案例库，更新专业课程内容，促进专业内涵建设，专业知识和能力得到进一步沉淀和创新，同时，吸纳企业技术技能积累手段和方法，通过口述实录、文字记载、图像存档、音视频记录、动画处理和数学建模等理论提升手段，传承和提炼技术技能大师经验性、过程性、非结构化知识和技术能力。第二，建立校企协同应用技术创新联盟等技术技能积累平台，高等职业院校应该把科研的重点放在对中小企业的技术服务和应用技术的开发和推广上面。中小企业是实施大众创业、万众创新的重要载体，是创新驱动的关键力量，在增加就业、促进经济增长、科技创新等方面具有不可替代的作用，

[①] 周哲民，王晓阳.高职院校技术技能积累的内涵与特征 [J].职业技术教育，2017, 38 (10)：8-12.

专业教师积极主动地参与中小企业课题的研讨、技术攻关、新产品开发和技术转移工作，充分发挥高职院校在技术技能积累与创新上的优势，共同推进新技术应用和技术技能的积累，弥补单一模式的企业技术技能积累自身无法克服的缺陷。①

2.4.2.2 专业依赖性

高职院校的服务定位是地方化、行业化和区域化。具体来说，高职教育专业必须依托区域的主导产业、优势产业和基础产业，构建特色专业群体系，以推动高新技术产业发展为重点，以保证传统行业优化升级为核心，以促进支柱产业稳步推进为目标，以创新生产性服务业发展模式为重点，为区域产业发展提供强有力的智力支持与人才保障。② 高职院校技术技能积累是一个长期厚积薄发过程，需要一个着力点和支撑点，正如一个专业技术人员的专业能力积淀和储备需要不断提升层次，必须选择一个专业方向，高职院校在技术技能积累过程中，呈现出专业依赖的特性。这种专业依赖性表现在两个方面。其一，专业建设是高职院校内涵建设的基石，高职院校技术技能积累若不依托特色专业群优势，脱离专业发展轨道，其反哺创新型技术技能人才培养和提升社会服务力功能将严重压抑。其二，高职院校专业建设必须对接产业，深度融入产业链，高职院校技术技能积累的原有知识和技术中才会对新知识、新技术的吸收形成强化机制，因此，要依托建立行业职业教育集团、产教协作联盟和区域技术工程中心，形成与专业深度融入的技术平台、技术轨道、技术关联域来提升高职院校技术技能积累力。

2.4.2.3 人才培养性

高职院校技术技能的最重要目的是反哺创新型技术技能人才培养，高职教育的主要创新功能包括创新人才培养、创新产业技术的更新、创新技能与技艺的传承，因此，高职院校高素质技术技能型人才培养的过程从根本上说也是技术积累的过程。高职院校技术技能积累职业教育性主要体现在两个方面。第一，技术技能积累过程与技术技能人才培养过程相互融合。建立技能大师工作室和技术创新协同中心，学生参与技术创新活动体验完整的技术技能积累过程，达到人才培养活动与技术技能积累活动相辅相成，技术技能积累活动与人才培养活动的深度互动效果。第二，高水平的技术技能积累成果反哺高质量的技术技能人才培养。发挥校企生产性实训基地、应用技术创新中心、应用技术开发平台等技术技能积累平台的人才培养功能，实现技术技能积累工作提升人才培养质量、毕业生的就业竞争力和可持续发展能力，从而更好地支撑区域经济转型和社会的和谐发展。

2.4.2.4 技术创新性

技术创新与技术积累相互支持而且关系密切，技术积累成为技术创新的内在基础。③ 从本质而言技术创新是一个利用旧技术产生新技术的过程。根据新增长

---

① 张永，曹方建，吕品.产学研合作促进高职院校技术技能积累 [J].中国科技产业，2016 (5)：34-38.
② 王美林.基于产业战略的职业教育专业建设分析 [J].教育与职业，2014 (3)：16-18.
③ 邢立娜.企业技术积累与核心能力形成 [J].现代管理科学，2004 (1)：48-49.

理论得出这样的结论：技术技能积累导致技术技能变革，技术技能积累构成经济增长的原动力，是经济结构转型的催化剂。工科高职院校技术技能积累技术创新型特征体现在四个方面，第一，工科高职院校专业优势、社会服务力和品牌影响力形成是技术技能积累的结果，技术技能积累刺激高职院校创新驱动发展；第二，工科高职院校技术技能积累是培养创新技术技能复合型人才的前提条件，高职教育的人才质量观是与产业发展同步的，培养的技术技能人才不仅仅具有模仿能力，更重要的是创新和创业力；第三，工科高职院校技术技能积累要适应新技术、新产业、新业态和新模式为特点的新经济发展需求；第四，工科高职院校要以"双创"教育与专业教育融合为驱动，丰富技术技能积累建设的内涵。

2.4.2.5 过程渐进性

"积土成山，风雨兴焉；积水成渊，蛟龙生焉"，其中的逻辑哲理与质量互变规律一脉相承，事物的发展从量变开始，当量变达到一定的界限时，量变就转化为质变，质变又引起新的量变，在质变之前，量变的过程是缓慢和渐进的。高职院校的技术技能积累的过程渐进性表现在时间的维度上，呈现出长期的、反复的、从量变到质变不断积累和逐步提高的过程，其实质是一种反复不断的学习过程。其具体有两个途径。一是"教中学"。高职教育与产业发展关联紧密，课程教学内容更新要与新技术更新同步，这种内在逻辑倒逼专业教师深入企业一线挖掘和提炼教学资源，因此，在教学过程中通过实践一线调研、信息收集过滤、工程项目的提炼获得有关专业技术技能的积累。二是"研中学"。高职院校的科研定位是立足于区域和行业，结合中小企业需求，将研究成果转化成为工艺技术方案和产品，解决技术应用与服务过程中的理论与操作问题。因此，高职院校科研管理部门与教学系部、技术中心、技能大师工作室必须匹配协调，相互支持，才能形成高水平、系统化的技术技能积累。在高职院校技术技能积累的渐变过程中，通过校企协同深入，专业实训基地、专业教师团队能力、人才培养质量的提升、教学过程的有效性等专业建设整体水平也在这一过程中渐变完成。

2.4.2.6 产业文化性

高职院校技术技能积累的产业文化特征重点表现在是纵向提升的高端育人。从教育教学内容看，知识是基础性的，具有文化生成性；技能是本位性的，蕴含文化应用性；方法是理论化的，具有"术"的工具性；文化是高端性的，指向育人的目的性。可见，文化具有统摄性，文化育人既是根本，又是形而上的，知识、技能、方法的教育都是服务于文化的；文化既是目的，又是手段，是目的和手段的统一。[①] 高职院校要从专业知识、专业技能、方法能力和产业文化四个维度强化技术技能人才的综合素质培养和提升，同时，还要担负起产业文化尤其是非物质文化遗产传承与创新的重任。因此，高职院校要注重文化传承与创新，强

---

①张健.产业文化育人跨界育人的高端境界［N］.中国教育报，2017-02-28.

化高职院校技术技能积累的底蕴。高职院校占主流地位的产业价值观念是影响技术技能积累的深层次原因,高职院校技术技能积累产业文化性特征主要体现在三个方面。第一,高职院校领导层要确立高瞻远瞩、对接产业、深度融入产业链的重视技术技能积累的战略思维,重视技术技能积累能力是高职院校的核心,也是可持续发展的竞争力;第二,高职院校专业负责人要确立技术技能积累是培育专业特色和优势品牌的创新思维,重视技术技能积累能力是专业建设的关键要素和专业品牌影响力的核心要素;第三,高职院校的专业教师要确立推进技术技能积累和发挥文化育人作用有机融合的渗透思维,把产业文化发展与技术技能人才培养、业态模式创新、工业软实力提升有机贯穿在人才培养实施过程中,从而为我国从制造大国到制造强国转型过程中培养具有工业文化素养的创新复合型技术技能人才。

2.4.3 工科高职院校技术技能积累运行模型

在工科高职院校技术技能积累运行过程中,影响其运行系统的因素很多,包括国家的职业教育政策、产业经济规划和布局、院校办学理念、办学能力和水平、专业群结构、教师团队的应用技术开发和创新能力、学生的职业素质,等。工科高职院校在加快构建技术技能积累集聚中心过程中,必须坚持高职院校技术技能积累的内涵和战略定力,必须坚守以服务发展为宗旨,以促进就业为导向,走校企协同发展的道路,同时需要坚持两个原则:第一是服务当地区域经济原则。高职院校应紧贴区域经济的产业结构,推进专业群对接产业链,夯实高职院校技术技能积累的基础,加强在技术技能人才培养、企业员工培训、技能鉴定、人力资源开发、应用技术服务、科技成果转化等全方位促进当地经济的发展和转型升级;第二是服务创新型技术技能人才培养的原则。从高职院校技术技能积累的内涵和特征分析,高职院校在承担起科学成果转化为应用型技术的"中转站"作用,更应注重发挥技术技能积累的高位势能转化为动能去反哺创新型技术技能人才培养,为实现"中国制造 2025"提出的制造强国培育高素质的富有创新思维的"大国工匠",而这两者的融合更加体现了高职院校在国家技术转移体系中的角色定位。图 2-1 为工科高职院校技术技能积累系统的运行模型,从图中可以发现,工科高职院校技术技能积累系统的输入要素是校企打破各自组织边界,发挥各自的资金、人才、技术、设备和信息资源优势,在双师团队、生产性实训基地、产业学院、技术服务联盟、技术创新中心、技能大师工作室和创新创业实践平台等途径上开展协同共建,同时,构建校企协同机制保障协同路径高效运行。技术技能积累系统的技术革新方案成果一方面转化成课程和培训资源赋能高素质创新型技术技能人才培养,另外,技术技能积累系统的技术技能积累与革新赋予产业升级和结构调整能量,如果工科高职院校技术技能积累在运行过程中,创新型技术技能人才供给侧刚好匹配企业需求侧,那么校企协同效应得到放大,从而形成一个加速的互动效应,发挥企业拥有资金、技术、设备等优势和高职院校的人员、知识、信息等优势,校企双方"取长补短、互通有无",实现高职院校技术技能积累功能得到强化。① 我们可以假设,如果工科高职院校技术技能积累在运行过程中,以人才培养为中心没有得到彰显,导致质量下降,那么可以想象校企协同就难以发挥效用,企业参与的热情就会递减,院校教学资源更新停滞,技术技能积累运行无法持续。总之,工科高职院校技术技能积累运行系统与创新型技术技能人才培养双向耦合,重点面向区域产业经济,加强应用技术研究,重点解决小微企业生产和工艺中出发点和落脚点的问题,充分发挥高职院校应用研究与技术开发功能,提升技术技能积累力,促进产业结构优化和产业转型升级。

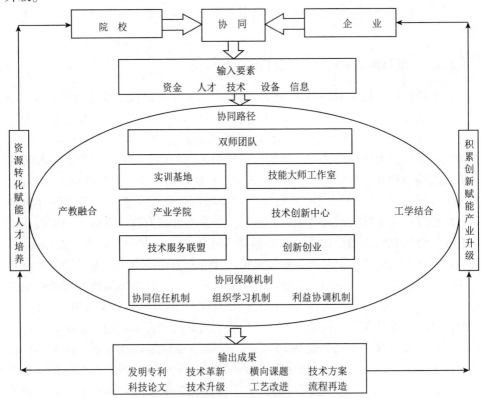

图2-1 工科高职院校技术技能积累系统的运行模型

---

① 王秦,杨博,陈道志.校企协同的技术技能积累机制评价指标体系研究[J].现代教育管理,2017(4):51-56.

第 3 章
问题研究：工科高职院校技术技能积累的调查分析

问题是研究逻辑的起点，也是创新的源泉，坚持问题导向是开展职业教育研究的准则。工科高职院校作为大工业经济发展的产物，为区域经济服务是其存在的使命，制造业水平和升级能力是区域经济发展的风向标，实证研究表明：高技术制造业发展较快，其经济发展较快，基础夯实。[①] 为区域经济制造业提供高素质创新型技术技能人才支撑的工科高职院校技术技能积累能力越强，体系越健全，其为区域经济的发展服务能力越强。校企协同强化技术技能积累对于高职院校和企业来说，通过资源整合，资讯共享和能力互补，不仅能为双方带来良好的经济效益和技术技能人才红利，更为重要的是提高了双方的技术创新能力和可持续发展能力，然而，现阶段工科高职院校技术技能积累能力到底如何？面临何种困境？主要影响的因素？关键障碍又是什么？只有通过调查深刻分析工科高职院校技术技能积累的问题和窘境，才能把握住问题渊源和脉络，探寻技术技能积累规律，推动工科高职院校技术技能积累理论创新。

3.1 工科高职院校技术技能积累调查

3.1.1 方案设计

3.1.1.1 调查目的
全国工科高职院校技术技能积累的现状如何？国家示范校、省级示范校和一般院校在技术技能积累方面有没有显著区别？现阶段工科高职院校技术技能积累问题如何表征？从内因和外因调查影响工科高职院校技术技能积累有哪些因素？关键的因素又是什么？现阶段工科高职院校技术技能积累协同的途径有哪些？协同平台有哪些偏好和最有效？院校主管部门在校企协同技术技能积累如何作为？院校在工科高职院校技术技能积累提升方面有哪些建议和策略等。

3.1.1.2 调查对象的选取
本研究课题主要向全国工科高职院校发放问卷进行数据收集。为了获得高质

[①] 郑耀群，王婷. 中国区域经济差距与制造业升级能力关系的实证研究 [J]. 统计与决策，2019，35 (4)：130－134.

量和真实的数据，本研究对问卷的工科高职院校区域、发放渠道、发放对象等进行了合理的控制，以反映全国工科高职院校校企协同技术技能积累的真实情况和面临的问题，尽量保证数据信息的有效性。在工科高职院校发放区域上，通过全国机械职业教育教学指导委员会平台向成员工科高职院校集中发放。在发放渠道上，利用集中开会的机会采取了线下现场发放形式并同步采取以微信和电子邮件线上发放等多种方式。在发放对象上，主要针对全国工科高职院校分管教学和科研的院领导、教务处和科研处的部门负责人，从而保证问卷填写者对工科高职院校技术技能积累的情况有全面了解。本研究课题调研主要集中在装备制造大类、能源动力与材料大类和电子信息大类专业学生占60%以上的工科高职院校。这些工科高职院校均参与了不同形式的校企协同技术技能积累。本研究课题共发放问卷245份，回收有效问卷156份，有效回收率为63.67%。

3.1.1.3 调查问卷的设计

在工科高职院校技术技能积累体系中，校企协同融入体系中每一个环节，犹如血液融入身体每一个细胞，在调研院校技术技能积累体系问题时，我们把研究的问题聚焦在工科高职院校与实体经济协同的机制、平台、路径和建议咨询上，因此，本研究的数据采集对象为工科高职院校。为了真实整体反映国家范围内工科高职院校技术技能积累现状和问题，在调研院校中涵盖了国家示范高职院校（包括了国家骨干高职院校）、省级示范高职院校（包括了国家骨干高职院校）和一般工科高职院校三个级别办学水平，在调研区域选择了国家东部地区、国家中部地区和国家西部地区，在调研个体面向分管教学和科研的院领导、教务处和科研处的部门负责人，以达到从不同程度、不同高度和不同维度透视问题。为了增加研究结果的可靠性和有效性，本文设计了较为科学的问卷。通过搜索大量文献，从中选取与本文研究变量相关的量表，选取的量表在许多权威文献中反复被引用，初始问卷发放给五位高职教育研究专家进行预调查，针对不同的建议和意见对初始问卷进行了修改和完善，去除或者修正不合理的题项，由此形成了正式问卷。

3.1.1.4 信度和效度检验

信度是衡量问卷的一致性和稳定性，本研究用 a 系数来分析，对每个变量所对应的题项通过计算 a 系数来评价问卷的信度。故本文选取 a 系数评价指标，用于检测量表内部的一致性。a 取值范围反映量表信度，$a \leq 0.35$，表示低信度；$0.35 < a < 0.7$，表示适中的信度；$a \geq 0.7$，表示高信度。本问卷中各因素及变量的 a 值大多为 $0.5 \sim 0.7$，这表示该调查问卷具有适中的信度。效度是指测量的正确性和有效性，即测量工具能正确测量出所要衡量的问题的程度，主要包括内容效度和结构效度。内容效度是指测量或量表内容或题目的适切性与代表性，本研究通过参考相关文献、请专家评判和实地访谈等方法保证了问卷的内容效度。结构效度是指测试或者问卷中的题项与被研究的理论之间

的一致性程度。本文采纳因子分析法检验结构效度，测定调研数据的 KMO 值与 Bartlett 值。KMO 检验的适宜值为 0.5~1，且越靠近 1 越好；而 Bartlett 球形检验的 P 值需 <0.001。KMO 检验值为 0.768，同时，Bartlett 球形检验 P 值显著（Sig. =0.000），故适合进行因子分析，可以得出，问卷效度测试结论说明问卷设计具备优质的结构效度，设计科学合理。

3.1.2 调查结果

3.1.2.1 工科高职院校开展技术技能积累面临的最大问题调查结果

工科高职院校开展技术技能积累面临的最大问题见表 3-1。

表 3-1 工科高职院校开展技术技能积累面临的最大问题

协同平台	数量/所	比例/%
专业教师应用技术科研能力较弱	67	42.9
校企间的信息沟通渠道不畅通	39	25.0
学校的激励政策不给力	22	14.1
院领导重视不够	11	7.0
政府的激励政策	4	2.6
其他	4	2.6

3.1.2.2 工科高职院校开展技术技能积累主要协同平台调查结果

工科高职院校开展技术技能积累主要协同平台见表 3-2。

3-2 工科高职院校开展技术技能积累主要协同平台

协同平台	数量/所	比例/%
共建实训室或生产性实训基地	136	87.2
共建产业学院	92	59.0
共建大师工作室	83	53.2
共建技术服务和平台	56	35.9
共建职业教育集团	52	33.3
共建技术工艺和产品开发中心	32	20.5
共建技术联盟	17	10.9
共建校办产业	27	17.3
共建科教园区	11	7.1
院士工作站	7	4.5
其他	4	2.6

3.1.2.3 工科高职院校校企协同技术技能积累平台最有效调查结果

工科高职院校校企协同技术见表 3-3。

表3-3　工科高职院校开展技术技能积累平台最有效

协同平台	数量/所	比例/%
共建实训室或生产性实训基地	62	40.6
共建产业二级学院	29	19.6
共建大师工作室	21	12.8
共建技术工艺和产品开发中心	16	9.6
共建技术服务联盟和平台	15	8.0
共建校办产业	9	5.8
共建职业教育集团	5	3.2

3.1.2.4　工科高职院校选择企业参与校企协同技术技能积累影响因素调查结果

工科高职院校开展技术技能积累影响因素见表3-4。

表3-4　工科高职院校开展技术技能积累影响因素

影响因素	数量/所	比例/%
产业链与专业群对接匹配度	123	78.8
企业品牌和社会责任	90	60.3
企业应用技术研发水平	84	53.8
企业在行业中的地位	82	52.6
企业工艺水平	62	39.7
企业的经营理念	60	38.5
企业有熟悉的人脉资源	25	16.0
企业的地理位置	23	14.7
其他	4	2.6

3.1.2.5　院校主管部门在校企合作技术技能积累中发挥的主要作用调查结果

院校主管部门在校企合作技术技能积累中发挥的主要作用见表3-5。

表3-5　院校主管部门在校企合作技术技能积累中发挥的主要作用

发挥作用	数量/所	比例/%
搭建校企合作技术技能积累平台	24	75.0
政策支持	55	65.4
将学校的发展规划纳入行业发展规划统一考虑	49	53.8
资金支持	64	29.5

3.1.2.6　政府可以提供的校企合作技术技能积累优惠政策调查结果

政府可以提供的校企合作技术技能积累优惠政策见表3-6。

表3-6 政府可以提供的校企合作技术技能积累优惠政策

优惠政策	数量/所	比例/%
设立校企合作专项基金,给予校企合作项目基金支持或奖励	126	80.8
员工职业培训费用可以得到政府补助	117	75.0
企业支持职业院校教育的所有费用可以计入生产成本或减免所得税	111	71.2
设立国家或地方政府校企合作贡献奖,由政府部门表彰优秀的企业或个人	45	28.8

3.1.2.7 高职院校参与校企技术技能积累的主要协同方式调查结果

高职院校参与校企技术技能积累的主要协同方式见表3-7。

表3-7 高职院校参与校企技术技能积累的主要协同方式

协同方式	数量/所	比例/%
现代学徒制培养	137	87.8
合作共建课程	81	61.9
开展员工培训和技能提升	82	52.6
合作开展应用性技术服务项目	64	41.0
合作研究	55	35.3
合作开发技能大赛项目	51	32.7
委托培训和咨询	49	31.4
技术转让	24	15.4
协同创新创业教育	19	12.2
共同组织重大项目招标或技术的引进	3	1.9

3.1.2.8 工科高职院校与企业建立技术技能积累合作关系途径调查结果

工科高职院校与企业建立技术技能积累合作关系途径见表3-8。

表3-8 工科高职院校与企业建立技术技能积累合作关系途径

建立途径	数量/所	比例/%
自己联系	125	80.1
对方主动联系	109	69.9
政府牵引	67	42.9
熟人介绍	61	39.1
其他途径	14	9.0
中介机构	9	5.8

3.1.2.9 工科高职院校进行校企技术技能积累的主要目的调查结果

工科高职院校进行校企技术技能积累的主要目的见表3-9。

表3-9 工科高职院校进行校企技术技能积累的主要目的

积累目的	数量/所	比例/%
培养人才	152	97.4
组织发展需要	133	85.3
技术应用成果转化	64	41.0
提高知名度	53	34.5
已有合作关系	42	26.9
生存压力	26	16.7
政府的政策	19	12.2
获得政府或其他途径的各类补贴	15	9.6

3.1.2.10 工科高职院校进行校企技术技能积累的重视程度调查结果

工科高职院校进行校企技术技能积累的重视程度见表3-10。

表3-10 工科高职院校进行校企技术技能积累的重视程度

重视程度	数量/所	比例/%
比较重视	89	57.1
非常重视	44	28.2
一般重视	23	14.7
不太重视	0	0

3.1.2.11 工科高职院校进行校企技术技能积累的成效调查结果

工科高职院校进行校企技术技能积累的成效见表3-11。

表3-11 工科高职院校进行校企技术技能积累的成效

积累成效	数量/所	比例/%
一般	73	46.8
较好	67	40.4
很好	17	10.9
较差	3	1.9

3.1.2.12 工科高职院校进行校企协同技术技能积累取得的具体成效调查结果

工科高职院校进行校企协同技术技能积累取得的具体成效见表3-12。

表3-12 工科高职院校进行校企协同技术技能积累取得的具体成效

具体成效	数量/所	比例/%
提高了学校社会服务能力和贡献力	114	73.1
提高了学生的专业能力和职业素养	105	67.3
提升了专业教师实践能力	104	66.7

续表

具体成效	数量/所	比例/%
推动了专业改革和课程建设	97	62.2
提高了专业的知名度	21	13.5
创造了可观的经济利益	6	3.8
其他	6	3.8

3.1.2.13 影响工科高职院校校企协同技术技能积累主要原因调查结果

影响工科高职院校校企协同技术技能积累的主要原因见表3-13。

表3-13 影响工科高职院校校企协同技术技能积累的主要原因

影响原因	数量/所	比例/%
高职院校的学生综合素质和教学水平	111	71.1
对积极参与校企协同的企业缺乏激励政策和机制	108	69.2
高职院校专业教师积极性不高，太多精力放在教学上	93	59.6
政府在促进校企合作运行机制中的组织与协调作用不突出	62	39.7
教育行政管理部门缺乏对高职院校的技术技能积累绩效考核	60	38.5
企业在合作中害怕承担风险	53	34.0
高职院校的应用技术科研能力不高	52	33.3
政府对校企合作专项资金投入力度不够	45	28.8
政府引导校企合作的方式和途径不合理	43	27.6
有资质的社会中介机构没有积极穿针引线	5	3.2
企业和高校的利益分配不合理	5	3.2
缺乏金融机构的支持	1	0.6

3.1.2.14 工科高职院校选择企业合作对象时最影响双方相互信任关系的因素调查结果

工科高职院校选择企业合作对象时最影响双方相互信任关系的因素见表3-14。

表3-14 选择校企合作对象时最影响双方相互信任关系的因素

影响因素	数量/所	比例/%
制度保障	53	34.0
双方职能部门有效的沟通	32	20.5
双方高层的有效互动	32	20.5
相互依赖性	23	14.7
良好的声誉	9	5.8
合作方的企业文化	4	2.6
合作经历	3	1.9

3.1.2.15 工科高职院校获取外部技术技能知识的主要途径调查结果

工科高职院校获取外部技术技能知识的主要途径见表3-15。

表3-15 工科高职院校获取外部技术技能知识的主要途径

主要途径	数量/所	比例/%
校企合作	139	89.1
人才引进	109	69.9
业务培训	90	57.7
参观学习	76	48.7
经验交流	56	35.9
技术咨询	37	23.7
技术联盟	24	15.4
专利转让	18	11.5
其他	5	9.8

3.1.2.16 工科高职院校从企业获得技术技能输出所遇到的主要障碍调查结果

工科高职院校从企业获得技术技能输出所遇到的主要障碍见表3-16。

表3-16 工科高职院校从企业获得技术技能输出所遇到的主要障碍

主要障碍	数量/所	比例/%
高职院校应用技术研究与开发能力不强，缺乏平等对话的能力	125	80.1
对积极参与技术技能输出的企业缺乏激励政策和机制	107	67.8
企业与高校之间缺乏有效的联系渠道	77	49.4
高职院校技术消化能力不强	67	42.9
技术转化资金不足	36	23.1
企业知识产权保护过度	33	21.2
企业争夺技术创新的主导权（控制权）	18	11.5
知识产权不清晰	15	9.6
企业不愿意转让市场前景好的技术	11	7.1
其他	5	3.2

3.1.2.17 促进工科高职院校的技术技能积累效果具体措施调查结果

促进工科高职院校的技术技能积累效果具体措施见表3-17。

表3-17 促进工科高职院校的技术技能积累效果具体措施

促进措施	数量/所	比例/%
加大校企技术协同力度，共建实训中心，促进校企良性互动	113	72.4
高职院校管理层加强技术技能积累方面的意识和战略管理能力	92	59.6

续表

促进措施	数量/所	比例/%
提高高职院校应用技术研究与开发能力	90	57.7
设置新任教师有至少三年企业工作经历的门槛	89	57.1
提高高职院校教师主持横向课题的奖励力度	73	46.8
激励专业教师深入企业强化专业实践,提高技术应用能力	73	46.8
加强专业领军人物的培养和引进工作,提高行业影响力	53	34.0
鼓励企业技术骨干聘任兼职教师,加大技术骨干与专业教师双向交流	46	29.5
在职称评定、教学名师等评选加大产业影响力评价维度权重	30	19.2
其他	15	9.6

3.1.2.18 工科高职院校校企协同技术技能积累中利益分配因素影响调查结果

工科高职院校校企协同技术技能积累中利益分配因素影响见表3-18。

表3-18 工科高职院校校企协同技术技能积累中利益分配因素影响

利益分配影响因素	数量/所	比例/%
参与合作方投入的财务、物力和时间	97	62.2
市场状况	92	59.6
项目投资规模	86	55.1
技术风险	80	51.3
预期绩效	76	48.7
技术先进程度	58	37.2
其他	11	7.1

3.1.2.19 工科高职院校校企合作技术技能积累过程中,合作各方冲突源调查结果

工科高职院校校企合作技术技能积累合作各方冲突源见表3-19。

表3-19 工科高职院校开展技术技能积累合作各方冲突源

冲突来源	数量/所	比例/%
参与动机不一致导致冲突	106	67.9
利益分配失衡导致冲突	101	64.7
信息和认识差异引起冲突	74	47.4
价值观、文化背景等的差异性导致冲突	73	45.8
外部环境变化导致冲突	26	16.7

3.1.2.20 工科高职院校校企合作技术技能积累过程中,政府最需要改进的工作调查结果

工科高职院校开展技术技能积累政府最需要改进的工作见表3-20。

表3-20 工科高职院校开展技术技能积累政府最需要改进的工作

改进工作	数量/所	比例/%
政策激励	65	41.7
平台建设	48	30.8
资金投入	30	19.2
人才引进	10	6.4
其他	3	1.9

3.1.2.21 工科高职院校校企合作技术技能积累过程中存在的主要问题调查结果

工科高职院校开展技术技能积累过程存在的主要问题见表3-21。

表3-21 工科高职院校开展技术技能积累过程存在的主要问题

主要问题	数量/所	比例/%
合作形式单一	101	64.7
激励机制不够完善	96	61.5
过分注重短期利益,研发投入不足	89	57.1
缺乏信任	78	50.0
知识、信息交流不够畅通	53	34.0
决策管理协调不够	44	28.2
权益分配不当	29	18.6
政策环境不好	17	10.9
其他	3	1.9
人际关系不协调	2	1.3

3.1.2.22 工科高职院校校企合作技术技能积累过程中能长期保持稳固关系因素调查结果

工科高职院校开展技术技能积累过程中能长期保持稳固关系的因素见表3-22。

表3-22 工科高职院校开展技术技能过程中能长期保持稳固关系的因素

协同关系稳定因素	数量/所	比例/%
相互的信任	106	67.9
长期的人才合作关系	94	60.3
长期的政策支持	88	56.4
长期的资金支持	79	50.6
长期的技术支持	64	41.0
相互的利益驱动	62	39.7
长期的技术合作关系	61	39.1

续表

协同关系稳定因素	数量/所	比例/%
长期的信息交流	50	32.1
协议的约束	28	17.9
其他	4	2.6

3.1.3 调查结论

通过对工科高职院校的调查结果的分析，我们总体上了解了工科高职院校技术技能积累现状、利益相关方的价值取向、平台、体制机制存在的问题及诉求与建议。

3.1.3.1 工科高职院校技术技能积累现状

工科高职院校高层领导比较重视校企协同技术技能积累但成效一般；工科高职院校开展技术技能积累主要协同平台依次是共建实训室或生产性实训基地、共建产业二级学院、共建技能大师工作、共建技术服务和平台及共建职业教育集团，共建实训室或生产性实训基地最有效；工科高职院校选择企业参与校企协同技术技能积累影响因素依次是产业链与专业群对接匹配度、企业品牌、社会责任和企业应用技术研发水平，产业链与专业群对接匹配度是最关注的因素；工科高职院校校企技术技能积累的主要协同方式依次是现代学徒制培养、合作共建课程、开展员工培训和技能提升、合作开展应用性技术服务项目和合作研究，校企协同育人是目前阶段强化技术技能积累的主要方式；工科高职院校与企业建立技术技能积累合作关系途径主要是自己联系；工科高职院校进行校企技术技能积累的主要目的是培养人才、发展需要和技术应用成果转化；工科高职院校进行校企协同技术技能积累取得的具体成效调查提高了学校社会服务能力和贡献力、提高了学生的专业能力和职业素养、提升了专业教师实践能力，推动了专业改革和课程建设；工科高职院校获取企业外部技术技能知识的主要途径是校企合作、人才引进和业务培训。

3.1.3.2 工科高职院校内部存在的问题

工科高职院校开展技术技能积累面临的最大问题是专业教师应用技术科研能力较弱；工科高职院校开展技术技能积累过度注重有"显示度的成效"取得，即对有形的生产性实训基地和显性技术技能知识的获取和吸收，对隐性技术技能转化和获得重视度不够；校企共建职业教育集团成效有待改善，在技术技能积累的成果输出不符合最初的设想；工科高职院校从企业获得技术技能输出所遇到的主要障碍是高职院校应用技术研究与开发能力不强，缺乏平等对话的能力；高职院校专业教师积极性不高，太多精力放在教学上；工科高职院校对积极参与技术技能输出的企业和专业教师缺乏激励政策和机制。

3.1.3.3 院校主管部门存在的问题

院校主管部门在校企协同技术技能积累中发挥搭建校企协作平台的作用还不

够明显；政府在促进校企合作运行机制中的组织与协调作用不突出；教育行政管理部门缺乏对工科高职院校的技术技能积累绩效考核；院校主管部门没有将学校的发展规划纳入行业发展规划同步考虑；政府可以提供的校企合作技术技能积累优惠政策没有到位等。

3.1.3.4 校企协同存在的问题

校企协同激励机制缺失；校企协同利益机制缺失，影响参与合作方投入的财务、物力和时间、市场状况、项目投资规模、技术风险和预期绩效，企业在合作中害怕承担风险；校企协同制度保障、双方职能部门有效的沟通和双方高层的有效互动不够，影响了双方相互信任关系；企业与高校之间缺乏有效的联系渠道；工科高职院校校企合作各方参与动机不一致导致冲突，价值观、文化背景等的差异性，导致冲突和信息、认识差异引起冲突；校企协同形式单一、过分注重短期利益；缺乏长期的政策支持、长期的资金支持、长期的技术支持、相互的利益驱动和长期的技术合作关系。

3.1.3.5 工科高职院校诉求与建议

工科高职院校校企协同技术技能积累过程中，建议政府设立校企合作专项基金，给予校企合作项目基金支持或奖励，员工职业培训费用可以得到政府补助，企业支持职业院校教育的所有费用可以计入生产成本或减免所得税；政府加强校企协同平台建设和资金投入；加大校企技术协同力度，共建公共实训中心，促进校企良性互动；高职院校管理层加强技术技能积累方面的意识和战略管理能力；提高工科高职院校应用技术研究与开发能力，设置新任教师有至少三年企业工作经历的门槛；提高工科高职院校教师主持横向课题的奖励力度，激励专业教师深入企业强化专业实践，提高个人技术技能积累能力。

3.2 工科高职院校技术技能积累的影响因素分析研究

2018年国民经济和社会发展统计显示，我国制造业GDP为264 820亿元，增加值增长8.1%，占规模以上工业增加值的比重为32.9%，制造业在国民经济中的主体地位越来越凸显。[①] 在"中国制造2025"引擎的驱动下，我国在积极实施制造强国战略，提高了综合国力，增强了经济的鲁棒性，提升了国际话语权。在制造业产业链、人才链和创新链有机衔接中，工科高职院校在高素质技术技能人才培养、应用技术开发和创新、在职员工培训和技能提升中发挥不可替代的功能，支撑了区域经济的可持续发展。当前我国工科高职院校技术技能积累的主要特点是重视战术层面上的项目形式技术技能积累，在战略层面上的规划布局技术技能积累体系还没形成；重视有形的实训设备、设施等实体硬件投入，在无形的

---

① 2018年国民经济和社会发展统计公报 http://www.gov.cn/shuju/2019-02/28/content_5369270.htm。

软件性技术技能积累如以文字、图像、音频视频、动画等手段编码化大国工匠的有价值性的技能传承关注度不足；重视学校内生形式的技术技能积累，如技术知识的传播和技术技能的工具性传承，但对于校企协同社会化开放式技术技能积累如校企协同共建技术应用联盟和应用技术创新中心不甚关心；重视学生技术技能的培养和训练，但缺乏"推进技术技能积累能力提升"和"发挥文化育人课程思政作用"的有机融合。①② 企业在技术技能积累方面拥有实践经验丰富的技能大师和工匠、先进的技术平台和技术装备设施、敏捷的技术市场感知力、浩瀚的技术改造和创新案例库及技术技能创新和升级课题库等优势资源，高职院校在技术技能积累方面拥有厚实的应用技术理论基础和富有创新力的双师型专业教学团队、先进的技术改进平台和仿真软件、较强的隐性技能转化为显性知识和技能的能力及较强的组织自学习能力和跨专业的技术革新能力。校企双方取长补短、互通有无，有利于校企双方技术技能的传承、积累和创新发展，实现校企双方整体利益的"帕累托最优"。③④ 基于此，探讨校企协同各种形式的影响因素对于提升工科高职院校的技术技能积累是十分必要的。

3.2.1 方案设计

3.2.1.1 研究对象

2010年，《国家中长期教育改革和发展规划纲要》中明确高等学校要建立质量年度报告发布制度，完善中国特色现代大学制度。⑤ 2011年，教育部落实和贯彻纲要精神，发布了《关于推进高等职业教育改革创新引领职业教育科学发展的若干意见》文件推进高职院校建立高等职业教育质量年度报告发布制度，健全和完善学校、行业、企业、研究机构和其他社会组织共同参与的质量评价机制，将毕业生就业率、就业质量、企业满意度、社会服务能力、创业成效等作为衡量人才培养质量的重要指标，为高等职业教育质量年度报告提供了操作指南和思路。⑥ 2012年，全国高职高专校长联席会议委托上海市教育科学研究院和麦可思研究院共同编制高职教育质量年度报告。各地和各高等职业学校建立了人才培养质量年度报告发布制度，不断完善人才培养质量监测体系，发布机制不断完善，社会影响力和公信力越来越大。高职院校通过向社会公开办学信息，透明接收社

---

① 卢志米.政企校协同技术技能积累平台构建探析 [J].教育发展研究，2016（Z1）：16-22.
② 陆俊杰.技术创新与技术积累：职业教育中被忽略的重要部分 [J].中国职业技术教育，2016（12）：18-21.
③ 王秦，李慧凤，嗷静海.基于校企协同的技术技能积累机制实现路径研究 [J].中国职业技术教育，2015（33）：10-18.
④ 周哲民，万秋红.校企协同对高职院校技术技能积累力的影响研究——基于2017年湖南省54所高职院校质量年度报告数据的分析 [J].职业技术教育，2018，39（28）：37-43.
⑤ 国家中长期教育改革和发展规划纲要工作小组办公室.国家中长期教育改革和发展规划纲要（2010—2020年）[Z].2010-7-29.
⑥ 教育部.关于推进高等职业教育改革创新引领职业教育科学发展的若干意见 [Z].2011-09-29.

会利益相关者的监督和指导，基于学生反馈表、计分卡、资源表、服务贡献表、落实政策表及人才培养相关数据表精准发现问题、分析诊断问题和系统解决问题，不断提高了办学水平和教学质量，高职院校的竞争力和吸引力也呈现了强劲势头。

本课题研究对象工科高职院校来自全国机械职业教育教学指导委员会（以下简称"机械行指委"）委员单位，机械行指委是受教育部委托，经中国机械工业联合会批准成立的对机械行业职业教育进行研究、咨询、指导、评估的专家组织，委员单位481家，其中行业企业134家，本科院校30所，高职院校176所，中职学校141所，成员院校覆盖了全国31个省、自治区、直辖市。在176所独立设置的工科高职院校中，41所高职院校的教育质量年度报告中没有提供完整的计分卡、资源表服务贡献表、落实政策表及人才培养相关数据表，因此，该研究基于2018年135所工科高职院校的高等职业教育质量年度报告提供的数据对技术技能积累力影响因素进行分析。研究对象构成特点见表3-23。调研对象涉及东部、中部和西部地区，具体包括35所东部工科高职院校（25.9%），58所中部工科高职院校（43.0%），42所西部工科高职院校（31.1%），也涵盖了国家示范（骨干）高职院校、省级示范（骨干）高职院校和一般高职院校，具体包括58所国家示范（骨干）高职院校(43.0%)31所国家示范（骨干）高职院校（23.0%），46所一般高职院校（34.0%），且这些工科高职院校所涉及的专业覆盖了金属制品业，通用设备制造业，专用设备制造业，汽车制造业，铁路、船舶、航空航天和其他运输设备制造业，电气机械和器材制造业，计算机、通信和其他电子设备制造业，仪器仪表制造业等装备制造业，具有一定的代表性和特色的工科专业研究领域。校企协同行为数据包括工科高职院校双师素质专任教师比例、工科高职院校从企业引进兼职教师专业课课时比例、学校从企业引进专任教师数、学校从企业引进专任教师作为专业带头人数、新增专家工作室或名师工作室数、学院和企业共建"双师型"教师培养培训基地个数、学院下企业顶岗实践的教师人数和企业合作数量等。基于数据的完整性和一致性要求，本课题选取了工科高职院校双师素质专任教师比例、工科高职院校专任教师人均企业实践时间、工科高职院校从企业引进兼职教师专业课课时比例和企业合作数量作为自变量，工科高职院校技术技能积累力的数据包括横向技术服务到款额、纵向科研经费到款额、技术交易到款额和非学历培训到款额。

表3-23 研究对象构成特点

背景变量	指标	样本数	百分比/%
所在区域	东部	35	25.9
	中部	58	43.0
	西部	42	31.1

续表

背景变量	指　标	样本数	百分比/%
办学水平	国家示范（骨干）	58	43.0
	省级示范（骨干）	31	23.0
	一般	46	34.0
学生人数	20 000 人以上	6	4.4
	10 000～20 000 人	74	54.8
	10 000 人以下	55	40.8
教职工数	1 000 人以上	12	8.8
	400～1 000 人	102	75.6
	400 人以下	21	15.6
生均教学科研仪器设备值	20 000 元以上	9	6.7
	10 000～20 000 元	92	68.1
	10 000 元以下	34	25.2
横向技术服务到款额	3 000 万元以上	15	11.1
	500 万～3 000 万元	33	24.4
	500 万元以下	87	64.5
纵向科研经费到款	1 000 万元以上	11	8.1
	200 万～1 000 万元	37	27.4
	200 万元以下	87	63.5
技术交易到款额	1 000 万元以上	9	6.7
	200 万～1 000 万元	28	20.7
	200 万元以下	98	72.6
非学历培训到款额	1 000 万元以上	32	23.7
	200 万～1 000 万元	58	43.0
	200 万元以下	45	33.3

3.2.1.2　技术技能积累力的表征

在 2018 年度高职院校质量年度报告中，"服务贡献表"系反映工科高职院校服务地方和行业发展的管理评价工具，包含了毕业生就业去向、横向技术服务到款额、纵向科研经费到款额、技术交易到款额、非学历培训到款额和公益性培训服务六个方面。技术技能积累能力是高职院校社会服务贡献能力的基础，基于可操作性原则、可测量原则和可表征原则，高职院校技术技能积累力评价指标由横向技术服务到款额、纵向科研经费到款额、技术交易到款额和非学历培训到款额四个维度指标构成。"横向技术服务到款额"是指以学校名义与自然人、法人、其他组织签订的技术开发、技术服务、技术咨询、技术转让等技术合同所涉及的经费和国际科技合作项目中与境外企业、个人合作经费及科技捐赠项目经费。"纵向科研经费到款额"是指通过承担国家、地方政府常设的计划项目或专项项目取得的科研项目经费。"技术交易到款额"是指政府或企业通过技术市场购买院校的专利和技术成果、购买技术转让、委托技术研发等支付到账的费用。"非学历培训到款额"是指为社会进行的非学历性培训已到账的收入。① 基于专家建议，评价指标权重的分配遵循激励性、基础性和重要性原则，在高职院校技术技能积累力评价中，横向技术服务到款额占30%权重，纵向科研经费到款额占20%权重，技术交易到款额占20%权重，非学历培训到款额占20%权重。

3.2.1.3 研究假设

本研究考察工科高职院校校企协同形式对高职院校技术技能积累力影响因素，基于此研究的假设为：

H1：工科高职院校双师素质专任教师比例对技术技能积累力产生显著影响；

H2：工科高职院校企业提供的校内实践教学设备值对技术技能积累力产生显著影响；

H3：工科高职院校企业兼职教师年课时总量对技术技能积累力产生显著影响；

H4：工科高职院校校企共建实训基地与技术技能积累力显著相关；

H5：工科高职院校校企共建技术服务联盟和技术创新中心与技术技能积累力显著相关；

H6：工科高职院校办学水平对技术技能积累力产生显著影响；

H7：工科高职院校所属区域产业经济的发展对技术技能积累力产生显著影响。

3.2.1.4 研究方法

本研究采取定量研究方法进行实证分析，采用SPSS 20.0常用的描述性统计分析工科高职院校的技术技能积累力的整体现状和态势；利用主成分分析法分析影响工科高职院校技术技能积累力主要因素；采用皮尔逊相关分析体现了工科高职院校双师素质专任教师比例、工科高职院校企业提供的校内实践教学设备值、工科高职院校企业兼职教师年课时总量、省级校企协同实训基地、省级技术服务联盟和应用技术创新中心五种因素对工科高职院校技术技能积累力的影响度；采用t检验将工科高职院校办学水平分为国家级示范（骨干）和省级示范（骨干）这两个独立样本，其中国家级示范（骨干）工科高职院校58所，省级示范（骨干）工科高职院校31所。通过对这两个样本的平均数差异的显著性检验，判断国家级示范（骨干）和省级示范（骨干）工科高职院校技术技能积累力之间是

---

① 关于编制、发布和报送高等职业教育质量年度报告（2018）的通知[EB/OL]. http://www.moe.gov.cn/s5142/s6074/201811/t20181121_355358.html.

否存在显著差异;采用 t 检验将工科高职院校所属地分为东部和中部这两个独立样本,其中东部工科高职院校 42 所,中部工科高职院校 58 所。通过对这两个样本的平均数差异的显著性检验,判断东部和中部工科高职院校技术技能积累力之间是否存在显著差异。

3.2.2 实证分析

3.2.2.1 利用描述性统计分析工科高职院校技术技能积累力整体现状

工科高职院校技术技能积累力评价由横向技术服务到款额、纵向科研经费到款额、技术交易到款额和非学历培训到款额四个维度指标构成,到款额统计以 2018 财政年度为准。表 3-24 为工科高职院校横向技术服务到款额描述统计量,南京工业职业技术学院横向技术服务到款额超过 4 000 万元;表 3-25 工科高职院校纵向科研经费到款额描述统计量,深圳职业技术学院纵向科研经费到款额达到了 5 000 万元;表 3-26 为工科高职院校技术交易到款额描述统计量,常州机电职业技术学院技术交易到款额将近 3 000 万元;表 3-27 为工科高职院校非学历培训到款额描述统计量,浙江机电职业技术学院非学历培训到款额将近 3 000 万元。而部分西部工科高职院校横向技术服务到款额、纵向科研经费到款额、技术交易到款额和非学历培训到款额均为零,说明全国工科高职院校之间技术技能积累力差距很大。从各均值分析,目前工科高职院校技术技能积累力整体薄弱。

表 3-24 工科高职院校横向技术服务到款额描述统计量

项目	N	极小值	极大值	均值	标准差
横向技术服务到款额(万元)	135	0.00	4 095.00	683.529 1	1 105.810 11
有效的 N(列表状态)	135				

表 3-25 工科高职院校纵向科研经费到款额描述统计量

项目	N	极小值	极大值	均值	标准差
纵向科研经费到款额	135	0.00	5 191.30	341.158 0	795.881 39
有效的 N(列表状态)	135				

表 3-26 工科高职院校技术交易到款额描述统计量

项目	N	极小值	极大值	均值	标准差
技术交易到款额	135	0.00	2 801.88	243.935 5	536.668 89
有效的 N(列表状态)	135				

表 3-27 工科高职院校非学历培训到款额描述统计量

项目	N	极小值	极大值	均值	标准差
非学历培训到款额	135	0.00	2 987.00	611.985 0	660.992 94
有效的 N(列表状态)	135				

3.2.2.2 利用主成分分析法分析影响工科高职院校技术技能积累力的主要因素

由于各个指标之间可能存在相互关系,基于降维的思想利用统计学中主成分分析的方法将多个指标转换为少数几个互不相关的指标，把影响工科高职院校技术技能积累力因素进行合并归类。公因子方差见表 3-28。解释的总方差见表 3-29，成分矩阵见表 3-30。

表 3-28 公因子方差

项目	初始	提取
在校生	1.000	0.937
年生均财政拨款水平	1.000	0.681
教职工	1.000	0.718
专任教师	1.000	0.916
生师比	1.000	0.764
双师素质专任教师比例	1.000	0.783
生均教学科研仪器设备值	1.000	0.877
生均校内实践教学工位数	1.000	0.755
教学成果	1.000	0.881
省级技术技能积累平台	1.000	0.783
万人计划名师人数	1.000	0.688

提取方法：主成分分析。

表 3-29 解释的总方差

成分	初始特征值			提取平方和载入		
	合计	方差/%	累积/%	合计	方差/%	累积/%
1	8.698	33.453	33.453	8.698	33.453	33.453
2	2.938	11.298	44.751	2.938	11.298	44.751
3	2.239	8.612	53.364	2.239	8.612	53.364
4	1.994	7.668	61.032	1.994	7.668	61.032
5	1.735	6.672	67.704	1.735	6.672	67.704
6	1.315	5.058	72.762	1.315	5.058	72.762
7	1.149	4.419	77.182	1.149	4.419	77.182
8	1.042	4.009	81.191	1.042	4.009	81.191
9	0.913	3.513	84.704			
10	0.754	2.899	87.603			
11	0.735	2.827	90.431			
12	0.552	2.123	92.553			
13	0.449	1.726	94.279			
14	0.312	1.202	95.481			

续表

成分	初始特征值			提取平方和载入		
	合计	方差/%	累积/%	合计	方差/%	累积/%
15	0.304	1.169	96.650			
16	0.240	0.925	97.575			
17	0.157	0.606	98.180			
18	0.131	0.504	98.684			
19	0.114	0.437	99.122			
20	0.076	0.293	99.414			
21	0.054	0.209	99.623			
22	0.040	0.153	99.776			
23	0.027	0.104	99.880			
24	0.014	0.055	99.935			
25	0.012	0.047	99.982			
26	0.005	0.018	100.000			

提取方法：主成分分析。

图3-1为碎石图。

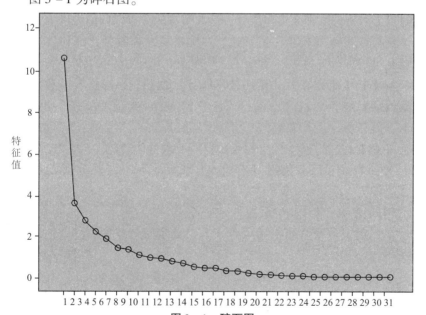

图3-1 碎石图

表 3-30 成分矩阵

项目	成分							
	1	2	3	4	5	6	7	8
在校生	0.472	-0.135	-0.167	0.356	0.271	-0.361	-0.401	0.186
横向技术服务到款额	0.762	0.014	0.124	-0.005	0.191	-0.293	0.246	0.147
纵向科研经费到款额	0.643	-0.520	-0.122	-0.199	-0.219	0.287	-0.078	0.138
技术交易到款额	0.238	0.519	0.086	-0.354	-0.308	0.247	0.131	-0.208
年生均财政拨款水平	0.671	-0.035	-0.190	0.144	0.354	0.158	-0.053	-0.096
企业兼职教师年课时总量	0.260	0.462	0.043	0.543	0.231	0.368	0.083	-0.117
生师比	-0.094	0.555	-0.223	-0.360	0.279	0.379	-0.237	0.000
双师素质专任教师比例	0.711	0.168	-0.039	0.052	0.330	0.224	0.042	0.319
生均教学科研仪器设备值	0.252	0.599	-0.366	0.120	-0.083	-0.278	-0.098	0.394
教学成果	0.235	-0.043	0.395	0.624	-0.378	0.189	0.236	-0.095
省级技术技能积累平台	0.297	-0.142	0.639	0.094	-0.059	-0.403	-0.082	-0.237
互联网创新	0.229	0.001	0.271	0.051	0.705	0.015	0.337	0.093

提取方法：主成分。

a. 已提取了 8 个成分。

通过以上分析选取了 8 个主成分，这 8 个主成分可以归纳为以下 8 项。

(1) 办学规模（在校生、生师比、双师素质专任教师比例和省级技术技能积累平台）。

(2) 应用技术研究能力（横向技术服务到款额、纵向科研经费到款额和技术交易到款额）。

(3) 实践条件（生均教学科研仪器设备值）。

(4) 企业参与教学程度（企业兼职教师年课时总量）。

(5) 教师企业实践程度双师素质专任教师比例、专任教师人均企业实践时间。

(6) 财政投入（年生均财政拨款水平）。

(7) 省级以上技术技能积累平台（省级技术服务联盟、技术创新中心和技能大师工作室）。

(8) 创新创业力（众创空间、创新创业大赛获奖统计）。

3.2.2.3 工科高职院校双师素质专任教师比例与技术技能积累力分析

双师素质专任教师是高职院校核心资源，双师素质专任教师比例高低表征了工科高职院校核心竞争力的优势（见表 3-31）。双师素质专任教师比例与技术技能积累力关系可以分析出，双师素质专任教师比例与技术技能积累力（$P = 0.520$）呈现出显著相关。

表 3-31 双师素质专任教师比例与技术技能积累力关系

		技术技能积累力	双师素质专任教师比例
技术技能积累力	Pearson 相关性	1	0.520**
	显著性（双侧）		0.000
	N	135	135
双师素质专任教师比例	Pearson 相关性	0.520**	1
	显著性（双侧）	0.000	
	N	135	135

注：(1)**. 在0.01水平（双侧）上显著相关。
(2) 双师素质专任教师比例 = 双师素质专任教师人数/专任教师数。

3.2.2.4 工科高职院校企业提供的校内实践教学设备值与技术技能积累力分析

企业提供的校内实践教学设备值指企业为工科高职院校提供的实践教学设备的总资产值，设备放在院校作为教学实训使用，但产权属于企业，学校只有使用权，统计值按照企业采购原值计算。企业提供的校内实践教学设备值与技术技能积累力关系分析出，企业提供的校内实践教学设备值与技术技能积累力（P=0.296）呈现显著相关，见表3-32。

表 3-32 工科高职院校企业提供的校内实践教学设备值与技术技能积累力分析

		技术技能积累力	企业提供的校内实践教学设备值
技术技能积累力	Pearson 相关性	1	0.539**
	显著性（双侧）		0.000
	N	135	135
企业提供的校内实践教学设备值	Pearson 相关性	0.539**	1
	显著性（双侧）	0.000	
	N	135	135

注：**. 在0.01水平（双侧）上显著相关。

3.2.2.5 工科高职院校企业兼职教师年课时总量与技术技能积累力分析

坚持不求所有，但求所用的引入兼职教师理念，集聚共享企业的管理人员、工程技术人员和能工巧匠资源，优化双师型结构专业教学团队。《现代职业教育体系建设规划（2014—2020年）》指出，为了落实高职院校用人自主权，鼓励高职院校按照国家相关规定聘请企业管理人员、工程技术人员和能工巧匠担任专兼职教师。[1] 企业兼职教师年课时总量指企业兼职教师当年为学生授课课时总量，

---

[1] 教育部，国家发展改革委，财政部，人力资源社会保障部，农业部，国务院扶贫办. 现代职业教育体系建设规划（2014—2020年）的通知 [Z]. 2014-06-16.

该指标反映出校企合作育人的协同深度。企业兼职教师年课时总量与技术技能积累力关系分析出，企业兼职教师年课时总量与技术技能积累力（P=0.446）呈现显著相关，见表3-33。

表3-33 企业兼职教师年课时总量与技术技能积累力关系

		技术技能积累力	企业兼职教师年课时总量
技术技能积累力	Pearson 相关性	1	0.446**
	显著性（双侧）		0.000
	N	135	135
企业兼职教师年课时总量	Pearson 相关性	0.446**	1
	显著性（双侧）	0.000	
	N	135	135

注：**. 在0.01水平（双侧）上显著相关。

3.2.2.6 省级校企协同实训基地与技术技能积累力分析

工科高职院校省级校企协同实训基地数量表征了校企协同强化技术技能积累的协作广度与强度。表3-34为省级校企协同实训基地与技术技能积累力关系分析出，省级校企协同实训基地与技术技能积累力关系（P=0.532）呈现显著性。

表3-34 省级校企协同实训基地与技术技能积累力关系

		技术技能积累力	省级校企协同实训基地
技术技能积累力	Pearson 相关性	1	0.532**
	显著性（双侧）		0.000
	N	135	135
省级校企协同实训基地	Pearson 相关性	0.532**	1
	显著性（双侧）	0.000	
	N	135	135

注：**. 在0.01水平（双侧）上显著相关。

3.2.2.7 省级技术服务联盟和应用技术创新中心与技术技能积累力分析

工科高职院校省级技术服务联盟和应用技术创新中心体现了校企协同强化技术技能积累的协作深度与厚度。省级技术服务联盟和应用技术创新中心与技术技能积累力关系分析出，省级技术服务联盟和应用技术创新中心与技术技能积累力关系（P=0.653）呈现显著性，见表3-35。

表3-35　省级技术服务联盟和应用技术创新中心与技术技能积累力关系

		技术技能积累力	省级技术服务联盟
技术技能积累力	Pearson 相关性	1	0.653**
	显著性（双侧）		0.000
	N	135	135
省级技术服务联盟	Pearson 相关性	0.653**	1
	显著性（双侧）	0.000	
	N	135	135

注：**. 在 0.01 水平（双侧）上显著相关。

3.2.2.8　工科高职院校办学水平与技术技能积累力分析

工科高职院校办学水平与技术技能积累力关系密切。由表 3-36 可以看出，国家级示范（骨干）和省级示范（骨干）工科高职院校技术技能积累力均值和标准方差均有显著差异。由于表 3-37 的 F 检验的显著性概率均为 0.066（小于 0.05），所以东部和中部高职院校技术技能积累力方差检验结果为非齐性。这时 t 检验的显著性概率为"方差方程的 Levene 检验"一项，即方差齐性检验结果，采用 F 检验齐性，F 统计量的值为 3.464，P 为 0.066，显著性水平为 0.05。由于概率 P 小于 0.05，因此，可认为，两个总体的方差存在显著性差异，即方差具备非齐性。在方差不相等的情况下，由于双尾检测概率 Sig.（双侧）为 0.016，在显著性水平为 0.05 情况下，t 统计量的值小于 0.05，故应拒绝原假设，因此，认为两样本的均值是不相等的，国家级示范（骨干）和省级示范（骨干）工科高职院校技术技能积累力方面存在显著性差异。

表3-36　国家级与省级示范（骨干）两组工科高职院校基本情况

	级别	N	均值	标准差	均值的标准误
技术技能积累力	省级示范（骨干）	31	1853.4250	2009.41279	360.90119
	国家级示范（骨干）	58	3131.1619	2835.66890	372.34157

表3-37　工科高职院校办学水平与技术技能积累力关系

	方差方程 Levene 检验		均值方程的 t 检验						
	F	Sig	t	df	Sig（双侧）	均值差值	标准误差值	差分的95%置信区间	
								下限	上限
技术技能积累力 假设方差相等 假设方差不相等	3.464	0.066	-2.225	87	0.029	-1277.73693	574.19062	-2419.00297	-136.47089
			-2.464	80.094	0.016	-1277.73693	518.54403	-2309.65391	-245.81994

3.2.2.9 工科高职院校区域经济发达程度与技术技能积累力分析

高职院校是支撑区域地方经济发展的不可替代的力量，同时，区域地方经济发展又反哺高职院校的发展。由表 3-38 可以看出，东部和中部工科高职院校技术技能积累力均值和标准方差均有显著差异。由于表 3-39 的 F 检验的显著性概率均为 0.000（小于 0.05），所以东部和中部高职院校技术技能积累力方差检验结果为非齐性。这时 t 检验的显著性概率为"方差方程的 Levene 检验"一项，即方差齐性检验结果，采用 F 检验齐性，F 统计量的值为 57.530，P 为 0.000，显著性水平为 0.05，由于概率 P 小于 0.05，因此，可认为，两个总体的方差存在显著性差异，即方差具备非齐性。在方差不相等的情况下，由于双尾检测概率 Sig.（双侧）为 0.000，在显著性水平为 0.05 情况下，t 统计量的 P 小于 0.05，故应拒绝原假设，因此，可以认为两样本的均值是不相等的，东部和中部工科高职院校技术技能积累力方面存在显著性差异。

表 3-38　东部与中部两组工科高职院校基本情况

	区域	N	均值	标准差	均值的标准误
技术技能积累力	东部	42	3348.3373	3294.73954	556.91263
	中部	58	1149.0733	1188.75512	156.09119

表 3-39　高职院校区域经济发达程度与技术技能积累力关系

	方差方程 Levene 检验		均值方程的 t 检验						
	F	Sig	t	df	Sig（双侧）	均值差值	标准误差值	差分的 95% 置信区间	
								下限	上限
技术技能积累力假设方差相等	57.530	0.000	4.623	91	0.000	2199.26398	475.77335	1254.19867	3144.32929
假设方差不相等			3.802	39.407	0.000	2199.26398	578.37370	1029.77857	3368.74939

3.2.3　学理分析

经过对全国机械行指委委员单位 135 所独立设置的 2018 年度高职院校技术技能积累现状实证分析可知，我国工科高职院校技术技能积累的能力和水平总体上薄弱，没有适应区域经济发展的要求，在东部、中部和西部存在较大的区域差异，在国家示范（骨干）院校、省级示范（骨干）院校和一般院校存在较大的个体差异。该实证分析较好地证实了校企协同理论、社会交换理论和组织学习理论是提升工科高职院校技术技能积累的理论基础，工科高职院校双师素质专任教师比例、工科高职院校企业提供的校内实践教学设备值、工科高职院校企业兼职教师年课时总量、省级校企协同实训基地、省级技术服务联盟和应用技术创新中心 5 种因素对工科高职院校技术技能积累力有显著的影响，工科高职院校校企协同实现技术技能积累产生了优于双方资源要素简单叠加的1+1>2协同效应。①

（1）工科高职院校与企业协同进行技术技能积累合作，其本质就是构建基于社会交换的利益链，是缔结校企合作的纽带，更是深化产教融合的根基。社会交换理论强调组织间进行资源交换双方要遵从互惠互利和合作共赢原则，是否能从交换中获得预期合理性报酬是持续合作的根源。报酬是组织作为"理性经济人"愿意进行交换的原因，是吸引交换方从同行中脱颖而出的重要筹码。校企协同进行技术技能积累合作，双方均可通过交换得到包括内在性报酬和外在性报酬的混合性报酬，为双方实现互惠奠定基础。② 实体企业身处市场第一线，对新技术和新工艺具有较强敏感能力和前瞻能力，有一定的应用技术研发基础和沉淀，但缺乏创新型技术技能人才的持续供给和员工技术技能提升的培训资源，而这方面恰巧是工科高职院校的优势和交换筹码，但院校原始技术技能积累水平和层次较低。因此，工科高职院校要大力提升技术技能积累能力，必须创新校企协同机制，强化外生性积累，借力企业技术技能积累资源，发挥校企资源互补优势，实现社会范围内积累资源的优化配置，调整技术积累结构，有效增强自身的积累水平，促进人才链与产业链有机衔接，推进技术技能创新人力资源供给侧结构性改革。③

（2）工科高职院校与企业协同进行技术技能积累合作，就是院校与企业组织为了实现各自的战略目标，基于组织学习进行双边或多边的相互学习过程。④ 工科高职院校与企业组织间学习，个人层面的技术技能学习协同是提升工科高职院校技术技能积累力的基础，⑤ 表征校企个人协同深度的双师素质专任教师比例和企业兼职教师年课时总量与院校技术技能积累显著相关表明，遵循"三个有利于"的原则，即有利于学生成才就业、有利于教师能力提升、有利于学校社会影响的扩大，⑥ 采取多种形式加强个人层面的学习和技能协同。一是激发专业教师深入企业第一线强化专业实践，提高专业实践动手能力和技术应用能力，提升双师素质，优化专业教学团队结构，尤其是加强专业领军人物的培养和引进工作，提高行业影响力；二是健全和完善技能大师工作室运行机制，使技能大师工作室成为高职院校重要的技术技能积累平台；三是高职院校采取"柔性引才"，吸引企业管理人员、工程技术人员和能工巧匠担任专兼职教师，不求所有，但求所用，提高兼职教师专业课课时比例；四是拓展组织间层面的学习深度与广度。采

---

①霍丽娟.现代职业教育的技术技能积累模式研究［J］.国家教育行政学院学报，2016（1）：70－74.

②张卫国，宣星宇.基于社会交换理论的高校创业教育与众创空间联动发展［J］.中国高教研究，2016（10）：93－97.

③国务院.关于深化产教融合的若干意见［Z］.2017－12－19.

④Hartley,J.,& Allison,M..(2010). Good,better,best inter-organizational learning in a network of local authorities. Public Management Review,333(1),101－118.

⑤周哲民，万秋红.校企协同对高职院校技术技能积累力的影响研究——基于2017年湖南省54所高职院校质量年度报告数据的分析［J］.职业技术教育，2018，39（28）：37－43.

⑥刘任熊.高等职业教育高质量发展的区域响应：问题表征及优化策略——基于192份省级《高等职业教育质量年度报告》的文本分析高等职业教育高质量发展［J］.中国职业技术教育，2019（13）：80－88.

取校企共建技术协同中心、组建职业教育集团、共建实训中心、产教联盟、共建产业学院等多种形式，工科高职院校从企业学习先进的工艺技术和一线的生产现场管理经验，提升内生驱动力和增强自我造血能力，从根本上提升技术技能积累水平。

（3）工科高职院校技术技能积累与所在区域经济能力有显著相关，证明工科高职院校与区域产业存在紧密耦合关系，建议对接地方产业布局和优势产业优化工科高职院校布局和专业群结构。"中国制造2025"和"一带一路"倡议正引领我国各地方省市进行产业结构调整，各地方省市在制定产业战略规划调整和优化时，同步优化工科高职院校布局和专业群结构。把工科高职院校建立在工业园区或把工业园区建立在职教城均能有效强化工科高职院校和区域产业发展的紧密耦合关系，实现相互融合抱团发展。工科高职院校作为国家技术创新体系的重要组成部分，应当把"推进技术技能积累"和"发挥文化育人作用"有机融合起来，在实践和文化传承中，切实将高职院校建设成区域技术技能积累的集聚中心。① 工科高职院校深刻理解教育部等六部门发布的《职业学校校企合作促进办法（教职成〔2018〕1号）》文件精神，拓宽校企协同合作领域，挖掘政策红利，在人才培养、技术创新、就业创业、社会服务、文化传承等方面深化协同内容。② 高职院校应主动融入产业链，打破学校和企业资源（人、财、物、信息、流程）之间的壁垒和边界，拓展多元协同形式，校企协同开展专业建设，敏锐感知产业结构升级动态调整专业结构；校企协同进行课程改革和课程资源开发工作，在学生顶岗实习、教师企业锻炼、员工转岗培训、企业工艺改进、新产品研发等可以进一步优化专业设置协同地方产业转型升级发展，提升人才培养与地方产业经济发展的契合度。③

3.3 工科高职院校技术技能积累与技术技能人才培养耦合关系分析

黄新谋（2015）通过调研分析，认为影响校企合作的因素的重要性程度依次为：学生素质、政府政策与管理制度、合作机构与平台、信息交流平台、企业的主动性、学校的主动性、学校的影响力、合作单位的行业属性与规模、教师的技术研发与服务能力和其他。学生素质高低是影响企业参与校企合作的首要因

---

①黄海燕.加快构建技术技能积累的集聚地［EB/OL］.http：//news.gmw.cn/2015-12/14/content_18081128.htm.

②教育部，国家发展改革委，工业和信息化部，财政部，人力资源社会保障部，国家税务总局.职业学校校企合作促进办法［Z］.2018-02-12.

③许应楠，陈福明.基于协同理论的职业院校产学研用校企协同人才培养机制及实践研究［J］.中国职业技术教育，2017（4）：43-48.

素。① 由上一节实证分析可知，工科高职院校办学水平与技术技能积累力也呈现显著性差异。从问卷调研分析，影响工科高职院校校企协同技术技能积累的主要原因依次是高职院校的学生综合素质和教学水平（71.1%）、对积极参与校企协同的企业缺乏激励政策和机制（69.2%）、高职院校专业教师积极性不高，太多精力放在教学上(59.6%)、政府在促进校企合作运行机制中的组织与协调作用不突出（39.7%）、教育行政管理部门缺乏对高职院校的技术技能积累绩效考核（38.5%）和企业在合作中害怕承担风险（34%）。学生综合素质和教学水平是影响工科高职院校校企协同技术技能积累最主要的原因，同时，高职院校的技术技能积累水平又反作用影响人才培养能力，因此，工科高职院校技术技能积累与技术技能人才培养是紧密耦合的关系。

3.3.1 技术技能积累与技术技能人才培养的耦合静态关系分析

在耦合仿生学中，耦合是指两个或两个以上耦元以合适的耦联方式联合起来成为一个具有一种或一种以上功能的物性实体或系统②。在物理学和自动控制系统中，耦合现象指两个或者两个以上的系统间通过各种直接或者间接的相互渗透和相互作用而彼此相互连接和相互影响以致联合一致的现象③。在社会学中，两个或两个以上的耦元构成耦合，可以是一个系统的两个独立且相互作用与反作用的子系统。概括地说，耦合就是指两个或两个以上的实体相互依赖于对方同时又是双向互动过程的一个量度。在工科高职院校内部体系中，技术技能积累和技术技能人才培养是耦元。技术技能积累和技术技能人才培养具有耦合系统的条件：一是耦元数是两个或两个以上。工科高职院校的人才培养、技术应用开发和社会服务功能实现就是技术技能积累耦元与技术技能人才培养耦元结合和互动的结果；二是耦元是异质的。虽然技术技能积累与技术技能人才培养都以知识和技术技能为基础，但它们在目的、形式、结构、成果及模式上都有差异，见表3-40。异质耦元的耦合通过目的、形式、结构、成果及模式等多因素耦合和渗透，实现各自耦元功能和系统特定的整体功能；三是耦元间具有有效的耦联方式。技术技能积累和技术技能人才培养耦合系统特定功能的实现是知识与技术耦元通过一定的耦联方式发挥功能的过程，是两个耦元在一定的时间、空间内，其功能与环境相互作用的结果④。将工科高职院校技术技能积累和技术技能人才培养通过各自的耦元和合适的耦联方式联合，形成如图3-2所示的具有一定结构、功能的技术技能积累、技术技能人才培养和社会服务与贡献耦合系统。工科高职院校

---

① 黄新谋.企业视角下的我国职业院校校企合作绩效评价研究［J］.中国职业技术教育，2015（27）：76-81.

② Ren L Q, Liang Y H. Biological couplings: Classification and characteristic rules[J]. Science in China Series E: Technological Sciences,2009,52(10):2791-2800.

③ 李文博.企业集成创新系统的深层耦合机理及其复杂性涌现［J］.科技进步与对策，2009，26（5）：73-76.

④ 任露泉，梁云虹.生物耦合功能特性及其实现模式［J］.中国科学：技术科学，2010（3）：3-10.

表3-40 工科高职院校技术技能积累与技术技能人才培养差异

差异性	技术技能积累	技术技能人才培养
目的	创新性应用和积淀	知识和技能推广与传播
形式	企业生产现场	课堂
结构	教师与新技术、新工艺	教师与学生
成果	专利、成果、装备	就业率、学生综合素质
模式	产研一体	工学一体

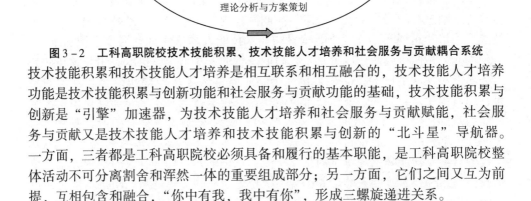

图3-2 工科高职院校技术技能积累、技术技能人才培养和社会服务与贡献耦合系统

技术技能积累和技术技能人才培养是相互联系和相互融合的，技术技能人才培养功能是技术技能积累与创新功能和社会服务与贡献功能的基础，技术技能积累与创新是"引擎"加速器，为技术技能人才培养和社会服务与贡献赋能，社会服务与贡献又是技术技能人才培养和技术技能积累与创新的"北斗星"导航器。一方面，三者都是工科高职院校必须具备和履行的基本职能，是工科高职院校整体活动不可分离割舍和浑然一体的重要组成部分；另一方面，它们之间又互为前提，互相包含和融合，"你中有我，我中有你"，形成三螺旋递进关系。

（1）工科高职院校技术技能人才培养是技术技能积累的基础。在上一节问卷调研分析得知，工科高职院校进行校企技术技能积累的主要目的重要程度依次是培养人才（97.4%）、发展需要（85.3%）、技术应用成果转化（41.0%）和提高知名度（34.5%），这也证实技术技能积累是为技术技能人才培养服务，两者之间就是皮与毛的关系，"皮之不存，毛将焉附"。工科高职院校的发展必须满足人的可持续发展需求、中国特色职业教育现代化体系发展需求和"中国制造2025"产业发展需求，这是回归到职业教育的教育的本原、意义和价值。[①] 20世纪末，教学和科研作为高校人才培养的两个活动孰重孰轻及其两者关系一直争论

---

① 覃川，武文.高职教育的价值内涵和整体策略［J］.中国职业技术教育，2018（3）：49-52.

不休，博耶针对此种争论，发展了"科研与教学相结合"的理念，并首次提出了"教学即学术"的理论。科研不仅可以为教学提供关键指引模式，同时，为学生学习提供了有价值的方法。① 工科高职院校的科研定位与人才培养定位相匹配的，就是面向中小微企业，聚焦制造业生产第一线的工艺技术改良、新产品研制、新自动化生产线上马提出设计方案，通过应用技术研究强化技术技能积累，并遵循工匠型技术技能人才的培养规律和制造产业发展规律，才能培养创新型和复合型技术技能人才培养。工科高职院校如果没有技术技能人才的培养或者没有培养高素质的企业受欢迎的毕业生，那么就失去了工科高职院校技术技能积累最重要的载体和方式。

（2）技术技能积累是工科高职院校实施产教融合和校企合作的重要方式和途径，也是院校持续提升竞争力和人才培养力的"引擎"发动机。高职院校的竞争力体现在学校的各个领域，但其核心竞争力则高度聚焦在高素质技术技能人才的培养力。② 高素质技术技能人才的培养力量源来自校企合作的嵌入深度，实证研究结果表明，校企合作嵌入程度越高，越有利于产生良好的组织间学习绩效和资源共享，越有利于培养适销对路的技术技能人才。嵌入性就是指企业与高职院校建立关系的程度，较高程度的嵌入使高职院校和企业能够充分接触和获取技术技能联盟平台的共享知识和技术技能，高职院校能吸收到企业已在应用的开发新产品或设计新流程，企业能招聘到毕业即能上岗的应用型人才。③④⑤ 工科高职院校技术技能积累包含技能传承和升华、技能秘籍收集与整理、技术知识收藏与保存、技术方案分析与总结、技术创意与创新、技术技能传播与推广等各方面的工作。校企协同技术技能积累的同时也促进了校园文化对接产业文化，专业文化对接企业文化，课堂文化对接岗位文化，"以文化人"，学生在耳濡目染中接受了专业精神、工匠精神和职业精神的洗礼，举手投足间流露出工匠人才的气质和修养。⑥

（3）工科高职院校技术技能积累与技术技能人才培养是相互融合和相互渗透的。技术技能积累与技术技能人才培养两系统耦合协调，工科高职院校向学生传授技术技能知识培养技术技能人才，在教育教学和传道授业中延伸了技术技能积累，拓展了技术技能积累的长度和广度，进行了技术技能的再创造，院校培养了学生成为具有高素质的技术技能大国工匠人才，就实现了技术技能的传播、传

---

① 房宏君，朱玉芳.国外科教融合育人研究及改革进展［J］.时代经贸，2018，459（34）：96－97.
② 侯长林.人才培养质量：高职院校的核心竞争力［J］.中国高教研究，2010（12）：77－78.
③ 邓雪，高寒.产学研联盟内组织间学习影响因素研究［J］.国际商务：对外经济贸易大学学报，2013（3）：110－118.
④ Rowley,T. Behrens,D. Krackhardt,D. ,(2000)"Redundant Governance Structures:An Analysis of Structural and Relational Embeddedness in the Steel and Semiconductor Industries,"Strategic Management Journal 21(3),369－386.
⑤ Nobel,R. Birkinshaw,J. ,(1998)"Innovation in Multinational Corporations:Control and Communication Patterns in International R&D Operations,"Strategic Management Journal 19(5),479－496.
⑥ Morgan, Robert and Shelby D. Hunt, (1994) "The Commitment trust Theory of Relationship Marketing," Journal of Marketing 58 (3), 20－38.

递、传承、积累和创新,人才培养的过程就是进行技术技能积累的过程;反之,高效的技术技能积累系统将拓展和整合校企资源,加速驱动专业群内涵建设,校企协同共建实训基地和技术创新中心为技术技能人才培养系统提供更多的资源和空间,从而促使技术技能人才培养更具动力和能量,如此往复过程,可以促使技术技能积累包含着人才培养的内容。在技术技能积累和创新中培养人才,人才培养也包含着技术技能传承创新的内容。① 因此,技术技能积累与技术技能人才培养相互作用和相互促进,耦合协同发展。

3.3.2 技术技能积累与技术技能人才培养耦合动态运行分析

技术技能积累、技术技能人才培养和社会服务与贡献耦合系统只是勾画了工科高职院校功能主体之间存在的一种静态耦合关系,这种静态的耦合关系是功能主体相互作用和耦合运行的结果。工科高职院校技术技能积累与技术技能人才培养从静态分析是耦合关系,从运行状态分析,两者之间的关系更是紧密耦合运行的。工科高职院校教师深入中小微企业挖掘应用技术革新课题需求,提高应用技术研发能力,把课题研究成果及时转化为课程教学资源,对接产业最新技术、最新工艺和最新技术标准,适时更新教学内容,使学生及时掌握新技术、新工艺、新设备,更快更好地适应岗位要求。企业出课题、成果进课堂是高职院校培养高素质技术技能人才的要求。② 技术技能积累和人才培养相互促进和协同提升,实现应用技术研究反哺教育教学,双元育人,也践行了基于工作的学习的职业教育基本理念。图3-3 所示为工科高职院校技术技能积累与技术技能人才培养耦合动态运行系统,学生、企业、教师、专业和课程是技术技能积累耦元与技术技能人才培养耦元耦合动态运行系统的耦元连接体。

一是企业需求是工科高职院校技术技能积累与技术技能人才培养耦合运行的"导航器"。工科高职院校技术技能积累的应用技术开发课题来源于企业生产中的难题和需求,人才培养的导向也是企业生产第一线对岗位技术技能的要求,企业第一线的需求是技术技能积累与技术技能人才培养耦合运行的耦元纽带。全球新一轮科技与产业革命催生制造产业向新模式和新业态转型,"智造"型企业需求已向创新型和复合型技术技能人才高层次上移,工科高职院校向"新工科"建设转变,技术技能积累的创新性特征更加凸显。③ 技术技能积累与技术技能人才培养耦合运行更加紧密。

---

① 张荣. 对大学的文化传承与创新职能的辩证思考 [J]. 云南大学学报 (社会科学版), 2013, 12 (5): 100-106.

② 张震, 刘继广, 王全录. 论高职院校产学研创生态圈的构建——以河南机电职业学院为例 [J]. 中国职业技术教育, 2019, 689 (1): 78-83.

③ 周香, 闫文平. 面向"新工科"建设的高职教育改革方向与行动路径 [J]. 教育与职业, 2019, (4): 34-40.

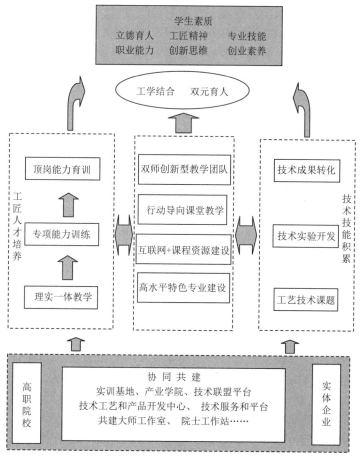

图 3-3　工科高职院校技术技能积累与技术技能人才培养耦合动态运行系统

二是学生是工科高职院校技术技能积累和人才培养的耦合运行"媒介体"。工科高职院校人才培养定位是面向制造企业生产、经营管理、售后服务第一线，具备良好职业道德和诚信品质，德智体美全面发展，具备较高的专业理论水平和信息应用技术，有较强实务操作能力和职业发展能力的复合型、创新型、发展型高素质劳动者和技术技能人才。随着新工科高职专业的发展，学生更要具备工匠精神、创新思维和创业素养的职业品质，在交叉专业职业能力上也有更高的要求，这种高素质的技术技能人才培养必须依靠校企协同技术技能积累来支撑。校企协同共建产业二级学院可以实现人才培养的专业与产业、企业、岗位对接；校企协同共建生产性实训基地可以实现人才培养的教学过程与生产过程对接；校企协同共建技术服务联盟和应用技术创新中心可以实现人才培养的课程内容与职业标准对接。

三是专业（群）和课程建设是工科高职院校技术技能积累和人才培养的耦合动态运行"润滑剂"。高职院校内涵建设中，专业（群）建设是龙头，课程建设是基础。专业设置要坚持市场导向的原则，每年在修订人才培养方案过程中，对准产业结构变化调整专业（群）结构，对准生产岗位变化调整课程内容。两级闭环反馈动态调整可以实现专业群紧密对接产业链，深度融合，协同发展。课程是人才培养课堂教学的轨道，课程内容选取和组织是人才培养的关键，课程团队深入企业感知产业变化和适时分析产业需求，把握制造产业升级对人才需求的脉搏和对技术技能人才的需求状态，同时，调研技术变化把握各专业人才培养规格要求。坚持以制造产业职业岗位需求为出发点，调查企业用人需求结构的变化，优化专业结构调整方案，实现人才培养、教育教学与技术技能积累及社会服务的互融互通。为了适应制造产业结构调整和转型升级的技术迭代，工科高职院校进行课程改革和专业改革是常态，也是专业教师进行技术技能积累与社会服务能力提升的基本行动。从作用力与反作用力分析，高职院校专业教师需要通过课堂改革、课程改革和专业改革的途径来有益反哺技术技能积累与社会服务，课堂改革、课程改革和专业改革越深入，高职院校技术技能积累和人才培养的耦合动态运行越紧密。课堂改革、课程改革和专业改革要坚持从技术技能积累领域中提取出工学结合因子和元素，颠覆普通高等教育传统的学科知识体系，重构项目和任务导向的工作行动体系，基于工作的学习，基于学习的工作，工学结合，知行合一，实现教学"交互式""体验式"再造，完成"动的学生，活的课堂，好的效果"的课堂改革。①

四是专业教师团队是工科高职院校技术技能积累与技术技能人才培养耦合运行的"发动机"。技术技能积累与技术技能人才培养融合是回归高职院校本质的根本途径，也是高职院校保持人才培养、技术创新与社会服务组织根本属性的唯一途径。但这种属性最终都需通过高职院校组织内部的自然人，即教师来实现。② 2019 年，教育部颁发的《全国职业院校教师教学创新团队建设方案》所列的立项条件中，凸显了教学团队在技术技能积累方面的贡献评价权重。如省级以上"双师型"工作室、教师技艺技能传承创新平台、技能大师工作室；合作企业和产教融合实训基地；承接重大科技攻关项目和承担集团化办学、现代学徒制试点或订单培养专业。③ 技术技能积累与技术技能人才培养的灵魂和"发动机"均是专业教师团队。

---

①李晓阳.高职教师技术技能积累与社会服务能力孵化器建设概要 [J].职教论坛, 2017 (15)：9 - 11.
②周详, 杨斯喻.从"科教分立"到"科教融合"：大学功能的结构、变迁与实现 [J].首都师范大学学报（社会科学版）, 2017 (3)：153 - 159.
③教育部教师工作司关于遴选首批国家级职业教育教师教学创新团队的通知[EB/OL].http://www. moe. gov. cn/s78/A10/A10_gggs/A10_sjhj/201906/t20190610_385186. html.

第 4 章
评价研究：工科高职院校技术技能积累评价标准研究

"以评促建"是评价的目的。建立科学合理的考核评价机制是确保工科高职院校技术技能积累高效性的重要保障，建立评价机制目的是借助科学评价方式方法调动人的内生动力，协调事物的各个因素间的相互关系，保证一定目标任务决策科学、运行有序、目标达成。① 建立工科高职院校评价指标体系的目的是引导和规范院校强化技术技能积累的建设，旨在促进院校技术技能积累整体工作水平的提高。建立评价指标体系不仅能促进院校各级主体（包括高层领导层、中层管理干部、专业带头人和骨干教师）充分发挥自己的优势和特长，履行好岗位职责，促进和深化校企协同技术技能积累，有效满足各级主体的发展需求，而且还可以对不同主体在工科高职院校技术技能积累过程中产生的贡献和价值意义作出评价，从而充分调动技术技能积累利益相关者和参与方的积极性，确保工科高职院校技术技能积累动力机制和运行机制有效运行；建立评价指标体系也为工科高职院校深化校企合作的办学模式和工学结合专业人才培养模式改革提供科学合理的指南。本章以提升工科高职院校技术技能积累水平为目标，从构建评价指标的基本原则入手，借助德尔菲法以实验性预选获取技术技能积累评价指标，以层次分析方法确定各项指标权重，以进行量化构建和探索工科高职院校技术技能积累评价标准，旨在解决评价什么与如何评价等系列问题。

4.1 工科高职院校技术技能积累水平评价指标基本原则

教育学评价指标体系的设计有两种思路，一种思路，是从围绕评价活动参与主体或利益相关者的角度进行设计，即从政府、学校、行业、企业、家长和学生等参与主体的视角进行指标体系构建；另一种思路是，从教育现象的框架来构建教育概念的框架进行指标体系构建。② 工科高职院校技术技能积累是一项实践操作性很强的校企合作领域，工科高职院校对接的实体经济的快速技术迭代性，其技术技能积累活动比非工科高职院校更突出校企协同的重要性，因此，从参与主体或利益相关者的角度进行设计，即从政府、学校和企业等参与主体的视角进行工科高职院校技术技能积累指标体系构建。为了科学合理构建评价指标体系，从技术技能积累过程评价、内容评价和结果评价三个方面确立遵循的基本原则。

---

①陈步云.高校实践育人机制研究［D］.博士学位论文，长春：东北师范大学，2017.
②周明星，高涵，聂清德.论中国现代职业教育理论体系的构建［J］.教育研究，2017（38）：65-69.

4.1.1 评价过程的产教融合和校企协同原则

工科高职院校技术技能积累的过程就是深化产教融合和践行校企协同的过程。工科高职院校技术技能积累评价机制的构建应始终围绕"校企双元育人，技术技能积累与人才培养协同发展"这个根本任务展开，其目的是为了检验技术技能积累与人才培养高效耦合运行及不断提升校企双元育人的技术技能供给侧与企业需求侧的匹配度。工科高职院校评价过程的产教融合和校企协同原则主要体现在三个方面：一是评价技术技能积累过程中要遵循实体经济产业发展规律、职业教育发展规律和技术技能人才培养规律。由于数字化技术和物联网技术的浪潮席卷传统制造业，驱动了产业革新和快速技术迭代，因此，实体经济产业发展规律的突出特点是协同创新，多学科和专业相互交叉和相互融合；① 职业教育发展规律的突出特点是专业与产业高度对接，职业性、实践性和开放性特征明显；技术技能人才培养规律的突出特征是学习和工作的深度融合，实践技能和理论知识的高度统一。工科高职院校技术技能积累过程的评价要从三个基本规律出发，结合"新工科"的专业特色，通过构建科学合理的指标体系，遴选针对性和代表性很强的评价要素，真实客观准确地评价技术技能积累工作及其成效；二是评价技术技能积累过程中是否围绕学生人才培养的核心功能展开，或者是否体现为人才培养服务的宗旨。在过程评价中要引导在策划技术技能积累活动时，校企双方的动机是为人才培养服务的，而不是利益驱动，忽略了人才培养；在开展技术技能积累活动时，人才培养过程是否深度融入；评价技术技能积累过程结束或阶段性成果时，其输出是否转化为教学资源为人才培养提供"养料"。如职业教育集团是深化产教融合推进技术技能积累的平台，其动机应该就是整合校企双方资源合作，校企协同强化技术技能积累，合作培养技术技能人才，其建设过程是要融入校企双元育人过程的，但为什么许多职业教育集团筹建时轰轰烈烈，而建设过程中偃旗息鼓？这些问题其实在工科高职院校技术技能积累过程中都是带有一定的规律性和普遍性，需要在构建评价体系过程中加以分析和价值甄别；三是评价过程工作中信度和效度要有严格和明确的指标进行界定。工科高职院校技术技能积累的信度和效度直接关系到评价工作的实效性、权威性和公正性，比如双师型教师的评价标准关乎双师型教师比例的信度，年度的技术交易额的认定，技术培训能否计算到技术交易额等，因此，只有在信度和效度上有明确有效的指标和权威的认定，才能最终有益于引导工科高职院校技术技能积累工作的可持续发展和高效进步。

4.1.2 评价内容的系统性和独立性原则

工科高职院校技术技能积累的评价内容范围，其中包括院校的办学理念、办

---

① 赵伟峰.我国装备制造业协同创新生态系统运行研究［D］.哈尔滨：哈尔滨工程大学，2017.

学模式、培养定位、培养目标、人才培养模式、校企合作激励政策、技术技能积累平台与条件保障、实践教学条件完善、应用技术开发与推广激励政策、专业教师团队建设与课程资源建设、教师企业实践锻炼、企业兼职教师教学激励、创新创业教学和学生技能竞赛等。针对这些非常广泛而具体的内容，如何有效构建技术技能积累评价指标，需要遵循系统性和独立性的原则。评价内容的系统性原则是指各指标之间要有一定的生成逻辑和因果关系。它们不但要从不同的侧面反映出工科高职院校技术技能积累的主要特征和状态，而且还要反映工科高职院校技术技能积累之间的内在联系。技术技能积累的每一个子系统由一组指标构成，各指标之间相互独立又彼此联系，共同构成一个有机统一体。指标体系的构建具有自上而下的层次性，从宏观到微观的透视性，形成一个不可分割的评价体系。评价内容的独立性原则是指各项具体指标之间既要相互依存、相互联系以构成有机的整体目标体系，又要相互独立，使各项具体指标的考核、评估可以独立地进行，并做出相应的判断分项目，不出现相互涵盖的具体指标，使它们都具有各组的独立性。构建评价指标体系还需要将重点的、实用性、发展性和代表性的观测点纳入指标体系。重点性观测点体现一些关键性指标的作用和价值，对不同重要观测点，可以赋予其不同的权重系数，如对一些可能会直接影响技术技能积累工作开展指标应赋予其更多的权重系数，从而在评价过程中真实反映它的重要性；实用性指标是指具有实用性和可操作性，指标的数据易采集，计算公式科学合理，尽量避免形成庞大的指标群或层次复杂的指标树；发展性指标就是围绕"技术技能积累和技术技能人才培养"这一根本任务，用发展的思维去看问题，要将区域经济发展、院校发展和师生发展的需求相融合，引导高职院校对发展指标涉及的内容的投入和重视；同时，还要通过指标体系的构建引导高职院校技术技能积累工作的未来趋势，以此推动高职院校技术技能积累工作的可持续健康发展。此外，构建工科高职院校技术技能积累评价指标内容时还应考虑到典型代表性原则，评价指标内容覆盖关键的评价点，尽可能准确地反映出高职院校技术技能积累校企资源投入、校企协同过程和校企协同绩效的综合能力和效能。

4.1.3 评价结果的准确性和导向性原则

准确性原则是指所选用的指标采用的数据可查、可检核。通常，通过有关专门权威机构提供的数据具有可检核型。所谓导向性原则就是所确定的指标具有持续性和引导性功能，工科高职院校技术技能积累评价结果导向不仅仅要"向下"面对现实、立足于实践，还要适当"向上"着眼未来、超前于实践。[①] 工科高职院校技术技能积累评价机制的构建最终要落到评价结果的应用导向上。第一，要确保技术技能积累评价结果的客观公开、真实准确。一方面，评价主体采用独立

---

① 王永林. 我国高职教育评估研究进展及内容的定量分析——以 2000—2011 年 CNKI 期刊论文为基础[J]. 现代教育管理, 2015（2）: 102 - 108.

第三方原则，确保评价主体客观公正；另一方面，评价对象要真实反映评价信息。评价结果越准确，就会具有更强的针对性和应用价值。工科高职院校技术技能积累数据采集，比如横向技术服务到款额、纵向科研经费到款额、技术交易到款额和非学历培训到款额等统计以财政年度为准并附上相关佐证材料以确保准确性和权威性。第二，要确保评价结果的适时性。评价主体对评价结果进行即时性反馈给评价对象，确保评价结果的时效性。评价结果反馈滞后时间与评价效用呈递减状态，因此，工科高职院校在第一时间获得评价结果后，要及时加以分析利用，分析技术技能积累影响要素，加强高职院校技术技能积累校企资源投入，优化校企协同过程和提高校企协同绩效，以此为依据，扬长避短，继续推动高职院校技术技能积累体制机制的改革，使高职院校技术技能积累工作从量的积累实现质的提升。

4.2 工科高职院校技术技能积累水平评价指标体系的构建

4.2.1 实验性评价指标筛选过程

工科高职院校技术技能积累评价指标的实验性预选主要靠三个层面获得，一是通过文献研究获取，二是通过专家访谈获取，三是实地调研获取。

4.2.1.1 文献研究

目前，国内关于工科高职院校技术技能积累评价指标的研究还没有。通过大量阅读相关研究文献，从类似高职院校应用技术研究能力指标体系研究、应用型本科的科研能力指标体系及区域技术积累能力评价研究的成果[1]，我们初步拟定以"投入—过程—绩效"理论作为评价指标建设的理论依据，结合工科高职院校技术技能积累特有的技术技能人才培养属性，从工科高职院校技术技能积累的校企协同资源投入、校企协同积累过程、校企协同积累绩效三个层面作为评价指标的实验性预选一级指标，并制定第一版的工科高职院校技术技能积累评价指标体系，包括4个一级指标、8个二级指标和52个三级指标。

4.2.1.2 专家访谈

2019年6月，利用在昆明召开全国新能源装备专业教学指导委员会工作年会的机会，邀请了天津轻工职业技术学院、佛山职业技术学院、云南机电职业技术学院等多所工科高职院校专业教师和二级学院院长共9人论证指标体系，进一步细化完善了二、三级指标体系，优化成第二版的工科高职院校技术技能积累评价指标体系，包括3个一级指标、7个二级指标和50个三级指标，第二版高职院校技术技能积累水平实验性的评价指标体系见表4-1。

---

[1] 杨菲，安立仁，张洁. 区域技术积累能力评价研究[J]. 科技进步与对策，2015（17）：129-133.

表 4-1 第二版高职院校技术技能积累水平实验性的评价指标体系

标层	一级指标	二级指标	三级指标	单位
高职院校成为区域技术技能积累的集聚中心（X）	协同投入（X_1）	科研资金投入（X11）	科研投入总额（X1101）	万元
			企业投入科研费用（X1102）	万元
		教学和科研仪器（X12）	教学和科研仪器总值（X1201）	万元
			生均教学科研仪器设备值（X1202）	万元
			企业捐赠设备值（X1203）	万元
			企业捐赠设备值占百分比（X1204）	%
		双师型教师（X13）	专业教师双师型教师数量（X1301）	人
			专业教师双师型教师比例（X1302）	%
			企业兼职教师数量（X1303）	人
			企业兼职教师课时数（X1304）	课时
	协同过程（X_2）	协同平台（X21）	省级及省级以上应用技术协同创新中心（X2101）	个
			省级及省级以上技术联盟（X2102）	个
			省级及省级以上职业教育集团（X2103）	个
			省级及省级以上技术工艺和产品开发中心（X2104）	个
			省级及省级以上校企协同技能大师工作室（X2105）	个
			省级及省级以上技术孵化、创新和创业基地（X2106）	个
		协同教学（X22）	校企共建二级产业学院（X2201）	所
			校企共建共享实训基地（X2202）	个
			校企协同专业建设个数（X2203）	个
			校企协同课程开发（X2204）	门
			校企合作开发教材（X2205）	本
			校企开发培训教材（X2206）	本
			校企合作共建创新创业基地（X2207）	个
			现代学徒制人才培养数量（X2208）	人
			校企合作开发教学标准（X2209）	个
			技能传授视频的制作（X2210）	小时
			校企合作工艺手艺、绝技绝活的普查建档（X2211）	字节

续表

标层	一级指标	二级指标	三级指标	单位
协同绩效（X_3）		协同技术研究绩效（X31）	校企协同产品设计工艺标准等技术标准（X3101）	个
			校企协同发明、新型实用技术专利（X3102）	个
			校企协同应用技术论文（X3103）	篇
			校企协同横向技术服务到款额（X3104）	万元
			校企协同横向技术服务产生的经济效益（X3105）	万元
			校企协同纵向科研经费到款额（X3106）	万元
			校企协同技术交易到款额 X3107）	万元
			非学历培训到款额（X3108）	万元
			公益性培训服务（X3109）	人次
			校企协同开发省级以上技能大赛项目（X3110）	个
			校企协同开发实训设备（X3111）	套
		协同人才培养绩效（X32）	全日制双元育人在校生人数（X3201）	人
			毕业生人数（X3202）	人
			毕业生留在当地就业百分比（X3203）	%
			就业率（X3204）	%
			月收入（X3205）	元
			专业相关度（X3206）	%
			母校满意度（X3207）	%
			自主创业比例（X3208）	%
			雇主满意度（X3209）	%
			毕业三年职位晋升比例（X3210）	%
			学生技能大赛获奖（X3211）	人次
			学生创新创业大赛获奖（X3212）	人次

4.2.1.3 问卷调查优化指标

为了验证第二版的工科高职院校技术技能积累评价指标体系的科学性和合理性，依据第二版的工科高职院校技术技能积累评价指标体系设计了调查问卷，问卷是通过李克特五级量表（不重要的 1 分，不太重要的 2 分，一般重要的 3 分，比较重要的 4 分，非常重要的 5 分）测量工科高职院校技术技能积累评价重要程度，让工科高职院校的专业教师、中层干部就以上 50 个评价要素进行重要性打分，共发放问卷 125 份，回收有效问卷 79 份。用 SPSS20.0 分析均值比较与 t 检验，因此，通过单样本 t 检验来检验各个评价均值是否显著高于常数 3。可以看出，除母校满意度（X3207）、雇主满意度（X3209）和毕业三年职位晋升比例

（X3210）外，其他变量的双边 P 值 Sig.（双侧）均非常小（小于0.001），进而可知道单边 P 值也很小（小于0.002）。当初把母校满意度（X3207）、雇主满意度（X3209）和毕业三年职位晋升比例（X3210）三个指标纳入第一版的高职院校技术技能积累评价体系中，是因为这三个指标在高职院校质量年报中纳入了社会服务能力评价中。应用软件 SPSS20.0 对数据进行统计与分析，得出50个变量的样本均值及标准差列示见表4-2。经过问卷调研分析，该量表设计的项目是比较合适的。

表4-2　50个变量的样本均值及标准差列示

序号	变量	均值	标准差
X1101	科研投入总额	4.11	0.506
X1102	企业投入科研费用	4.04	0.609
X1201	教学和科研仪器总值	4.14	0.615
X1202	生均教学科研仪器设备值	3.95	0.696
X1203	企业捐赠设备值	3.90	0.928
X1204	企业捐赠设备值占百分比	3.89	0.800
X1301	专业教师双师型教师数量	3.78	0.842
X1302	专业教师双师型教师比例	4.33	0.524
X1303	企业兼职教师数量	4.28	0.639
X1304	企业兼职教师课时数	4.01	0.742
X2101	省级及省级以上应用技术协同创新中心	4.05	0.766
X2102	省级及省级以上技术联盟	4.30	0.648
X2103	省级及省级以上职业教育集团	4.24	0.645
X2104	省级及省级以上技术工艺和产品开发中心	3.70	0.627
X2105	省级及省级以上校企协同技能大师工作室	4.24	0.645
X2106	省级及省级以上技术孵化、创新和创业基地	4.22	0.692
X2201	校企共建二级产业学院	4.24	0.625
X2202	校企共建共享实训基地	4.25	0.688
X2203	校企协同专业建设个数	4.37	0.603
X2204	校企协同课程开发	4.34	0.658
X2205	校企合作开发教材	4.34	0.677
X2206	校企开发培训教材	4.38	0.647
X2207	校企合作共建创新创业基地	4.25	0.565
X2208	现代学徒制人才培养数量	4.23	0.733
X2209	校企合作开发教学标准	4.19	0.699
X2210	技能传授视频的制作	4.09	0.701

续表

序号	变量	均值	标准差
X2211	校企合作工艺手艺、绝技绝活的普查建档	3.86	0.693
X3101	校企协同产品设计工艺标准等技术标准	4.01	0.689
X3102	校企协同发明、新型实用技术专利	4.03	0.768
X3103	校企协同应用技术论文	3.86	0.780
X3104	校企协同横向技术服务到款额	4.09	0.720
X3105	校企协同横向技术服务产生的经济效益	4.73	0.812
X3106	校企协同纵向科研经费到款额	4.32	0.733
X3107	校企协同技术交易到款额	4.48	0.797
X3108	非学历培训到款额	4.15	0.700
X3109	公益性培训服务	3.27	1.034
X3110	校企协同开发省级以上技能大赛项目	4.15	1.051
X3111	校企协同开发实训设备	4.34	1.239
X3201	全日制双元育人在校生人数	3.65	0.878
X3202	毕业生人数	3.33	1.237
X3203	毕业生留在当地就业百分比	3.75	0.912
X3204	就业率	3.65	0.975
X3205	月收入	3.08	1.107
X3206	专业相关度	3.22	1.356
X3207	母校满意度	2.96	1.182
X3208	自主创业比例	3.23	0.9237
X3209	雇主满意度	2.89	1.047
X3210	毕业三年职位晋升比例	2.48	1.237
X3211	学生技能大赛获奖	3.70	0.627
X3212	学生创新创业大赛获奖	3.86	0.680

以上三个步骤可以将能够反映工科高职院校技术技能积累评价指标做出实验性的整理与归类成第三版的工科高职院校技术技能积累评价指标体系，包括3个一级指标、7个二级指标和47个三级指标。

4.2.2 德尔菲法优化评价指标体系

为了更进一步完善工科高职院校技术技能积累评价指标体系，采用的是德尔菲法。德尔菲法（Delphi Method）是20世纪40年代兰德公司的奥拉夫·赫尔默

(Olaf Helmer)、诺曼·达尔克（Nor-man Dalkey）和尼古拉斯（Nicholas Rescher）创造的。[①]

德尔菲法通过匿名的方式向专家们征询某个专业领域的意见，这些专家是在这个领域有经验的或有权威的学者和实践者。依据规范的流程，采用匿名方式发表意见，即专家之间不见面，不得互相讨论，不发生横向联系，只能与调查人员发生关系，避免专家们因为权威和私情没有发表自己真正的意见和建议，通过多轮次调查专家对问卷所提问题的看法，经过反复征询、归纳、修改，最后汇总成专家基本一致的看法。德尔菲法在教育中可应用领域主要包括：①学生的创新实践平台建设质量、毕业论文、健康生活方式、就业竞争力、创业能力、就业质量的评价；②学校竞争力评价指标体系、学科群建设评价指标体系、创新人才评价指标体系、课堂教学质量评价体系、远程医学教育机构评估指标体系和学生核心能力评价指标体系的构建。[②]

本次专家咨询共分为两轮，分别是在2019年6月底和8月进行的。在专家遴选方面，依据德尔菲法要求，选取的专家必须是"课题组外部的专家""每位成员都了解基本的问题"，基于这一考虑，我们遴选的专家主要按照以下标准：国内职业教育的权威专家；对工科高职院校及其相关问题有着清晰认识的专家；教育政策与管理研究方向有一定影响力的专家。

咨询专家的工作单位与研究方向见表4-3。

表4-3 咨询专家的工作单位与研究方向

专业方向	职业教育研究机构	省级示范院校	国家示范院校	总计
职业教育研究	2	0	1	3
电气自动化专业	0	2	1	3
新能源装备制造专业	0	1	2	3
数控专业	0	1	2	3
工业机器人专业	0	2	1	3
总计	2	6	7	15

向专家们征询工科高职院校技术技能积累评价指标体系的意见时，要求每位专家在提出方案的同时，要指出方案的利与弊，将各种方案和方案的利与弊集中整理后反馈给各位专家，要求所有专家对每一方案的利与弊提出自己的意见或新方案，反复两轮后，整理专家们意见，得出工科高职院校技术技能积累评价指标体系预测结论，包括3个一级指标、7个二级指标和34个三级指标，工科高职院校技术技能积累指标体系层次结构模型如图4-1所示。

[①] Delphi method[EB/OL]. http://en.wikipedia.org/wiki/Delphi-method,2011-04-11.
[②] 袁勤俭，宗乾进，沈洪洲. 德尔菲法在我国的发展及应用研究——南京大学知识图谱研究组系列论文[J]. 现代情报，2011，31（5）：3-7.

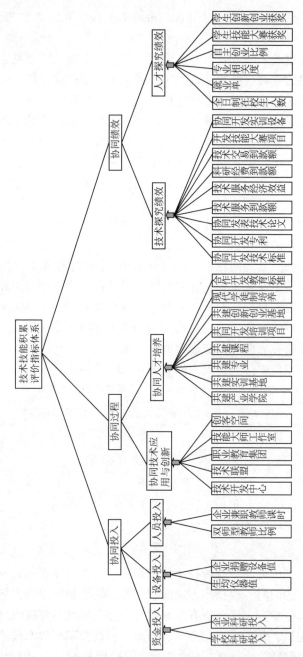

图4-1 工科高职院校技术技能积累指标体系层次结构模型

4.2.3 基于层次分析软件YAAHP确定评价指标权重

在构建了指标体系后,要根据一定原则确定分层、分级的各项指标的量化的重要性值,确定指标权重。本文确定工科高职院校技术技能积累评价指标体系相应的权重方法是利用层次分析法(AHP)。层次分析法是20世纪70年代由著名运筹学家 T. L. Saaty 提出,由决策者对所有评价指标进行两两比较而提出的多属性决策方法。"把复杂的问题分解为各个组成要素,将这些因素按支配关系分组形成有序的递进层次结构,通过两两比较的方式确定层次中诸因素的相对重要性,然后综合人的判断以决定决策诸因素相对重要性总的顺序。"[①] YAAHP 是专门用来做层次分析数据处理的软件,利用 YAAHP 软件计算各指标权重后工科高职院校技术技能积累指标体系权重模型如图 4-2 所示。

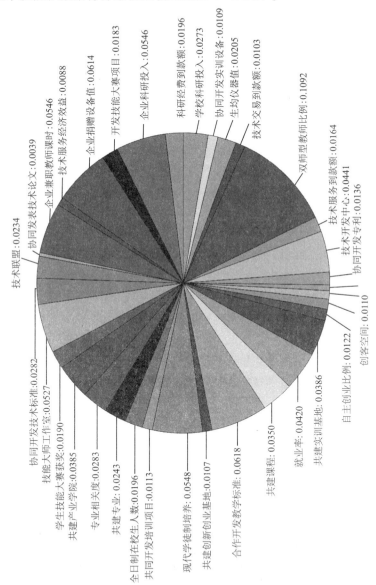

图 4-2 工科高职院校技术技能积累指标体系权重模型

---

①许树柏.层次分析法原理——实用决策方法 [M].天津:天津大学出版社,1988.

4.2.3.1 工科高职院校技术技能积累评价指标体系

一致性比例：0.0516，对工科高职院校技术技能积累评价指标体系的权重：1.000，$\lambda \max$：3.0536。

工科高职院校技术技能积累评价一级指标体系的权重见表 4-4。

表 4-4 工科高职院校技术技能积累评价一级指标体系的权重

评价指标体系	协同投入	协同过程	协同绩效	Wi
协同投入	1.0000	1.0000	1.0000	0.3275
协同过程	1.0000	1.0000	2.0000	0.4126
协同绩效	1.0000	0.5000	1.0000	0.2599

4.2.3.2 协同投入

一致性比例：0.0000，对工科高职院校技术技能积累评价指标体系的权重：0.3275，$\lambda \max$：3.0000。

工科高职院校技术技能积累评价协同投入的权重见表 4-5。

表 4-5 工科高职院校技术技能积累评价协同投入的权重

协同投入	资金投入	设备投入	人员投入	Wi
资金投入	1.0000	1.0000	0.5000	0.2500
设备投入	1.0000	1.0000	0.5000	0.2500
人员投入	2.0000	2.0000	1.0000	0.5000

4.2.3.3 协同过程

一致性比例：0.0000，对工科高职院校技术技能积累评价指标体系的权重：0.4126，$\lambda \max$：2.0000。

工科高职院校技术技能积累评价协同过程的权重见表 4-6。

表 4-6 工科高职院校技术技能积累评价协同过程的权重

协同过程	协同技术应用与创新	协同人才培养	Wi
协同技术应用与创新	1.0000	0.5000	0.3333
协同人才培养	2.0000	1.0000	0.6667

4.2.3.4 协同绩效

一致性比例：0.0000，对工科高职院校技术技能积累评价指标体系的权重：0.2599，$\lambda \max$：2.0000。

工科高职院校技术技能积累评价协同绩效的权重见表 4-7。

表 4-7 工科高职院校技术技能积累评价协同绩效的权重

协同绩效	人才培养绩效	技术研究绩效	Wi
人才培养绩效	1.0000	1.0000	0.5000
技术研究绩效	1.0000	1.0000	0.5000

4.2.3.5 资金投入

一致性比例：0.0000，对工科高职院校技术技能积累评价指标体系的权重：0.0819，$\lambda\max$：2.0000。

工科高职院校技术技能积累评价资金投入的权重见表4-8。

表4-8 工科高职院校技术技能积累评价资金投入的权重

资金投入	学校科研投入	企业科研投入	Wi
学校科研投入	1.0000	0.5000	0.3333
企业科研投入	2.0000	1.0000	0.6667

4.2.3.6 设备投入

一致性比例：0.0000，对工科高职院校技术技能积累评价指标体系的权重：0.0819，$\lambda\max$：2.0000。

工科高职院校技术技能积累评价设备投入的权重见表4-9。

表4-9 工科高职院校技术技能积累评价设备投入的权重

设备投入	生均仪器值	企业捐赠设备值	Wi
生均仪器值	1.0000	0.3333	0.2500
企业捐赠设备值	3.0000	1.0000	0.7500

4.2.3.7 人员投入

一致性比例：0.0000，对工科高职院校技术技能积累评价指标体系的权重：0.1637，$\lambda\max$：2.0000。

工科高职院校技术技能积累评价人员投入的权重见表4-10。

表4-10 工科高职院校技术技能积累评价人员投入的权重

人员投入	双师型教师比例	企业兼职教师课时	Wi
双师型教师比例	1.0000	2.0000	0.6667
企业兼职教师课时	0.5000	1.0000	0.3333

4.2.3.8 协同技术应用与创新

一致性比例：0.0967，对工科高职院校技术技能积累评价指标体系的权重：0.1375，$\lambda\max$：5.4334。

工科高职院校技术技能积累评价协同技术应用与创新的权重见表4-11。

表4-11 工科高职院校技术技能积累评价协同技术应用与创新的权重

协同技术应用与创新	技术开发中心	技术联盟	职业教育集团	技能大师工作室	创客空间	Wi
技术开发中心	1.0000	4.0000	5.0000	0.5000	4.0000	0.3206

续表

协同技术应用与创新	技术开发中心	技术联盟	职业教育集团	技能大师工作室	创客空间	Wi
技术联盟	0.2500	1.0000	2.0000	0.3333	4.0000	0.1704
职业教育集团	0.2000	0.2000	1.0000	0.2000	0.3333	0.0455
技能大师工作室	2.0000	3.0000	5.0000	1.0000	4.0000	0.3835
创客空间	0.2500	0.2500	3.0000	0.2500	1.0000	0.0801

4.2.3.9 协同人才培养

一致性比例：0.1074，对工科高职院校技术技能积累评价指标体系的权重：0.2751，λ_{max}：9.0222。

工科高职院校技术技能积累评价协同人才培养的权重见表 4-12。

表 4-12　工科高职院校技术技能积累评价协同人才培养的权重

协同人才培养	共建产业学院	共建实训基地	共建专业	共建课程	共同开发培训项目	共建创新创业基地	现代学徒制培养	合作开发教学标准	Wi
共建产业学院	1.0000	0.5000	4.0000	0.5000	4.0000	6.000	0.5000	N/A	0.1401
共建实训基地	2.0000	1.0000	2.0000	2.0000	3.0000	3.0000	0.5000	0.3333	0.1403
共建专业	0.2500	0.5000	1.0000	0.5000	4.0000	6.0000	0.3333	0.3333	0.0882
共建课程	2.0000	0.5000	2.0000	1.0000	2.0000	6.0000	0.3333	0.5000	0.1273
共同开发培训项目	0.2500	0.3333	0.2500	0.5000	1.0000	0.5000	0.3333	0.3333	0.0409
共建创新创业基地	0.1667	0.3333	0.1667	0.1667	2.0000	1.0000	0.2500	0.3333	0.0390
现代学徒制培养	2.0000	2.0000	3.0000	3.0000	3.0000	4.0000	1.0000	0.5000	0.1993

续表

协同人才培养	共建产业学院	共建实训基地	共建专业	共建课程	共同开发培训项目	共建创新创业基地	现代学徒制培养	合作开发教学标准	Wi
合作开发教学标准	N/A	3.0000	3.0000	2.0000	3.0000	3.0000	2.0000	1.0000	0.2248

4.2.3.10 人才培养绩效

一致性比例：0.0910，对工科高职院校技术技能积累评价指标体系的权重：0.1300，λmax：6.5351。

工科高职院校技术技能积累评价人才培养绩效的权重见表4-13。

表4-13 工科高职院校技术技能积累评价人才培养绩效的权重

人才培养绩效	全日制在校生人数	就业率	专业相关度	自主创业比例	学生技能大赛获奖	学生创新创业获奖	Wi
全日制双元育人数	1.0000	0.5000	0.5000	3.0000	0.5000	3.0000	0.1505
就业率	2.0000	1.0000	3.0000	2.0000	3.0000	3.0000	0.3229
专业相关度	2.0000	0.3333	1.0000	N/A	3.0000	2.0000	0.2174
自主创业比例	0.3333	0.5000	N/A	1.0000	0.5000	2.0000	0.0935
学生技能大赛获奖	2.0000	0.3333	0.3333	2.0000	1.0000	2.0000	0.1459
学生创新创业获奖	0.3333	0.3333	0.5000	0.5000	0.5000	1.0000	0.0698

4.2.3.11 技术研究绩效

一致性比例：0.2084，对工科高职院校技术技能积累评价指标体系的权重：0.1300，λmax：11.3668。

工科高职院校技术技能积累评价技术研究绩效的权重见表4-14。

表4-14 工科高职院校技术技能积累评价技术研究绩效的权重

技术研究绩效	协同开发技术标准	协同开发专利	协同发表技术论文	技术服务到款额	技术服务经济效益	技术交易额	开发技能大赛项目	协同开发实训设备	科研经费到款额	Wi
协同开发技术标准	1.0000	3.0000	3.0000	4.0000	2.0000	5.0000	3.0000	4.0000	0.3333	0.2169
协同开发专利	0.3333	1.0000	4.0000	0.5000	2.0000	3.0000	0.5000	4.0000	0.3333	0.1046
协同发表技术论文	0.3333	0.2500	1.0000	0.2500	0.2500	0.3333	0.3333	0.5000	0.3333	0.0301
技术服务到款额	0.2500	2.0000	4.0000	1.0000	3.0000	2.0000	0.5000	0.5000	3.0000	0.1262
技术服务经济效益	0.5000	0.5000	4.0000	0.3333	1.0000	3.0000	0.3333	0.5000	0.3333	0.0675
技术交易到款额	0.2000	0.3333	3.0000	0.5000	0.3333	1.0000	0.5000	0.5000	3.0000	0.0789
开发技能大赛项目	0.3333	2.0000	3.0000	2.0000	3.0000	2.0000	1.0000	4.0000	N/A	0.1410
协同开发实训设备	0.2500	0.2500	2.0000	2.0000	2.0000	2.0000	0.2500	1.0000	1.0000	0.0841
科研经费到款额	3.0000	3.0000	3.0000	0.3333	3.0000	0.3333	N/A	1.0000	1.0000	0.1505

4.2.3.12 利用YAAHP软件计算指标体系权重

节省了大量的矩阵计算步骤及时间，经汇总后，工科高职院校技术技能积累指标体系评价指标体系见表4-15。

表4-15 工科高职院校技术技能积累评价指标体系

标层	一级指标	二级指标	三级指标	权重
高职院校成为区域技术技能积累的集聚中心（X）	协同投入（X_1）0.3275	科研资金投入（X11）0.0819	学校科研投入总额（X111）	0.0273
			企业投入科研费用（X112）	0.0546
		教学和科研仪器（X12）0.0819	生均教学科研仪器设备值（X121）	0.0205
			企业捐赠设备值（X122）	0.0614
		双师型教师（X13）0.1637	专业教师双师型教师比例（X131）	0.1092
			企业兼职教师课时数（X132）	0.0546
	协同过程（X_2）0.4126	协同技术应用与创新（X21）0.1375	省级及省级以上协同技术开发中心（X211）	0.0441
			省级及省级以上技术联盟（X212）	0.0234
			省级及省级以上职业教育集团（X213）	0.0063
			省级及省级以上技能大师工作室（X214）	0.0527
			省级及省级以上创客空间（X2105）	0.0110
		协同人才培养（X22）0.2751	校企共建二级产业学院（X221）	0.0385
			校企共建共享实训基地（X222）	0.0386
			校企协同专业建设个数（X223）	0.0243
			校企协同课程开发（X224）	0.0350
			校企开发培训项目（X225）	0.0113
			校企合作共建创新创业基地（X226）	0.0107
			现代学徒制人才培养数量（X227）	0.0548
			校企合作开发教学标准（X228）	0.0618

续表

标层	一级指标	二级指标	三级指标	权重
协同绩效（X_3）0.2599		协同技术研究绩效（X31）0.1300	校企协同产品设计工艺标准等技术标准（X311）	0.0282
			校企协同发明、新型实用技术专利（X312）	0.0136
			校企协同应用技术论文（X313）	0.0039
			校企协同横向技术服务到款额（X314）	0.0164
			校企协同横向技术服务产生的经济效益（X315）	0.0088
			校企协同纵向科研经费到款额（X316）	0.0196
			校企协同技术交易到款额 X317）	0.0103
			校企协同开发省级以上技能大赛项目（X318）	0.0183
			校企协同开发实训设备（X319）	0.0109
		协同人才培养绩效（X32）0.1300	全日制双元育人人数（X321）	0.0196
			就业率（X322）	0.0420
			专业相关度（X323）	0.0283
			自主创业比例（X324）	0.0122
			学生技能大赛获奖（X325）	0.0190
			学生创新创业大赛获奖（X326）	0.0091

4.3 结果分析与思考

从层次分析法的权重结果中，我们可以看出，工科高职院校技术技能积累中的协同过程的权重最高，可达41.26%，协同投入权重为32.75%，协同绩效权重为25.99%，反映了在工科高职院校技术技能积累评价中，基于投入—过程—绩效评价逻辑构成，更重要的应是协同过程。

4.3.1 协同投入指标

在协同投入一级指标维度中，双师型专业教师投入建设、科研资金投入建设和教学和科研仪器建设中，双师型专业教师投入建设的权重最高。双师型专业教师是工科高职院校技术技能积累的灵魂和核心要素，在强化技术技能积累建设中，专业教师队伍建设首当其冲。一是对现有专业教师队伍实施全面技术提升，加强存量专业教师队伍的企业实践锻炼；二是改革现有职业院校专业教师聘任机制。降低职业院校专业教师学历门槛，批次引进企业一线技术骨干、技能大师充实专业教师队伍，快速改变现有专业教学团队技术技能结构；三是完善企业高技能人才到职业院校兼职任课机制，充分发挥企业高技能人才训练学生与培训教师的双重功能，以技术技能为"主题"，不断提升职业院校专业教师的技术技能积累与创新实力。另外，在协同投入三级指标权重中，企业投入科研费用和企业捐赠设备值反映了校企协同的深度和工科高职院校技术技能积累的水平，院校要不断调整专业结构适应区域产业结构的优化升级，不断深化产教融合和校企合作，主动面向中小微型企业的应用技术需求，"在战争中学会战争"，提升应用技术创新能力和技术改造能力。

4.3.2 协同过程指标

在工科高职院校技术技能积累基础薄弱阶段，校企协同过程比协同绩效更重要。在协同过程一级指标维度中，协同人才培养比协同技术应用与创新权重更重，这也说明了工科高职院校在技术技能积累建设过程中，必须遵循人才培养是第一位的，人才培养是工科高职院校技术技能积累运行系统的序参量。在协同人才培养下级指标校企共建二级产业学院、共建共享实训基地、校企协同专业建设个数、校企协同课程开发、校企开发培训项目、校企合作共建创新创业基地、现代学徒制人才培养数量和校企合作开发教学标准维度中，更要重视校企双元育人和协同开发教学标准，实现专业与产业、企业、岗位的无缝对接，课程标准与职业标准无缝对接，教学过程和生产过程的无缝对接，逐步缩小企业实际需求与学生所学知识之间的差距，同时，在校企协同技术应用与创新过程中，工科高职院校专业教师通过协同技术开发、建立技术联盟和职业教育集团、建设技能大师工作室和创客空间参与到企业技术创新过程中，校企协同建立和完善多层次人才培养体系和技术推广体系，主动参与企业技术创新，积极推动技术成果扩散，提升应用技术研发能力，丰富高职教育教学的教学资源，最终促进整体行业企业的技术技能积累水平。

4.3.3 协同绩效指标

工科高职院校的技术技能积累的绩效和贡献度可从以下两个维度作量化处理。其一，协同技术研究的绩效，包括校企协同开发产品设计工艺标准等技术标准、校企协同发明和新型实用技术专利、校企协同撰写应用技术论文、校企协同横向技术服务到款额、校企协同横向技术服务产生的经济效益、校企协同纵向科研经费到款额、校企协同技术交易到款额、校企协同开发省级以上技能大赛项目和校企协同开发实训设备；其二，协同人才培养绩效，包括了全日制双元育人人数、就业率、专业相关度、自主创业比例、学生技能大赛获奖和学生创新创业大赛获奖。全日制双元育人人数主要是现代学徒制培养人数，现代学徒制滥以"稳固的师徒依附关系"为核心，以"校企交替结构化组织"为基础，以"工学结合为职场做准备"为主要内容的一种职业教育制度。[1] 现代学徒制核心价值体现在名师巧匠和学生建立师徒关系，是隐性技术技能积累最好的途径，校企双元育

---

[1] 刘育锋.论学徒制的本质属性［J］.中国职业技术教育，2018（36）：5-10.

人人数体现了工科高职院校技术技能人才和技术技能积累的融合度。"普教有高考，职教有大赛"，高职院校的学生技能大赛和学生创新创业大赛都是强化技术技能专业能力和增强技术技能创新能力最为有效的途径之一，也是推进校企合作和产教融合的结构性平台，将行业企业新技术、新工艺、新装备及时迁移或转化成教学资源，充分利用行业企业技术技能资源提升了高职院校的技术技能积累水平，因此，学生技能大赛获奖和学生创新创业大赛展现了工科高职院校技术技能积累能力的代表性指标。

第5章
策略研究：校企协同培育技术技能积累生态和文化

"策略"源于军事术语，是指计策和谋略，现也广泛移植用于政治、经济、教育等领域。最初来自三国时期魏国刘劭《人物志·接识》："术谋之人以思谟为度，故能成策署之奇，而不识遵法之良"。① 现今，策略主要有以下三种解释，一是可以实现目标的方案集合；二是根据形势发展而制定的行动方针和斗争方法，指为实现战略任务而采取的原则和手段；② 三是有斗争艺术，能注意方式和方法。策略研究就是工科高职院校为了不断适应现代制造业新业态、新动能和新模式趋势提升技术技能积累能力目标，根据前面的理论研究、问题研究和标准研究结论和成果制定的若干对应的方案集合。每个工科高职院校可以结合自己的优势和特色来制定出新的方案，最终实现提升技术技能积累能力目标。

5.1 校企协同机制：校企构建技术技能积累共同体

"机制"一词最早源于希腊语，其本意是指机器的构造和动作原理，即机器在运转过程中各个零部件之间的相互联系及运转方式。③ 协同机制是指组织之间为了实现共同的目标，建立相互信任，通过知识与技术技能共享、相互学习过程逐步形成以共享为核心的平台管理机制和运行机制。信任协同、利益共享、组织学习是工科高职院校校企协同技术技能积累的逻辑起点，也是校企双方持续协同技术技能积累得以进行的现实基础。④ 马克思指出"真正的共同体"应当超越"抽象共同体"和"自然共同体"，它既要基于个体成员的自由发展，又要能够代表全体成员之共同利益。⑤ 校企双方在进行技术技能积累过程中，通过构建协同信任机制，塑造价值认同共同体；通过构建组织学习机制，建立协同学习共同体；通过构建利益协调机制，打造校企利益共同体。

5.1.1 构建协同信任机制，塑造价值认同共同体

依据协同论，组织之间协同的首要条件是理念协同，而理念协同的前提则是

---

① 汉语大词典.[M].上海：上海辞书出版社.2007.
② 《毛泽东选集》大辞典.[M].太原：山西人民出版社.1993.
③ 王同亿.语言大辞典 [M].海口：三环出版社，1991.
④ 奚进.职业教育校企合作失灵的理论溯源与解决路径 [J].教育与职业，2019（2）：4－10.
⑤ 秦龙.马克思"共同体"思想研究 [M].沈阳：辽海出版社，2007：124－125.

信任。如何构建协同信任机制是工科高职院校进行校企协同技术技能积累首要解决的问题，但事实上，该问题一直制约着工科高职院校技术技能积累，在第四章问题研究中，从工科高职院校校企合作技术技能积累过程中存在的主要问题调查结果可以看出：工科高职院校开展技术技能积累过程能长期保持稳固关系因素，按重要性排名依次是相互的信任（67.9%）、长期的人才合作关系（60.3%）、长期的政策支持（56.4%）和长期的资金支持（41.0%）。建立相互协同信任机制，是校企双方持续协同技术技能积累的塑造价值认同共同体的基础。

5.1.1.1　工科高职院校技术技能积累协同信任机制缺失分析

在第四章工科高职院校校企协同技术技能积累现状分析中，院校选择企业合作对象时，最影响双方相互信任关系的因素调查依次是制度保障（34.0%）、双方职能部门有效的沟通（20.5%）、双方高层的有效互动（20.5%）、相互依赖性（14.7%）、良好的声誉（5.8%）、合作方的企业文化（2.6%）和合作经历（1.9%）。制度的缺失、缺乏有效沟通和良性互动和缺乏价值认同是影响校企相互信任的主要障碍。

（1）制度的缺失。工科高职院校协同技术技能积累现状调查结果中表明，"缺乏激励政策和机制造成制度缺失"（67.8%）仅次于"高职院校应用技术研究与开发能力不强，缺乏平等对话的能力"（80.1%），已成为影响协同技术技能积累所遇到的第二大主要障碍。在校企协同技术技能积累实践过程中，缺乏激励政策和机制造成制度缺失主要表现在三个方面：一是缺乏政府在校企协同技术技能积累方面的政策引导和协调机制。政府在校企协同技术技能积累过程承担协同引导者和促进者角色，也确实出台了系列政策进行激励，但"口惠实不至"，在激励校企方缺乏具体的可操作的规定和约束。如2018年教育部等六部门出台的《职业学校校企合作促进办法》规定"鼓励各地通过政府和社会资本合作、购买服务等形式支持校企合作。鼓励各地采取竞争性方式选择社会资本，建设或者支持企业、学校建设公共性实习实训、创新创业基地、研发实践课程、教学资源等公共服务项目"[①]。这些鼓励的政策在很多国家支持职业教育校企协同的文件中出现，但在实际操作过程中，因为没有操作性的执行政策支持而无法实施，虽然舆论很好，但并没有产生实质性的效果；二是缺乏院校与企业两组织之间校企协同技术技能积累权利与义务等制度约束，使校企协同主体间在建立协同联盟时或者遇到不确定的危机时多基于自身利益和发展需求去思考问题而影响协同积累的可持续性发展，如在校企协同技术创新项目过程中，创新项目经市场运行后产生了意想不到的经济效益和社会效益，致使出现合作利益纠纷，知识产权归属不明，不可避免产生协同矛盾甚至中断了协同发展；三是缺乏院校内具体的激励教师参与技术技能积累积极性的制度。教师在校企协同技术技能积累过程中承担

[①] 教育部，国家发展改革委，工业和信息化部，财政部，人力资源社会保障部，国家税务总局.职业学校校企合作促进办法［Z］.2018-02-12.

推动者和实践者的角色,职称的评聘是教师在专业发展过程中无法回避的问题。在校企协同技术技能积累过程中,如校企合作开发教学标准、校企协同产品设计工艺标准等技术标准、技术技能积累活动在职称评审标准工作难以量化,且对职称评审没有直接的激励作用,影响了教师参与技术技能积累积极性。部分专业教师即使愿意参与校企协同技术技能积累,也是由于功利驱动的,把过多的精力聚焦在横向技术课题的申报、论文的发表和专利申请等职称评审的直接得分点上,对技术开发成果真正能给企业带来实质性经济效益关注不够,势必导致技术技能积累偏离企业的需求。总之,这三方面的管理制度和激励机制的缺失和不完善是协同技术技能积累校企缺乏信任的重要制约因素。

(2) 缺乏有效沟通和良性互动。健全的制度是推进校企协同技术技能积累的前提条件,但即使校企协同信任机制制定的很完善,在运行中也会出现一些意料不到的问题,因此,有效沟通和良性互动能及时解决这些不确定性的问题。缺乏有效沟通和良性互动主要表现在三个方面:一是高职院校的职能部门缺乏有效沟通。院校的技术技能积累功能分散在不同的职能部门,比如,科研处分管应用技术横向课题管理,教务处负责现代学徒制的人才培养项目的运行,二级学院的专业教师的企业实践锻炼归属人事处管理,因此,造成了与企业的沟通不很顺畅。二是校企双方高层缺乏良性互动。目前,高职院校技术技能积累还没引起院校高层的高度重视,院校高层缺乏主动深入企业第一线调研企业技术市场的需求和企业对技术技能人才的培养规格需求,而企业高层把主要精力放在直接的经济效益创收,企业也没有把与高职院校协同进行技术技能积累置于企业战略发展的高度,没有与高职院校维持和保持高度的接触。三是专业教师与企业技术人员的沟通缺乏主动性和深度性。较高的期望促使双方愿意沟通交流,随着合作深入,需求、科研、生产和市场信息的不对称,出现了一些"搭便车"的行为,给双方带来一定影响,为地方院校校企合作只是想了解研发过程,无须了解太多的内部信息,常常隐瞒有价值的商业信息,影响了双方沟通的深度,阻碍了双方的信任。①

(3) 缺乏价值认同。工科高职院校校企合作技术技能积累过程中,合作各方冲突源调查结果表明,工科高职院校开展技术技能积累合作各方冲突源参与动机不一致导致冲突占67.9%,价值观、文化背景等的差异性导致冲突占64.7%,信息和认识差异引起冲突占47.4%,利益分配失衡导致冲突占45.8%。可见,价值认同影响双方的信任。所谓价值认同是指校企双方基于各自基本价值观而持有的对技术技能积累表现价值态度、价值立场及价值倾向基本一致或基本认同。在技术技能积累价值认同上,学校和企业表现不同的价值认同表现在三个方面:一是校企在技术技能积累协同中在成果的表现上有价值追求的差异。企业追求短

---

① 王强,朱好杰.新建地方院校校企合作信任机制的缺失、成因及对策研究 [J].贵州师范学院学报,2017:52 – 55.

平快,更多关注投资少、周期短、见效快、效益高的合作项目,而高职院校多偏重论文和专利及申报课题的数量。二是校企在技术技能积累协同中在过程的表现上有价值认同的差异。企业往往不愿意花太多精力放在积累过程,比如,校企协同制定专业标准和课程标准及技能标准,企业实践专家不能静心研讨。专业教师赴企业实践锻炼也很难得到企业专家的专心指导。三是校企双方对彼此在技术技能积累上的能力存在认知差距。企业认为高职院校在技术创新上能力不够,往往不愿意与高职院校在技术创新和技术开发上合作。这个现象在积累现状调查结果也得到了验证,"高职院校应用技术研究与开发能力不强,缺乏平等对话的能力"(80.1%)已成为影响协同技术技能积累所遇到的最大障碍。即便有些工科高职院校经过近二十年的厚积薄发,在先进制造具有一定创新优势,已具有条件和能力为企业需求和发展提供技术支持和创新支撑,也因缺乏沟通和互动而降低了其应用技术开发和创新的认同度。[①] 而工科高职院校对企业产业发展动态、技术发展趋势、经营管理、工艺技术发展及产品销售和市场布局等知之甚少,因此,校企协同在推进技术技能积累过程中,协同动机和价值认同方面的差异导致双方各自为了自己的利益最大化,有意无意地提供虚假信息或隐藏真实信息,造成了信息不对称并加剧了合作的不确定性。

5.1.1.2 工科高职院校技术技能积累协同信任机制构建策略

(1)构建基于制度保障和协议约束的制度型信任。新制度经济学家道格拉斯·C·诺思认为:"制度是一系列被制定出来的规则、守法程序和行为的道德伦理规范"[②]"经久不息和有控制的发展只有通过制度上的构架才能得到"。[③] 在校企协同技术技能积累过程中,工科高职院校和企业分属于不同性质的社会型组织,各自具有相对独立的经济利益和战略目标,价值追求和利益诉求也存在较大的落差,不确定性和不稳定是协同技术技能积累过程的重要特性,因此,基于制度保障和协议约束建立制度型信任来规范各自的权益和义务及协调双方之间各自利益关系是校企协同技术技能积累的前提。一是强化政府在构建基于制度保障和协议约束发挥引导者和促进者角色。在工科高职院校校企合作技术技能积累现状调查中,政府最需要改进的工作依次是健全激励政策(41.7%)、加强平台建设(30.8%)和资金投入(19.2%)。在制定和完善企业兼职教师柔性引进共享、院校教师进企业锻炼激励、应用技术成果转化、专利和知识产权保护、现代学徒制人才培养企业培训师奖励、评聘和培训等方面的制度政府可以进一步明确学校和企业的基本社会责任、合作企业的基本权益,为工科高职院校校企协同技术技能积累提供政策激励和政策保障。二是工科高职院校与实体企业在签订校企协同

---

① 王强.新建地方院校服务区域经济发展的困境与出路[J].淮北师范大学学报(哲学社会科学版),2013(4):189-191.

② 道格拉斯·C·诺思.经济史的结构与变迁[M].陈郁,罗华平,译.上海:上海三联书店,1991.

③ 伯顿·R.克拉克.高等教育系统:学术组织的跨国研究[M].王承绪,译.杭州:杭州大学出版社,1994:4.

技术技能积累协议时，应明确校企协同技术技能积累的内涵和范围，明确院校与企业的权利和义务，明确企业的社会责任及应得利益，明确院校优先承担协同企业培训和毕业生的优先招聘，明确开发出来的技术成果优先提供协同企业使用，明确学生的安全权益和正当收入，明确可预见性的事后惩罚措施，减少不确定性的潜在收益。一旦校企双方建立协作关系就表达对未来行为的庄严承诺，彼此间相互信任，各方信守诺言，才能使这种承诺成为可靠的计划并最终执行。[1] 基于协议建立协同或者联盟关系，强化各自的权利与义务，夯实双方的信任基础。三是工科高职院校健全和完善的校企协同技术技能积累管理制度，保障教师在企业兼职锻炼和技术创新的合法权益，激励专业教师主动寻找企业技术改造课题，并在职称评审和"双师型教师"认定上给予政策和待遇的倾斜，积极鼓励教师深入微小制造企业在技术升级和"两化融合"做好技术支持和服务。只有从政府、院校和企业三个层面以健全和完善制度，构建能够"激发动力、保障利益、正向闭环"的激励机制，才能确保校企协同技术技能积累的长效机制。[2]

另外，高职院校在选择协同企业时，需要建立一套企业选择评估审核体系，对每一个合作企业的产业属性、产业地位、企业文化、企业战略、行为机制、风险偏好及可预期的协同效益等具有充分的评价，这也是建立双方信任的基础。工科高职院校必须与行业引领性企业深度合作，融入企业技术创新体系，实现新技术产业化与新技术应用人才储备同步，努力打造校企协同技术技能积累创新联合体。

（2）构建基于信息共享和沟通互动的认知型信任。在校企协同技术技能积累过程中，经常面对的不确定性有两种类型，一是未来未知事件的不确定性；二是双方对这些未来事件可能作出的反应的不确定性。[3] 正是在这样的双重不确定的环境下，有效沟通和良性互动就是建立相互信任关键的组织原则。在促进工科高职院校的技术技能积累效果具体措施的调查结果中，"加大校企技术协同和沟通力度，促进校企良性互动"（72.4%）占据首位，从而表明基于信息共享和沟通互动，构建认知型信任的重要性。在契约合作的基础之上，各主体仍需以稳定的合作关系为基础，形成高层互访联席会议机制、多方利益协调联动机制，能够有效处理不同主体之间的各种矛盾和冲突，增强契约合作的效力和约束力。[4] 一是建立校企高层和职能管理部门之间定期沟通和对话机制。工科高职院校与实体企业高层建立与维持近距离的接触，比如，校企高层经常参加有影响力的产教对话和产教融合论坛；分管技术应用研究、培训和教学的院校高层主动深入企业第一线感知产业变化趋势和企业对技术技能人才的培养规格需求。健全和完善校企

---

[1] 王蔷. 论战略联盟中的相互信任问题（上）[J]. 外国经济与管理, 2000 (4): 22-25.
[2] 沈剑光, 叶盛楠, 张建君. 多元治理下校企合作激励机制构建研究 [J]. 教育研究, 2017 (10): 71-77.
[3] 王蔷. 论战略联盟中的相互信任问题（下）[J]. 外国经济与管理, 2000 (5): 21-24.
[4] 刘晓宁. 职教集团参与主体的利益博弈与共轭协调 [J]. 职教论坛, 2019 (2): 14-21.

合作理事会制度，建立"校企合作董事会—校企合作理事会—专业建设委员会"三级沟通和协同机制，定期召开校企合作理事会，制定校企协同技术技能积累规划、协调校企协同资源和利益冲突、督促建设进度，共同推进技术技能积累能力提升。① 另外，工科高职院校建立校企合作部，统筹和协调与企业协同技术技能积累事项；二是建立校企协同信息共享平台。信息共享平台主要包括提供技术信息、人才需求信息、项目咨询信息、市场预测信息和产业发展动态等内容，工科高职院校能适时了解到瞬息万变的市场相关信息，对接企业需求，及时调整资源和优化专业结构，及时更新课程内容；三是加强专业教师与企业技术人员的良性互动。工科高职院校的专业教师与企业技术人员主动建立"朋友圈"，深入协同合作企业，落实"教师每年至少1个月在企业或实训基地实训，落实教师5年一周期的全员轮训制度"②，建立沟通的主动性和深度性。另外，积极参加行业协会牵头成立的校企合委员会也有助于构建基于信息共享和沟通互动的认知型信任。③

（3）构建基于文化认同和战略互信的认同型信任。"促进经济社会和谐发展"是校企共同的愿景与使命，是深化校企合作和产教融合最深远、最底层的动力来源，这也是工科高职院校与实体企业构建基于文化认同和战略互信的认同型信任的基础。④ 一是强化产业文化的"纽带"作用，构建基于产业文化认同的认同型信任。产业文化是高职院校专业文化与实体经济企业文化的连接"纽带"，工科高职院校在专业文化建设中要对接实体经济产业文化的职业精神、专业精神和工匠精神与技术技能传承、业态模式创新、工业软实力提升有机贯穿在人才培养实施过程中，引领和牵引校企协同技术技能积累的文化认同。二是建立校企协同的非正式关系网络。正式校企协同关系主要是校企在技术技能积累活动中结成的长期稳定的官方关系，非正式校企协同关系主要是基于共同的社会文化背景基础上建立的人与人之间的社会网络关系。⑤ 这种非正式校企协同关系由于有很强烈的文化背景认同具有高黏度的认同型信任，如校友会就是加强校企协同技术技能积累认同型信任非正式关系网络。三是建立区域技术服务联盟和职业教育集团加强战略互信认同。随着校企协同技术技能积累不断深化，不同文化背景和产业背景的"协同网络"越来越广，基于战略性平台建立战略互信就是一种顺势而为，也是一种必然趋势。战略愿景的认同感是建立战略性平台的前提与基础，也是各参与方共同合作的重要驱动力，这种内在驱动力引导不同主体积极参与协同创新，确保各个合作主体都能明确自身的定位与职能，并通过协同合作的方式形

---

① 邱德丽.高职院校校企合作理事会制度研究［J］.教育与职业，2019（2）：12-19.
② 国务院.关于印发国家职业教育改革实施方案的通知［Z］.2019-01-14.
③ 吴婷婷.职业教育校企合作失灵的表现、成因与管理调适［J］.教育与职业，2018，923（19）：35-42.
④ 刘锦峰，贺鑫.产业学院：高职院校产教深度融合的新途径［J］.当代教育论坛，2019（3）：96-104.
⑤ 盖文启.创新网络——区域经济发展新思维［M］.北京：北京大学出版社，2002：78-80.

成完整创新生态产业链,建立校企高度融合的和谐生态。①

信任作为异质组织间关系发展的核心,在校企协同技术技能积累过程中起到了非常重要的作用。工科高职院校校企协同技术技能积累信任机制模型如图5-1所示。在初始建立阶段,基于制度保障和协议约束形成制度型信任,校企确认合作关系;在合作巩固阶段,基于信息共享和沟通互动的促进认知型信任,校企深化合作关系;在协同成熟阶段,基于文化认同和战略互信的强化认同型信任,校企稳定合作关系。②工科高职院校与实体企业作为异质组织既存在价值上的冲突,也存在利益上的博弈,因此,建立信任关系需要循序渐进的过程,在协同成熟阶段,校企社会背景和产业文化越接近,组织思维和行为模式越趋同,从而形成具有明显包容特征、能够涵盖各方共享利益的可能性也就越大。这种信任关系能减少校企协同技术技能积累的矛盾和冲突,强化组织行为的连续性和一贯性,校企协同达成共轭共赢效应,促进技术技能积累可持续发展。③

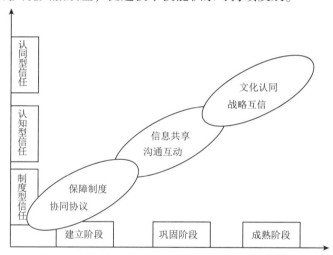

图5-1 工科高职院校技术技能积累信任机制模型

5.1.2 构建组织学习机制,建立协同学习共同体

5.1.2.1 工科高职院校技术技能积累协同学习机制缺失分析

工科高职院校校企协同技术技能积累的过程就是院校与企业组织间进行学习的过程。院校与企业通过技术知识和技术技能共享、转移和传播,就是为了提高双方技术技能积累能力和核心竞争力而采取的组织间互动学习行为。④工科高职院校在协同技术积累过程中被忽略组织间学习主要体现在三个方面:一是专业建设委员会没有开展实质性校企协同专业建设工作。专业建设实行双专业带头人

---

① 王振洪.校企利益共同体的价值取向及其实现路径 [J].中国高教研究,2014 (2):78-80.
② 黄慧化.IPDMC模式下的校企合作信任模型研究 [J].职教论坛,2015 (1):4-6.
③ 刘晓宁.职教集团参与主体的利益博弈与共轭协调 [J].职教论坛,2019,702 (2):16-23.
④ 何亚琼,葛中锋,苏竣.区域创新网络中组织间学习机制研究 [J].学术交流,2006 (2):63-68.

制，其中一个是企业专业带头人，资深实践专家，另一个则是院校专业带头人，由教学经验丰富的教学教授担任，专业建设委员会成员一般7～10人，企业专家占比为40%左右，一般每年至少召开一次专业建设工作会议讨论专业建设与课程改革，但往往名存实亡，造成专业建设不能适应产业的快速发展；二是高职院校功能定位有偏差，认为高职院校功能应放在技术传承，而对技术创新关注不够，造成学校技术技能学习活动与企业技术创新活动没有高效对接。教师没有主动向企业学习，把主要精力放在学生知识增长和思维的完善上面，而企业却认为高职院校的技术创新能力不够，不值得为此向高职院校学习；三是工科高职院校对建立学习型组织缺乏认知和系统的推进。院校在系统思考、自我超越、改善心智模式、建立共同愿景和团队学习五项学习技能上没有强化技术技能积累建设；专业教师在应用技术研究、课程教学改革、创新实践活动等技术技能积累活动中，缺乏共同的愿景，单打独斗，没有形成团队力量，缺乏技术技能知识的分享与传播，跨专业与学科之间联系与交流松散。

5.2.1.2 工科高职院校技术技能积累协同学习机制构建策略

在第四章工科高职院校校企协同技术技能积累现状分析中，加强院校与企业组织之间学习的途径依次是协同制定专业人才培养方案和教学标准（56.8%）、双方协同开发技术项目（54.2%）、企业兼职教师积极参加院校的教研活动（39.5%）、专业教师深入企业调研或以访问工程师的身份参加企业技术改造（32.6%）。组织的学习系统包括三个层次的学习：个人学习、组织学习及组织间学习。工科高职院校组织构建学习机制策略主要通过三个层次来实现。

（1）建立工科高职院校个人学习机制，夯实技术技能积累基础。个人技术技能积累是工科高职院校技术技能积累的基础，要解决工科高职院校技术技能积累面临的专业教师应用技术科研能力较弱问题的关键就是提高个人技术技能积累能力。加强个人技术技能积累主要有三个途径：一是严格执行"专业教师每年至少1个月在企业或实训基地实训"规定，提高专业教师的专业实践能力，深入企业掌握工艺流程的编制、新装备的操作及感知产业发展趋势，该项规定对研究生毕业就加入高职院校教学的缺乏专业实践锻炼的青年专业教师要更严格落实；二是鼓励具有很强专业实践能力和应用技术开发能力的双师型教师企业以访问工程师的身份参加企业技术改造，激励其拥有积累和扩散技能创新，对产业技术创新贡献度大又具有很大影响力的专业教师建立"某某"大师技能工作室，并给予相应的奖励。三是严格执行工科高职院校新聘教师准入制度。德国《高等学校总纲法》规定"职业学院的教师则须具有两年以上企业工作经验、拥有硕士学位并接受2～3年的师范教育"，这条规定是支撑德国职业教育发展强大的重大制度安排。[①] 为了保障工科高职院校的专业教师个人技术技能积累有一定的基础水

---

① 李明慧，曾绍玮.德国职业教育"双师型"教师队伍的培养渠道、经验与启示 [J].教育与职业，2018，926（22）：47－53.

平，严格落实国家职业教育改革实施方案，从 2019 年起，职业院校、应用型本科高校相关专业教师落实"原则上从具有 3 年以上企业工作经历并具有高职以上学历的人员中公开招聘"的规定。另外，在专业教师职称评聘方面，在个人技术技能积累方面设置一定的资格门槛，对在应用技术创新和工艺技术革新中有突出贡献的专业教师给予加分激励。

（2）建立工科高职院校组织学习机制，激发技术技能积累团队活力。一是要改变专业教师心智模式，专业教师学会自我审视，深刻理解高职技术技能积累规律，融入高职教育大环境，发现自己在专业实践能力的差距，更新专业知识结构，提高个人技术技能积累能力；二是工科高职院校要积极搭建组织学习平台，为专业教师提供团体学习、技术协作和交流互动的机会，使教师在交流互动中更新教育观念和提高应用技术研究能力。① 建立项目式团队学习共同体，专业教师通过参与联合项目和课题研发及学院教学活动交流，以知识的共享促进教学和应用技术资源的充分利用及技术技能知识的共享与创新；建立技能大师工作室学习型技术技能积累共同体，共同推进技能创新和高技能人才培养，并通过文字、图像、音频、视频、动画等手段实现编码，把具有缄默性的实践知识显性化并成为其他教师可以分享的知识，保留和传承技能大师的丰富技能，激发技术技能积累团队活力和学习热情。

（3）建立校企组织间学习机制，整体提升技术技能积累实力。一是建立校企协同开展专业建设机制。专业建设实行双专业带头人制度，充分发挥企业专业带头人的产业导师功能，带领专业教师开展实质性专业人才需求和产业结构调整技术升级调研，分析区域经济、行业、企业发展需求及技术技能人才培养规律的特点后，进行专业人才培养方案和课程体系的重构与修订，校企共同推进现代学徒制培养技术技能人才，通过共同开发课程与实训项目等环节实现企业技术技能转化为院校的教学资源的积累，积极将企业内部知识和经验积淀与内化，通过不断总结工作的经验与教训，形成全面、丰富的案例库，将所学知识、技能应用到工作实践中，并持续建设开放共享的交流机制和平台，促进组织智慧的进一步沉淀和创新；二是建立校企协同开发技术项目机制。校企联合开发应用技术项目是工科高职院校与实体企业开展组织间学习，促进知识在组织间扩散的有效途径。按照应用技术创新自身规律，本科院校、省级工程应用技术中心、高职院校、企业围绕产业链，在从实验室到孵化基地再到产业园区，建立一个包含"科学—技术—生产"创新驱动转化链条，有效促进科技成果转化和实现技术转移；三是建立跨学科和专业应用技术研究联合体。工科高职院校与实体企业共建研究实体是最高级的组织间学习形式，也是最紧密、最理想的校企协同技术技能积累模式。充分发挥工科高职院校和实体企业技术技能积累与创新上的优势，共同推进新技术应用和技术技能的积累。院校与企业间通过双边的协同和互动学习，以技术知

---

① 曹振国. 基于学习型组织理论的高职院校教师发展策略［J］. 教育与职业，2019，929（1）：98–101.

识和技术技能为纽带形成复杂的组织间相互依存的学习共同体，弥补了工科高职院校技术技能积累与实体企业的差距。

5.1.3 构建利益协调机制，打造校企利益共同体

"人们奋斗所争取的一切，都同他们的利益有关"。① 在工科高职院校校企协同技术技能积累过程中，其实也是利益分配和协调的过程，从建立协同伙伴关系开始，双方的利益就是一个不断博弈的过程。事前的利益分配制度决定着事后参与者创新努力的程度，② 因此，构建科学合理利益协调机制，能激发校企参与技术技能积累的主观能动性。

5.1.3.1 工科高职院校技术技能积累利益协调机制缺失分析

在工科高职院校校企合作技术技能积累过程中，合作各方冲突源调查结果依次排名，参与动机不一致导致冲突（67.9%）、利益分配失衡导致冲突（64.7%）、信息和认识差异引起冲突（47.4%）、价值观、文化背景等的差异性导致冲突(45.8%)和外部环境变化导致冲突（16.7%）。另外，对工科高职院校校企协同技术技能积累中利益分配因素影响依次是参与合作方投入的财务、物力和时间（62.2%）、市场状况（59.6%）、项目投资规模（55.1%）、预期绩效（51.3%）、技术风险(48.1%)和技术先进程度（37.2%）。从调查结果中可以分析出，利益分配的不平衡是校企合作双方冲突的主要来源之一，导致利益冲突的因素主要是投入与预期的收获有落差，此外市场与技术风险等外部不确定也是利益分配影响因素。工科高职院校技术技能积累利益协调机制缺失原因主要有三个：一是校企协同技术技能积累平台是一个利益耦合松散组织，没有建立完善和严密的职责与利益体系，在利益协调、分配和执行中，"利益链"和"指挥链"无法链链相扣；二是技术技能积累过程是一种教育活动，教育的投入产出绩效与企业的投入产出绩效无法对等，教育活动的公益性决定"立德树人"是无可撼动的评价价值原则，与企业的表层的、次要的、暂时的、局部的利益存在难以调和的冲突。因此，在与学校协同技术技能积累最初的动机就追逐利益最大化的企业很难把"育人"融入技术技能积累价值链中。③ 这样的企业在协同过程中，肯定是有利益"损害感"的；三是在签订协同协议中利益相关方"权责利效"不对等。主要体现在顾及学生利益方面有失公允，院校的技术开发能力没有达到预期能力影响持续的合作，企业知识产权保护过度，企业争夺技术创新的主导权，知识产权不清晰，企业不愿意转让市场前景好的技术等，在校企协同技术技能积累过程中，缺乏基于"契约"约束的利益均衡保障机制。④

---

①马克思，恩格斯.马克思恩格斯全集：第 1 卷 [M].北京：人民出版社，1956.
②蔡宁，周颖.协同创新：浙江国有企业发展之路 [M].杭州：浙江大学出版社，2008.
③苟兴功，余洪英.高职院校校企合作办学体制改革与机制创新 [J].教育与职业，2016（6）：41-44.
④刘任熊.高职院校构建产教融合有效运行机制的现实困境与路径选择——基于江苏经贸职业技术学院的实证研究 [J].职业技术教育，2017（32）：17-20.

5.1.3.2 工科高职院校技术技能积累协同利益机制构建策略

在工科高职院校校企协同技术技能积累过程中，不同层次、类别的利益相关者，对技术技能积累都有不同的利益和价值诉求。在工科高职院校进行校企技术技能积累中，高职院校主要目的依次是培养人才（97.4%）、组织发展需要（85.3%）、技术应用成果转化（41.0%）、提高知名度（34.5%）、生存压力（27.4%）、政府的政策（12.2%）和获得政府或其他途径的各类补贴（9.6%）。但从企业视角分析，利益的关注度比院校要高很多，社会利益、政治利益与经济利益等都是企业考量的因素，当然，利益不是全部，但也正是因为"利益"的存在才推动各方主体愿意参与到技术技能积累中，利益机制是技术技能积累良性运转的纽带。① 因此，校企双方通过相互认可的、有约束力的协议及有效磋商、协调和合作博弈的方式，构建技术技能积累校企协同利益平衡机制，保障校企双方释放出无穷的能量及创造力，推动双方可持续协同发展。②

（1）探索建立混合股份制的校企协同模式。探索混合所有制办学深化办学体制改革，鼓励社会力量以资本、知识、技术、管理等要素参与公办高等职业院校改革。试点社会力量通过政府购买服务、委托管理等方式参与办学活力不足的公办高等职业院校改革。鼓励民间资金与公办优质教育资源嫁接合作，在经济欠发达地区扩大优质高等职业教育资源。鼓励企业和公办高等职业院校合作举办适用公办学校政策、具有混合所有制特征的二级学院。③ 鼓励专业技术人才、高技能人才在高等职业院校建设股份合作制工作室，以企业的用人需求为导向，由企业与职业学校共同建设独立运行的教育实体，双方共同投入资源，并将各自投入的资源折算成相应的股份，双方共同承担责任和义务。建立育人成本分层分摊的校企合作模式。例如，校企合作过程中通常由企业负责提供市场需求信息，教育内容的适应性成本和风险应当由企业承担；技术攻关和研发通常由职业学校负责，相关研究的可行性及其产生的成本和风险应当由学校承担。此外，要切实降低企业参与职业教育校企合作的成本，强化产权保障。校企合作不可避免地会涉及产权问题，如果产权界定不清晰，合理权益就无法得到有效保障。逐步将成员之间的关系从松散的契约关系转变为紧密的资产关系，需要从政策、规章和资金等方面加强引导，企业和高职院校只有找准彼此的利益需求，产生利益共振，才能校企"共舞"。④

（2）建立以行业组织为主体的第三方协调服务机制。重点要做好两方面工作：一是由行业组织牵头建立职业教育校企合作行业指导委员会，搭建校企合作平台。行业指导委员会可以将自身职能定位于权威信息发布、人才培养及行业标

---

① 崔平.关于职教集团发展中的利益诉求与风险控制机制［J］.职教论坛，2012（26）：9-11.
② 罗伯特·克瑞尼.管理学原理［M］.姜思琪，等，译.北京：清华大学出版社，2012.
③ 教育部.关于印发高等职业教育创新发展行动计划（2015－2018年）的通知［Z］.2015－10－21.
④ 周哲民，张孝理.职业教育集团化办学的探索与实践［J］.职业教育旬刊，2013（2）：5-8.

准制定、资源适配、合作渠道拓展等，同时承担校企合作激励机制、监督评估机制、管理协调机制构建的职能，推动职业教育校企合作的规范化发展。二是由行业组织牵头建立校企合作服务机构，为校企合作提供全方位、专业化的服务。要解决校企合作难的困境，国家应当肯定和尊重企业在校企合作中的正当商业利益诉求，对企业进行合理补偿，以构建校企合作利益共同体。① 校企利益共同体是有共同或相互认同的价值观念、共同目标的高职院校和企业，以校企双方利益为基础，由学校或学校的一个优势专业或专业群与区域内相关行业领域内产业链长、成长性好的企业集团或多家企业共同建立的联合实体。②

（3）建立校企相互认可，既有约束又有激励的利益平衡机制。根据加里·贝克尔的理论，只有当企业的特殊技能或应用技术对企业自身有不可替代价值且处于短缺时，企业才愿意与学校共同承担成本，有了这个利益平衡点，企业和学校才能进一步搭建校企技术技能积累平台。③ 工科高职院校通过校企协同技术技能积累院校取得的具体成效调查结果依次是，提高了学校社会服务能力和贡献力（73.1%）、提高了学生的专业能力和职业素养（67.3%）、提升了专业教师实践能力（66.7%）、推动了专业改革和课程建设（62.2%）、提高了专业的知名度（13.5%）、创造了可观的经济利益（3.8%）。工科高职院校共享企业软硬件资源优势提高了学校社会服务能力和贡献力等软实力，如有效解决了实践教学资源滞后于行业企业发展的问题；促进了毕业生更好更快地实现优质就业；实时适应行业产业发展动态与趋势调整专业人才培养方案，弥补技术技能人才供给侧与需求侧的差距；通过企业的专业实践锻炼和参与工艺技术改造提高了专业教师的双师能力。企业可以通过校企双元育人降低了劳动力成本，减少了社会招聘和人才培训费用；依托职业院校对职工进行在岗培训和在职教育，提升职工的素质和能力；借助高职院校的应用技术条件与技术服务能力，提升技术创新和工艺改造能力；通过促进校企协同创新和应用技术成果转化及应用，增强企业市场竞争力。④ 总之，通过平衡和协调校企之间的利益诉求，合作共赢，最大限度地发挥各自主体作用和主观能动性，增强高职教育发展内生动力和创新能力，促进共生共荣和利益共同体的实现。⑤

5.2 校企协同组织变革

现阶段推动我国经济高质量发展的前提是高质量人才供给，而我国教育领域

---

①肖凤翔，陈玺名.职业教育校企合作难的根源及其对策研究——基于校企基本利益冲突视角[J].天津大学学报：社会科学版，2016（1）：69-73.

②王振洪.校企利益共同体：实现校企利益诉求的有效载体[J].中国高教研究，2011（8）：83-85.

③石曼，刘晓.职业教育服务产业转型升级的现状与对策研究[J].教育与职业，2014（15）：5-7.

④万伟平.职业教育校企合作长效机制的形成机理——基于利益相关者理论的视角[J].广东技术师范学院学报，2018，39（5）：13-16.

⑤姚树伟，谷峪，王冰.职业教育发展中的冲突及其治理[J].职业技术教育，2013（16）：63-67.

人才培养供给侧在结构、质量、水平上还不能完全适应产业需求侧，为了精准对接人才培养供给侧和产业需求侧，国务院办公厅印发了《关于深化产教融合的若干意见（〔2017〕95号）》，旨在通过深化产教融合，促进教育链、人才链与产业链、创新链有机衔接，推进人力资源供给侧结构性改革，构建政府统筹规划、企业重要主体、人才培养改革主线、社会组织等供需对接作用"四位一体"的产教融合发展大格局。产教融合可以定义为一种由院校、企业、政府等多方参与，以满足社会对高素质技能型劳动力需求为目的，以互信合作为基础，以多方共赢为动力，以项目合作为载体，通过对各主体优质资源的共建共享、整合优化实现多主体协同育人的社会组织形式。① 深化产教融合的核心是和教育界资源共享，协同育人、协同研发创新，构建人才培养共同体和学术创新共同体。高职教育是跨界教育，深化产教深度融合更是高职院校工学结合人才培养模式改革、提升社会服务力、支撑区域经济发展和贯彻高素质创新技术技能人才供给侧结构改革的唯一选择。为了适应政策环境和经济环境的变化，工科高职院校的组织结构必须及时优化和变革，建立起与行业、企业及科研机构、社会组织等协同育人、协同研发创新的构架体系及构成多元治理的工科高职院校完整的多元治理结构，构建学院理事会、产教融合联盟、校企双主体二级学院和混合等多种形式，组成政府、学校、行业企业和社会组织多元主体的办学新体制，大力探索推进目标结合、过程结合、管理结合和利益结合的办学共同体；在体制机制有效突破基础上，通过构建科学高效的制度体系、标准体系和质量保证体系等建设，对专业设置、改造和优化、课程教材方案、人才培养方案、双师队伍和实训基地建设和管理实行全方位的改革和优化，使育人工作紧贴企业和岗位需要，科技研发紧盯技术进步升级，技术技能积累与创新紧跟产业发展需求，实现专业群精准对接产业链，人才供给精准对接产业技术技能人才需求。

5.2.1 工科高职院校组织与经济环境关系

工科高职院校组织处于社会生态系统中，与政治、法律、经济和社会等各个层面组织在很多方面进行能量、信息和资源的交换，并且会产生相互依赖关系。② 从产业演化与办学逻辑上看，产业需求生出办学定位，要求职业教育坚定地走高素质技术技能人才培养的办学道路；产业结构生出办学面向，要求职业教育应走出校园与社会融合发展，主动服务地方产业经济建设；产学合作生出办学模式，要求职业教育因地制宜深化产教融合办学模式，与产业发展协调互动。政府要从系统的制度设计与改革入手，破除制度障碍，有效协调各方利益，要鼓励并引导职业院校积极推进混合所有制改革，允许企业以资本、技术、管理等要素依法参与职业教育办学并享有相应权利，③ 要将学校办进企业、办进园区，打破

---

① 邱晖，樊千. 推进产教深度融合的动力机制及策略［J］. 黑龙江高教研究，2016（12）：102–105.
② 陈樱花. 公共组织与环境的互动分析［J］. 云南行政学院学报，2004（4）：75–79.
③ 白逸仙. 高水平行业特色高校"产教融合"组织发展困境［J］. 中国高教研究，2019（4）：86–91.

围墙的阻隔，形成"学校+园区""教室+工坊"等组织模式。高职院校作为现代大工业的产物，与产业经济紧密耦合，高职院校的发展，一方面，严重依赖区域产业的现代化程度，经济环境和产业政策对高职教育发展产生强烈的渗透作用。另一方面，高职教育发展快慢又反作用于产业的振兴，其贡献度和社会影响力影响以后的经济决策和产业政策。在六部门印发的《现代职业教育体系建设规划》中，要求推动行业、企业和社区参与职业院校治理。职业院校设立理（董）事会，设立专业指导委员会。《职业院校管理水平提升行动计划（2015—2018年）（教职成〔2015〕7号）》的出台，推进和提升高职院校整体管理水平，一个好的治理结构会对应一个好的教学管理体制。学生和教职工在一个合理、有活力的制度体系下，才能够发挥自身的主动性；实现师生的有效互动、资源的有效配置、学术的自由交流，才能够创造出新的科研成果，从而提高院校的办学质量，提升院校的竞争力，对高职院校自身而言，院校治理体系具有开放性，参与主体具有多元性的好的治理结构不仅能提升院校内部治理的效率，同时，还能提高院校办学水平和技术技能积累与创新水平。

5.2.2　工科高职院校组织变革内涵与原则

组织变革理论最早是由劳伦斯和骆奇（Lawrence and Lorsch）提出的，其核心观点是任何组织的结构和职能必须以组织所处的外部或内部的许多环境因素为基础，并依基础的不同而不同。它是系统设计思路的一个重要分支，其核心思想是强调设计决策取决于环境条件，是对环境权衡的结果。它的一个总的前提假设：即认为内部特征与所处环境的要求相匹配的组织适应性最强。它融合了理性系统和自然系统两种思路，其融合的途径在于环境与组织的不同适应性，而帕森斯的 AGIL 模型则认为"组织就必须形成这样的结构，它能够适应所在环境并调动生存所需资源。组织的安排要使其能够设立和实施自己的目标；能够找到合适的途径博得成员的忠诚，调动他们的积极性，以及协调各个不同部分的运作；还要建立应对传承问题的机制，提高对组织价值和产出目标合法性的认同"。任何一个组织可以自给自足，为了生存，组织必须与外界环境进行交换，即组织对环境有依赖性。组织在制定战略时，组织最高层管理者应积极审视外部的相关环境，制定用来改变和适宜环境的各种战略，寻求机遇，与环境进行资源交换，实现资源的最佳配置。为了适应国家的高质量经济发展战略和深化产教融合政策，高职院校应将变革之剑刺向组织机构，其组织结构要能从整体上凸显职业教育跨界建构的特征，因此，高职院校组织结构与普通大学相比有着它的特殊性，以即服务区域经济发展为己任，以促进就业为导向，与工商界建立紧密的耦合关系，打破现阶段高职院校"学校—系部—教研室"的线性组织框架和按不同业务集合可分为党群、校务、教学、科研、人事、学生、财务、后勤等职能管理部门的组织结构。对接企业按照生产经营流程构建组织结构，对接企业需求培养技术技能，对接产教融合政策深化校企合作，对接产业结构调整专业群结构，工科高职院校在适应政策环境和经济环境进行组织变革时应把握以下三个原则：

5.2.2.1 跨界性原则

跨界性是职业教育的本质特征，产教融合是高职院校发展的内在性要求。产教跨界性原则要求高职院校组织结构的变革既要符合产业发展的需求，又要匹配高素质创新型技术技能人才培养的内在规律。

5.2.2.2 变革性原则

变革性是高职院校组织结构变革，不仅要适应区域经济环境和技术环境的变化，而且要依据学校自身的优势和历史沉淀，在组织结构变革上体现差异性、独特性、地方性和区域性等核心竞争力要素，实现差异发展。

5.2.2.3 系统性原则

系统性是指高职院校组织结构所涉及的层级结构、二级单位划分、二级单位组织边界、二级单位责权分配、内部协调机制五个核心环节的变革需从系统和要素、要素和要素、系统和环境的相互联系、相互作用中综合进行设计和实施。

5.2.3 工科高职院校组织变革策略

工科高等职业院校作为实施高等职业教育的主要机构，在面对中国经济转型发展对职业教育的新要求中应考虑怎样才能通过顶层设计与优化组织架构促进职业院校的内涵式发展，助力技术技能积累水平提升。高校组织结构形式主要有直线职能式、事业部式和矩阵式三种结构。为适应经济环境和技术环境的快速变化，工科高职院校组织结构正在从传统的金字塔结构向扁平化和矩阵化方向变革。

5.2.3.1 构建高职院校理事会促进产教利益相关者融合

严格依照高职院校组织结构变革跨界性原则建立和完善具有职教特色的组织结构顶层设计，其中，决策层非常关键。构建全行业企业、科研院所、社会组织等多方参与院校内部治理的高职院校理事会，实现多元主体共同治理、共同育人的办学模式，实现各权力方在权、责、利上的协调、配置、制约和平衡，在学院的重大决策上实现产教联盟，从而为深化产教融合构建了战略保障。教学改革的推进，生产性实训、工学交替、顶岗实习等教学模式的实行，给高职院校管理机制带来了严峻的挑战。组织结构的设计是高职院校管理机制创新的出发点。随着社会发展和环境变化，组织由静态结构向动态结构转化，高职教育组织结构也将采取扁平化、柔性化、团队化、边界模糊化为特征的新型的矩阵职能制组织结构，校企合作为背景改造组织机构、以无边界管理为目标，打破组织壁垒、以制度创新为手段激活组织功能。

5.2.3.2 重构扁平化组织结构加速产教融合在教学基层扎根

传统的金字塔组织结构是目前高职院校内部治理和学校管理制度的基础，其基本核心是单向联系、垂直管理，行政权威得到了贯彻，但条块分割很难使产教融合在教学基层中推行实施。高职院校重构扁平化的组织结构有利于及时响应产业变化，迅速调整专业结构和课程体系，有利于激发专业教师创造精神聚焦应用技术创新，有利于尊重一线教学科研机构自主权，积极发展跨专业教学和应用技术研究和推广，有利于打破高职院校二级学院行政化管理的格局，建立以课程开发和应用技术推广的绩效激励制度，建立相对柔性的课程团队界限和实现基于岗位培训模块需求的校企师资整合。探索校企双主体或混合所有制，引进符合企业行业的管理标准与流程，实现学校专业与企业岗位、课堂教学与车间实训、学校管理制度与企业行业管理体制机制。通过组织结构的扁平化、网络式关系重组和一些非行政性组织的设立实现了学校组织的形态变革，进而提升了基层组织发展空间。高职院校的组织结构再造应该在知识管理时代的特定环境中，把告知的组织任务与其职能部门、职权和规范进行扁平化匹配，注重学术权力和行政权力的适当分离，突出学术权力在学校管理中的重要地位，确立以提升学校核心竞争为主的组织结构的支撑点。

5.2.3.3　再造组织管理流程提升产教融合深度和效率

基于"互联网+教育"探索和实践产业需求为导向的服务理念，在扁平化的互联网化的环境中变革工科高职院校组织结构和再造管理流程，提升产教融合深度和效率。随着信息技术的进一步发展，数据是最重要的资源，围绕大数据优化和再造管理流程已经成为提升现代高职院校组织能力的不二选择。建立 CRP（校园资源管理计划）"精准"管理体系，把教学、学生、后勤、安全、技术服务、社会培训、人事、财务和资产各个业务系统的数据集成和融合，通过信息化手段把校企资源、合作项目、管理流程、管理标准和协同方法等要素固化到信息系统中，从而实现了内控体系精细化、程序化、透明化、常态化和规范化，节约了办学成本，提升了管理效率和决策水平。基于应用流程和技术项目驱动理念深化产教融合，有利于跨专业的技术服务和培训管理，助推了学院校企合作和工学结合更加紧密，提升了技术技能积累与创新水平。

5.3　协同共建专业课程体系

《国家职业教育改革实施方案》中明确指出："经过 5~10 年左右时间，职业教育基本完成由政府举办为主向政府统筹管理、社会多元办学的格局转变，由追求规模扩张向提高质量转变，由参照普通教育办学模式向企业社会参与、专业特色鲜明的类型教育转变，大幅提升新时代职业教育现代化水平，为促进经济社会发展和提高国家竞争力提供优质人才资源支撑"。高素质技术技能人才需要优质课程体系支撑。优质课程体系建设与优质高职院校体系建设、高效教育管理体系建设同被视为是教育领域的三大构成要素，尤其是优质课程体系建设，在职业教育领域体现得更为明显，是一项对提高教学质量具有深远影响的基础工程，也是职业院校提升吸引力和贡献力的基石体系。优质课程体系必须分析自身学生的特点和就业市场中的定位，建立和完善适应职业教育类型的课程类型。杨金土指出，一定的课程类型是一定教育类型的本质内涵，课程类型决定了教育类型，只有一定的课程类型才能体现一定教育类型的质的规定性。① 课程是为培养人才服务的，不同人才类型的培养在于有不同类型的课程为支撑，职业教育与普通教育培养的人才类型的不同决定了两者在课程上有本质上的区别。

5.3.1 协同共建专业课程的内涵

工科高职教育课程的开发是一个系统工程，它涉及规划、编制等一系列的过程。其强调的是一种技术能力，一种操作能力，一种职业定向性。它所对应的往往不是一门课程科目，而是两门甚至更多课程的综合或关联，是与社会体系密切关联的弹性化、个性化的课程体系。课程目的在于培养出规格对路的优秀的技术人才，是联接工作岗位的职业资格结构与职业教育机构的培养目标结构（即学生所获得的相应的从业能力结构）的有效桥梁，是为学生的持续发展提供基础的重要方式。

校企合作和工学结合成为职业教育的必由之路，既是职业教育的外在办学特色，也是职业教育的内涵发展的必然要求。因此，基于职业素养教育的高职课程在课程体系结构"模块化"的基础上，将每一模块课程以"项目化"形式组织呈现，用"工作过程"和"问题导向"催生项目实施，以"项目"促进实际生产、教学问题的发现、解决、创新。课程的有效实施，离不开高水平的师资队伍，落实校企导师互聘互认长效机制，共同开发、管理、实施课程教学资源。同时，多采用案例分析、仿真模拟、行动导向等教学方式，多开展小组学习、团队学习和教学做一体化教学，让学生在做中学，学中做，以学习者为中心组织。技术的进步使劳动者的工作任务从简单变为复杂、从单一变为综合，传统、简单、重复的岗位技能性任务正被复杂的、整体性的、综合性的、以解决问题为导向的任务所代替。这就要求劳动者不再完成"不动脑，只动手"就能完成的熟练性技能操作，劳动者必须能根据不同的情况、自身的经验和工作过程知识做出判断、制订计划、从多种可能性方案中选出最适宜的办法来解决任务，必须具备解决复杂的、综合性任务的能力。在课程建设中，要站在以生为本，实现人的全面发展的战略高度，如果学生在校学习三年，那么学校就得为学生想三十年，在课程设计、教学组织和教学评价等课程建设环节上既要着眼于学生专业技能等显性能力的提高，又要着眼于促进学生专业方法和社会能力等隐性能力的提高。以学生发展为本，是以人为本理念在教学管理和教学过程中的具体运用，它强调尊重学生的独立人格和个性发展，保护每个学生的自尊心，帮助每个学生充分挖掘和激发潜能、发展个性和实现自身的价值，从而促进学生全面发展。兼顾教育哲学的"政治论"和"认识论"，不仅要培养技术精湛的劳动者，更要培养具有当代社会文化底蕴的完整的人。总之，要通过教育教学促进学生的全面发展。校企协

---

①杨金土. 课程类型是教育类型的本质内涵 [J]. 中国职业技术教育，2006 (13)：14-15.

同开发课程的基本内涵：基于"来于企业高于企业"的理念，选取和提炼典型的工作任务或工作项目作为课程的内容的同时兼顾职业资格标准。学生以小组形式自主完成从项目问题分析、实施方案、任务分工与协调、任务成果品质和过程评价等系列完整的工作过程，学生从而获得真实的职业情境和岗位工作感悟的课程模式。学生通过对工作的对象、内容、手段、组织、产品、过程和环境所进行的整体化熏陶和反思，实现学生的职业素养和情感态度，如团队合作能力、危机处理能力、文字表达和处理能力及专业思维方式得到高效的培养的教育目标。

5.3.2 基于职业活动导向的专业核心课程开发

5.3.2.1 依据职业成长认知规律和技能获得规律构建以基于职业活动导向为主体的专业核心课程体系

高职教育的人才培养目标定位是培养生产、管理、服务生产第一线的能解决工作实际问题的高素质技术技能型人才，因此，专业课程体系建设的出发点是实践体系，而实践体系来源于工作体系。若要有效地培养职业能力，则必须把专业课程体系对接工作体系，从工作体系中选取和重构专业核心课程体系。

5.3.2.2 依据能力递进规律设计培养综合专业能力和技术思维的基于职业活动导向课程

基于职业活动导向课程基于工作的学习和基于学习的工作的理念，其整体设计是一种基于工作任务的课程，充分展现了职业性、实践性和开放性的要求。基于职业活动导向课程的教材开发依据能力递进规律排列课程序列，采用便于学生自主学习的课业方式组织课程内容，坚持教学做合一的教学原则，按照工作过程六步骤"资讯—决策—计划—实施—检查—评价"实施以学生为主体的行动导向组织教学方案。

（1）课程目标。基于职业活动导向中课程围绕专业知识、技能和态度三个维度的课程目标，把工匠精神的培育纳入人才培养目标中，把学生工匠精神的培育融入立德树人和思想政治教育中，把学生工匠精神的培育与专业技术技能教育融合渗透，提升学生的专业综合素养。

（2）课程结构。基于职业活动导向课程的结构设计服从于课程的课程任务和课程目标。在分析职业岗位（群）工作任务的基础上，按照工作任务的相关性整体设计教学情境，课程结构采取行动体系框架下形成的扁平结构。在"理论够用"和"实践主线"的理念支撑下，每个项目应该有其培养能力的侧重点，同时，要注意各分项目及各子项目之间的开放性、逻辑性和递进性。

（3）课程内容。课程内容选取是基于职业活动导向课程设计开发的核心，以典型工作项目为载体，是相对完整的一个工作体系，基于职业活动导向课程序列主要以工作任务的难易程度或工作任务在工作过程中的先后次序为逻辑线索，而不是以学科体系的逻辑为线索来展开。每个项目都包括显性能力和隐性能力的培养相结合，实践知识和理论知识培养相结合，专业思维和职业精神培育相结合。知识内容的排序要结合学生的心智发展和能力递进规律来进行。

5.3.2.3 职业活动导向课程教学组织采用行动导向教学模式

行动导向教学模式坚持教学做合一的职业教育教学原则，以学习者为中心，职业精神至上，职业态度优先发展，学会团结协作与分享共赢，学会以技术思维激发技术创造力培育，同时，又充分体现职业教育的人文理念。职业活动导向课程在建构主义教育思想指导下基于行动导向组织教学。依照"来源于工作又高于工作"的理念从实际的工作过程选取和提炼教学项目。在教学组织方面，以"情境导入、项目引领、任务驱动"为主线，采用以小组合作实施项目和集中教学相结合、教师主导教学和学生自主学习相结合、自我评价和小组评价相结合的教学组织形式，按照工作过程步骤实施教学，真正地体现了"绝知此事要躬行"的过程。强调"获取—反思—内化—实践"的反思性实践过程中，将专业技能与职业精神相互渗透和融合，从而实现学习模式与工作模式无缝对接。职业活动导向课程以学习者为中心。面向每个学生的个性发展，尊重其发展的特殊需要，其在行动过程中所产生的丰富多彩的学习体验和个性化的创造性活动。教师由讲授者转变为指导者、评价者、管理者和咨询者，因此，要求教师具有项目（情境）设计能力、学习状态的评价能力和项目活动的指导能力。

5.3.2.4 职业活动导向课程导入工作评价机制，建构三个评价相结合的学业评价

显性能力评价和隐性能力评价相结合。美国的卡耐基认为，一个人在事业上的成功，基于专业技术上的因素占15%，另外的85%则靠人际关系，即与人相处和合作的品德和能力。对于高职院校来说，以"能力为本位"不能片面理解为仅是学生专业知识和专业技能等显性能力的提高，在培养定位和培养规格上，职业精神尤其是"工匠精神"等隐性能力的培育不能忽视，因此，在学业评价上，学生的道德的涵养和善良的品格、遵纪、协作、勇于创新、精益求精、乐于实践等多方面的评价权重应在30%以上，只有将这两方面的有机融合，才能把"以生为本"的理念落地生根；形成性评价与终结性评价相结合。由于项目课程的教学项目选取遵循职业成长规律和教育规律，以简单、单项能力（技能）到复杂、综合能力（技能）导向重构课程结构和设计学习情境，必然要求以动态的视角分析和处理评价数据，因此，在每个项目结束时都要对学生的学习过程进行评价，每个实施过程的严谨和完美保障了最终教学目标的达成，同时，项目的实施最终体现在成果的品质上，因此，终结性评价至关重要，只有将过程性评价和终结性评价两者结合起来，才能客观地评价项目教学的质量并促使和引导最终教学目标的达成；小组评价与个体评价相结合。小组协作学习是项目课程的常态教学组织形式，在开展项目实施过程中，小组成员在组长的主导下相互协作实施项目活动，为了激发班级各小组之间的竞争意识，促进小组成员间互动关系的形成，培养学生的团队合作精神，因此，要对各个小组进行总体评价，同时，也要突出个体的作用和表现，对学生个体进行独立评价，把学生在小组中的表现作为

其个人评价的重要组成权重，激发每个学生的创造力。注重理论考核与实践考核相结合并突出实践考核，过程考核与终结考核相结合并突出过程考核，学业成绩考核与学习态度考核相结合并突出学习态度考核，从而真正体现集诊断、导向和激励等功能于一体的多主体、多层次的评价体系。[①]

5.3.3 校企"双元"合作开发教材

5.3.3.1 推行"双主编制"开发校企"双元"合作开发教材

我国将建设一大批校企"双元"合作开发的国家规划教材，倡导使用新型活页式、工作手册式教材，并配套开发信息化资源。鼓励职业院校与行业企业探索"双主编制"，及时吸收行业发展新知识、新技术、新工艺、新方法，编写一批精品教材。职业教育教材更新频度已调整为每三年修订一次，其中专业教材还要随信息技术发展和产业升级情况及时动态更新，进一步完善教材编写、修订、审查、选用、退出机制。

5.3.3.2 纸质书和虚拟现实仿真资源建设同期策划和同步推出

在实现理论知识内容数字化创意的同时，将其同步贯彻到教学资源的虚拟现实仿真教学建设中，通过立体化 VR（虚拟现实）/AR（增强现实）资源来还原职教课程建设思路，纸质书籍只是课程建设的固化成果之一，实训教学才是应充分发挥职教教学体系赋能学生的特点，优势互补。职业教育本来就不应该以学历为导向，必须坚持以就业为导向办学，职业院校应安于职业教育定位，专注培养毕业生过硬的职业技能。手持移动数码产品和5G无线网络覆盖的普及，充分发挥了虚拟仿真实训教材在移动学习、远程学习、在线学习、泛在学习等领域的优势。充分调用手机、平板电脑等移动终端；建设实训教学云平台，将教学资源数字化的方式保存在私有云端，并借助二维码、虚拟现实仿真等技术，将实训教材资源和书籍内容有机地结合起来。

5.3.3.3 突显类型教育特色，寓教于乐，增强趣味性，为学生综合素质和能力赋能

对职业教育而言，赋能学生不是教些书本上的知识、考考试、发一张文凭了事，而是作为一种教育类型，必须走出自己的路——一条糅合产教融合、校企合作、工学结合、知行合一，突出实战和应用，适应经济社会需求的道路，如此，职业教育才称得上给学生提供了有价值的教育。丰富的载体形式给予教学内容更广阔的展示空间，通过这些更为多元化的表现形式，可以有效提升课堂的活跃互动程度，在一定程度上强化教学效果。职业技能和其他为完成职业任务所需要的相关素质，不是老师一讲就会的，必须经过反复、大量的实际操作或现场实施，才能形成和提高。知识也是如此，必须在实际运用中才能牢固掌握。职业教育课程教学的主要功能不应是传授知识，而应是组织学生进行职业能力实训。前者是

[①] 金凡路.职业教育立体多元化项目主题式教学评价构想［J］.职教论坛，2013（3）：61-64.

以教师为主体的，后者则是以学生为主体的，因此，课堂教学设计重点应放在如何调动和促使学生在课堂上积极参加职业能力实训上面，包括训练目标的把握、实训项目的选择、训练活动的过程控制及考核等。

综上所述，开发职教教材配套的职教实训教材，可以较好地实现"便于教，易于学"的授课目的。与此同时，立体化出版的多介质传播，职教以知识点/技能点为基本颗粒度，以整个专业的知识/技能树为整体架构，系列元数据对素材实现系统化管理使每个素材都能被便捷地查询和调用，也有助于实训教材建设成果在更大范围传播。

5.4 协同推进现代学徒制人才培养

近年来，现代学徒制模式已成为国家发展职业教育的重要战略。2014 年 8 月，教育部印发《关于开展现代学徒制试点工作的意见》，决定在全国试点探索现代学徒制，并制定了工作方案①。2015 年、2017 年和 2018 年，教育部又先后遴选了 562 家单位作为现代学徒制试点单位和行业试点牵头单位②③④。2019 年 1 月，国务院印发《国家职业教育改革实施方案》，强调借鉴德国双元制等模式，促进产教融合校企"双元"育人，推广现代学徒制人才培养模式。⑤

5.4.1 基本内涵

现代学徒制是与现代学校教育相结合的一种职业教育制度⑥，以"稳固的师徒依附关系"为核心，以"校企交替结构化组织"为基础，以"工学结合为职场做准备"为主要内容。"稳固的师徒依附关系"是指通过合同规定，学徒在一定的时间内依赖企业师傅传授技艺，并强调教学期间要承担各自的责任和义务。"校企交替结构化组织"是指通过学校和企业交替进行的系统化和结构化教学组织，以发挥校企各自资源优势，共同培养德技双馨的应用型技术技能人才。"工学结合为职场做准备"包括两方面内容，一是企业师傅通过言传身教，提高学生专业实践能力，为即将进入的岗位所属职业做准备；二是企业师傅通过精神传承，提升学生可迁移的职业素质，其中职业心理素质是关键。⑦ "现代学徒制"源自制造业高度发达的英德等先进制造强国。它最鲜明的特色，是通过职业院校与企业的深度合作，教师与师傅的携手传授，共同培养社会所需要的技术技能型

---

①教育部. 关于开展现代学徒制试点工作的意见 [Z]. 2014 – 08 – 25.
②教育部. 关于公布首批现代学徒制试点单位的通知 [Z]. 2015 – 08 – 05.
③教育部. 关于公布第二批现代学徒制试点和第一批试点年度检查结果的通知 [Z]. 2017 – 08 – 23.
④教育部. 关于公布第三批现代学徒制试点单位的通知 [Z]. 2018 – 08 – 01.
⑤国务院. 关于印发国家职业教育改革实施方案的通知 [Z]. 2019 – 02 – 13.
⑥张莉. "现代学徒制"人才培养模式与"工匠精神"培育的耦合性研究 [J]. 江苏高教, 2019 (2): 102 – 105.
⑦刘育锋. 论学徒制的本质属性 [J]. 中国职业技术教育, 2018 (36): 5 – 10.

人才。在德国"双元制"具体操作过程中最重要的是教育合同的签订，该合同规范了受教育者和企业的教育责任，也保护了双方的权益。教育条例规定了受教育者在企业应习得的职业行动能力，企业可以根据自身情况在各自的教学计划中体现条例规定。这正是德国制造业技术技能人才辈出、创新不断、质量一流的关键，值得借鉴和学习。

5.4.2 典型案例

湖南电气职业技术学院（以下简称"学院"）是全国高职电梯工程技术专业实训教学条件标准牵头制定单位，"电梯工程技术专业"是全国职业院校装备制造类示范专业点，"电梯工程技术专业群"是湖南省一流特色专业群建设项目。学院与奥的斯电梯公司（以下简称"奥的斯"）合作成立的校企双主体"奥的斯电梯技术学院"，积极探索与推行现代学徒制人才培养模式改革不仅为国内培养高素质技术技能人才，也为东南亚输送高素质技术技能人才，为国家"一带一路"倡议服务。奥的斯电梯公司总部位于康涅狄格州法明顿，拥有 6.1 万名员工，既是安全电梯和扶梯的发明方，也是全球专业的人员输送产品生产商和维护商。其生产的产品包括电梯、自动扶梯和自动人行道，为 200 多个国家和地区提供产品和服务，并维护着全球 190 多万部电梯和自动扶梯。在中国，奥的斯电梯（中国）投资有限公司在天津、北京、上海、广州等地设有多家合资企业，并在天津、广州建有制造基地及研发中心，服务网络覆盖全国各主要城市和地区，为客户提供电梯、自动扶梯及自动人行道的生产、销售、安装、维修保养及现代化更新的一体化服务。奥的斯已与我国近 50 家院校实现校企合作办学，其中战略合作院校超过 10 家。2015 年，学院与奥的斯电梯有限公司共同投资 1 000 多万元共建了奥的斯（中国）湘潭实训基地。实训基地包括了电梯装调实训室（10个钢结构井道）、自动扶梯实训室、无障碍电梯实训室、电梯部件学训室、电梯功能实验室、电梯故障诊断实验室等多个实验实训室，集人才培养、教育培训、技能鉴定、区域竞赛、技术研发于一体，既是湖南省的校企合作生产性实习实训基地，同时也是湖南省特检院指定的省内电梯维保从业人员唯一的培训和考证基地。同年，学院与奥的斯正式签署了战略合作协议，实施订单式培养。2016 年，学院的电梯工程技术专业开始探索并实施现代学徒制人才培养。经过 2 年全方位、双主体育人的探索与实践，学院的现代学徒制人才培养工作取得初步成效。从 2016 年开始，学院正式将奥的斯现代学徒制班纳入电梯工程技术专业整体招生计划，并有校企双方合作在招生各环节进行重点宣传，考生报名踊跃，达到 100 多人，经过企业的笔试和面试两个环节的筛选，最后录取了 90 人，开设了两个现代学徒制班级，每位同学都签订了三方协议，明确了校企学三方的责任和义务。2016 年，学院制订了《现代学徒制试点工作实施方案》，成立了学院试点工作领导小组，由校长亲自担任组长，主要负责现代学徒制人才培养过程中各项政策的制订和经费的保障。由教务处牵头，学院和奥的斯一起制订了一系列现代学徒制人才培养的教学管理制度、课程标准、岗位标准和质量监控标准，有效保证了人才培养的质量。

5.4.2.1　建立校企双主体现代学徒制试点建设指导委员会，明确校企双方职责、分工，推进校企紧密合作、协同育人

由奥的斯主导，校企双方各委派 3 人共同组建电梯专业现代学徒制试点建设指导委员会，作为试点的直接管理机构负责统筹协调校企双方的教学资源，制订现代学徒制试点项目的工作计划，形成定期沟通和反馈的常态机制，有效保障试点各项工作的顺利推进。

5.4.2.2　签订校企现代学徒制合作培养协议，明确双方职责

与奥的斯签订现代学徒制合作培养协议，从实训基地建设、联合招生招工、人才培养方案和课程体系构建、课程资源开发、教学实施、师资互聘共用、教学管理、科研技术攻关及教学成本分担等方面不断完善现代学徒制培养体系。每年在电梯工程技术专业建立 2~3 个现代学徒制试点班级，不断完善招生录取和企业用工一体化的招生招工制度，制订《电梯专业现代学徒制试点校企联合招生工作方案》，明确校企双方职责和招生程序，共同制订招生方案，确定招生对象、招生规模，考核录取办法及岗位要求等细则。每年招生都由奥的斯提供招生宣传资料，奥的斯电梯公司在招生过程中组织宣讲并全程参与，按企业岗位的用人标准，通过笔试、面试的形式对报名考生进行选拔，最后参考考生学业考试成绩择优录取。录取后的学生与学校和企业签订三方协议，明确其双重身份，既是学生，又是学徒，同时，确定学徒培养的具体岗位、教学要求及权益保障等内容。

5.4.2.3　校企共同设计现代学徒制人才培养模式

积极探索"双主体、两车间、三递进"的现代学徒制人才培养模式，对接奥的斯电梯的岗位标准和电梯行业国家职业资格标准，明确培养目标，形成校企深度融合的技术技能培养模式，重点培养学生的电梯安装与调试、电梯维护与保养及电梯售后与管理能力。双主体：校企合作的"学校"和"企业"两个主体。两车间：校企双主体模式下的校内"教学车间"和企业的"生产车间"。三递进：第一学年完成素质课程和专业平台课程教学和实践，第三学期利用校内生产设备进行生产操作性训练，掌握基本技能；第四、五学期则开始采用校企"双导师制"，以师带徒的形式指导学生完成专业核心能力课程、专业方向课程、创新创业课程的教学与实践，利用"教学车间"和"企业车间"的设备进行专业技能训练；第六学期完成毕业设计课程，进入电梯企业、工作现场完成"综合性岗位技能"培养的顶岗实习课程的教学和实践。

5.4.2.4　校企共同制订人才培养方案

校企共同设计《电梯专业现代学徒制人才培养方案》通过学院教师与企业师傅联合传授的方式，进行人才培养。在培养方案中，明确学徒（学生）培养目标、学习时限、学习时间、学习地点、课程安排、授课形式、考核方式、结业评价标准及方式、工作津贴、师资保障等内容。根据不同生源特点，待学生学完

第 1 学年的文化课和专业基础课、掌握专业所需各项基本技能后，第 2～3 学年采取理实一体、工学交替等多种形式的学徒培养模式。实施企业班组化管理模式，根据不同专业的特点，1 个师傅可带 2～5 个徒弟，组成学习小组，确保学生熟练掌握每个轮训岗位所需的技能。

5.4.2.5　校企共建课程体系

校企共同开发 6 门基于工作内容的专业核心课程和教材，在职教专家、企业与学校、教师与师傅的共同参与下，深度融入奥的斯的企业文化，按照"企业用人需求与岗位资格标准"来设置课程，建成"公共课程 + 核心课程 + 教学项目"为主要特征的适合现代学徒制培养的项目化专业课程体系。其中，核心课程可以根据企业需求适当增减，教学项目完全按照企业需求，在课程专家、企业技术骨干和学校专业教师的共同努力下开发适合企业岗位需求的项目课程，并由企业专家和专业教师共同来承担教学任务。根据省特检院的电梯行业标准和企业的岗位标准，校企共同开发和制订电梯专业现代学徒制培养的教学标准，同时完善 6 门核心课程标准。

5.4.2.6　建设校企互聘共用的师资队伍

完善双导师制，制订《双导师管理办法》，建立健全双导师的选拔、培养、考核、激励制度，建立灵活的人才流动机制，校企双方共同实施双向挂职锻炼、横向联合技术研发，形成校企互聘共用的管理机制。从合作企业选拔优秀技术技能人才担任师傅，建立企业导师库，明确师傅的责任和待遇，师傅承担的教学任务纳入考核，并可享受相应的带徒津贴。电梯专业教师每年轮流去往奥的斯进行下企业锻炼，每次要求至少不低于 2 个月。建立 2 个分别由教学名师和企业工匠领衔担纲的电梯专业大师工作室，出台学院大师工作室管理办法，明确职责，由大师工作室牵头与企业对接，主持或参与企业的科研技术项目的研发，同时，以项目引领共同培养高素质的拔尖技能人才。

5.4.2.7　完善体现现代学徒制特点的管理制度

与合作企业共同建立教学运行与质量监控体系，共同加强教学过程管理。共同探索建立适应"半工半读、工学交替"等现代学徒制人才培养模式的学籍、成绩等弹性的教学管理制度，与奥的斯协商建立人才培养成本分担机制，课时费、设备费、材料费等双方共同承担。共同制订《现代学徒制班级管理办法》，企业和学校各委派一名班主任对班级进行管理，学校负责购买学徒的实习责任保险，企业负责工伤保险购买，共同强化实习安全管理，确保人身安全；建立评奖评优考核办法，落实班级考核评价体系，奖优罚劣；落实学校、企业和学生家长三者之间对学生信息进行沟通交流的常态机制。

5.4.2.8　校企共育，人才培养效果显著

电梯工程技术专业目前已经开设 4 届共 7 个奥的斯现代学徒制班级，人数达到 350 人，前两届现代学徒制班的毕业生都已成长为奥的斯电梯维保的主力军，得到了企业的充分肯定，同时，各项学生技能竞赛的精英人才也层出不穷，2015

年，在高职院校电梯装调技能竞赛获得省级一等奖和国家二等奖；2016 年，在全国第二届电梯维修工职业技能竞赛总决赛中，学生组获得第一名（金奖）；2017 年，参加高职院校电梯装调技能竞赛时，获得省级一等奖和国家一等奖；2018 年也获得省赛一等奖。

5.4.3 分析与启示

在我国现代学徒制试点工作高职院校中，校企双方以集团化办学形式或以人才培养联盟形式等平台形成了利益共同体，学院和企业领导亲自领衔，校企双方签订现代学徒制合作培养协议，双方共同制订人才培养方案、共同进行教学资源建设、共同实施教学管理、共同开展技能培训考核等方面明确了校企双方的责权利，同时，学生、企业与学校签订三方协议，保障学生权益，构建了合作办学、合作育人、合作就业的长效机制，有效保障了现代学徒制培养全过程的顺利实施。

5.4.3.1 加强职业教育政策与法律制度建设，保障现代学徒制健康持续发展

现代学徒制的健康持续发展，离不开职业教育政策和法律制度的保障。早在 1937 年，美国国会通过了《国家学徒制法》，成立了负责研究和起草关于学徒制计划的国家咨询委员会，法律授权美国劳工部对国家注册学徒制系统进行监督。1994 年美国《从学校到工作机会法案》规定学校和企业必须创造合作关系，建立就业及学校之间的沟通。1969 年，德国联邦政府颁布了《职业教育法》，确立了突出"学徒制"特征的"双元制"职业教育的法律地位，与《职业教育法》相呼应的联邦《职业培训条例》规定了学徒培训工作及考试规定等方面的内容。2005 年 4 月，德国联邦修订颁布了新的《联邦职业教育法》，以保证和改善年轻人的职业培训机会及高质量的职业教育。2001 年 9 月，英国政府采纳了英国现代学徒制咨询委员会提交的"通往工作之路"的研究报告，对现代学徒制的结构、培训内容、资格认证和管理等内容进行了改革。2009 年，英国政府出台了《学徒制、技能、儿童和学习法案》，进一步推动了英国现代学徒制的改革进程。英国商务创新与技能部发布的《技能可持续发展报告》提出，现代学徒制将作为英国技能教育发展规划的核心进行建设。世界职业教育发达国家在推动现代学徒制建设方面有一系列保障政策和制度，我国虽然在 1996 年颁布实施了《中华人民共和国职业教育法》，但在保证现代学徒制人才培养质量，推动校企合作等内容的法律规定方面依然缺乏可依照执行的规定，该法中导向性、建议性的条款难以保证行业企业在技能型人才培养中的主体地位，企业在实施现代学徒制过程中的社会责任和自觉意识需要法律的引导甚至固化。我们需要学习借鉴职业教育发达国家的经验，进行较细致的、局部领域内的职业教育立法，弥补《职业教育法》过于宏观和缺乏实践性的不足，如通过制定类似于《学徒制保障与促进条例》《职业教育校企合作促进条例》《企业提供岗位实践保障与促进条例》等法律制度，保障我国现代学徒制的健康持续发展，以满足企业技术进步对创新型技

术技能型人才的需求。

5.4.3.2 企业课程以实践教学为主，主要采取做中教、做中学，强化岗位技能训练和"工匠精神"培育，由企业师傅负责组织教学实施与考核评价

学校课程教学实施小班制教学，以理论和理实一体教学为主，采取任务驱动、项目导向教学，由学校导师负责组织教学实施与考核评价。校企"双导师"合作育人，不仅实现了课程内容与职业标准、教学过程与生产过程的无缝对接，同时还通过企业技能大师言传身教，培育了学生精雕细琢，精益求精的"工匠精神"，唤醒了职业心理意识，提高了职业成熟度，实现了专业教育与职业素质培养双螺旋提升，让学生锤炼为"准职业人"。职业教育作为"跨界"教育，必须同时遵循产业发展规律和技能人才成长规律，打破在企业里"生产过程"或是在学校里"学习过程"的边界思维，突破职业与教育、企业与学校、工作与学习的界域，形成"双过程"的"跨界"的理性思维。在现代学徒制的制度框架下，学生不仅在"学习过程"中经历专业的技能训练，掌握企业岗位生产的基本理论和技术，并且在"生产过程"要弄清楚各岗位节点之间的联系及各个关键环节的工艺要求、技术技能要求，学会整个岗位链上多种职业技能，胜任多种职业岗位，在知识、技术、技能积累到一定程度后，参与企业工艺改革，提高工艺水平，并以之作为培育"工匠精神"的基础。学生通过校企"双过程"叠加全程育人，在提升专业理论知识和岗位技术技能的同时，职业素养和企业忠诚度也开始逐渐积累形成，职业综合素质不断提高，为今后更好地融入企业打下了良好的基础。学员在学校以学生身份，在校内导师的指导下，完成专业基础理论学习，在专业课程教学改革中，推行职业活动导向的课程教学模式，体现学生是学习的行动主体，以真实职业情境中的任务达成度为目标，以学生自我建构 PDCA 工作过程为学习过程，以知识技术技能教育与"工匠精神"培育整合后形成的行动能力为评价标准，可以有效实现技能教育和"工匠精神"双螺旋提升。企业课程以突出"生产过程"实践性和职业性，主要采取"做中教、做中学"的方法，强化岗位技能训练和职业素养培育，由企业师傅负责组织教学实施与考核评价。加强校企深度合作，从学徒的角度，企业是课堂，从学生的角度，职校是职场。职业学校主动为企业服务，企业界提供训练资源配合学校教育，学生一段时间在学校学习，一段时间在企业从事岗位训练。德国"双元制"职业教育模式是世界职业教育在校企合作方面的成功典型，一元企业、一元职业学校，把学徒和学生两个不同的身份有机地统一在一起，把师傅和教师两个不同行业的从业人员有机地联系在一起，把课堂和车间两个不同领域的场所有效地结合在一起。这种统一、联系和结合，是现代学徒制的本质要求。不同国家和地区在校企合作方面的经验和做法，推动了现代学徒制的改革和发展，也为我国构建现代学徒制人才培养模式提供了可资借鉴的范例。

5.4.3.3 完善现代学徒制，形成"工匠精神"积淀厚重的社会生态

实践探索证明，现代学徒制在我国试点工作推进两年以来，不仅从机制体制

上对工学结合人才培养模式进行了变革，而且将人文素养、职业素养养成贯穿于高技能人才的培养过程。学生在自信、坚韧、任劳、协作、竞争、进取等"工匠精神"品质方面提升较快，实现了学徒学习过程与职业生涯的高度融合，但还有许多深层次的问题还有待进一步完善，一是如何确保企业师傅的技术标准、思想品德、职业精神、忠诚度等水准。我们可以借鉴德国企业培训师制度，在国家层面建立企业培训师制度，建立相关准入、考核的标准，从制度上保障企业导师的基本水准。二是从法律上确立现代学徒制中企业的办学主体地位，赋予学徒独特的、具有"准员工"和"学生"双重地位的法律身份，同时，建立统一的国家职业资格标准与专业课程国家标准，确保学徒通过现代学徒制能够获得国家承认的职业资格，并在不同地区现代学徒制同样也要遵循这个原则，师傅要授业，更要传道。三是加强行业协会的统筹协调功能，建立统一的行业技术技能人才培养标准。四是建立现代学徒制人才培养成本分担机制，鼓励一些企业成为"教育型"企业，在自己的领域为社会培养人才。建议采取政府主导，多部门联动的方式，给予符合条件的学校和企业一定的优惠政策和资金项目扶持，推动校企合作的进一步深入发展，为培养具有"工匠精神"的高素质技术技能人才营造良好的职业教育生态环境。现代学徒制的真正价值体现在名师巧匠和学生建立师徒关系，但名师巧匠是否"名副其实"会影响到职业心理素质教学成效。未来，需借鉴德国"双元制"体系的企业培训师制度，建立企业导师任职资格、职责义务与绩效考评标准，优先选拔企业一线技能大师、技术能手、技术骨干和岗位劳模担任企业导师，同时，还需要对企业导师团队建立教学实施资格评价、教学考核和动态退出机制及师徒双向选择机制，规范学徒评价标准，促进学徒职业生涯发展。[①] 此外，也需要企业师傅在教育学、教育心理学、课程论和教学论等方面加强培训和辅导，提升教学资源转化、资源整合、培训指导、技术创新、技能评估、沟通适应、职业心理辅导和职业规划等能力。[②]

5.4.3.4 加强学校课程与企业课程的融通，优化"职业素质"培育轨道现代学徒制课程体系中，学校课程和企业课程相互交替，相得益彰

学校课程突出基础性和理论性，在文化素养、通识课程和专业基础课程的教学上积累了丰富的经验，能够帮助学徒奠定人文素养和基础能力，企业课程突出实践性和职业性，在岗位专业技能、职业精神和职业操守的培养上发挥独特优势，强化了学徒专业实践能力和综合职业素养。为了两种课程融会贯通，建议课程体系由学校教师和企业导师协同开发和建设资源，具体教学组织由校内的双师型骨干教师和企业技术能手协同实施，职业素质的养成教育贯穿整个培养过程。[③] 学校课程与企业课程的有效衔接优化了"职业素质"培育轨道。另外，建

---

① 智利红. 现代学徒制模式下课程体系的构建与实践 [J]. 中国职业技术教育, 2019 (2)：54-57.
② 张宇, 徐国庆. 我国现代学徒制中师徒关系制度化的构建策略 [J]. 现代教育管理, 2017 (8)：93-98.
③ 章鸿雁, 赵鹏飞等. 现代学徒制企业课堂的定位、构建和评价研究 [J]. 中国职业技术教育, 2019 (2)：24-29.

议统筹优化校企两种资源，规范校企合作流程，建立关键环节的教学标准，建立有效的职业素质评价体系，现代学徒制会培养更高素质的复合型技术技能人才[①]。

5.5 协同推进："1+X"制度

《国家职业教育改革实施方案》指出，"从2019年开始在职业院校、应用型本科高校启动'1+X'证书制度试点工作"。"1+X"证书制度是继现代学徒制之后，职业教育领域的又一次重大改革。开展"1+X"证书制度试点工作，对于深化职业教育的内涵发展、提升职业教育的综合发展实力、实现高素质技术技能人才培养目标具有重要的促进作用。实施"1+X"证书制度，是遵循职业教育活动内在规律，实现职业教育作为一种不同于普通教育的教育类型的制度安排，是适应智能化背景下职业结构变化对于职业教育培养出大批复合型技术技能人才的需要。作为中国特色高水平职业教育改革发展中一项重大制度创新，"1+X"证书制度是一个系统工程，参与主体众多、社会影响力大、试点工作战线长、利益博弈环节多、统筹协调难度大，需要科学合理的系统设计和周密细致的推进部署。

5.5.1 基本内涵

"1+X"证书制度中，"1"指代学历证书。无论是职业教育还是普通教育所发放的学历证书，其内隐的"教育"属性使其都只能是对工作能力或能力可塑性的一种预测，而并非工作能力的直接表现。"X"所指代的是"职业技能等级证书"，则完全是为职业教育量身定做的一种信号载体。是一种教育制度，也是一种就业制度，这种制度的设计与安排，对于彰显职业教育的类型特征，推进中国特色现代职教体系建设具有重要支撑作用。教育部职业教育与成人教育司前司长王继平曾指出：要完善学历教育与培训并重的现代职业教育体系，启动"1+X"证书制度试点工作，培养复合型技术技能人才；教育部职业技术教育中心研究所所长王扬南也表示，鼓励学生在获得学历证书的同时，积极取得多类职业技能等级证书。"1"和"X"之间并非源自一脉、浑然天成的自然组合，而是后天锻造、人为贯通的混合形态，是"X"对"1"的补充、对"1"的强化、对"1"的拓展。职业技能等级证书中的"技能"二字作为"人化"的技术，直接回应了技术本体这一职业教育的建构逻辑，同时，这一类证书由行业内有资质的培训评价组织负责开发，内容无缝对接职业岗位或岗位群，其内隐的"生产"属性是对持有人工作能力的一种直接表征，突破了学历证书的功能局限，深度契

[①] 雷承波. 高职教育现代学徒制试点困境与优化路径 [J]. 教育与职业, 2019 (934): 12-18.

合了职业教育作为一种教育类型的本质特征。① 推进构建统一的国家资历框架，资历框架作为一种为各级各类学习成果所应达到的程度及其相互认定、转换确定标准的体系，证书构成其内部的核心要素。以个体形式存在的证书所释放的教育信号缺乏社会比较的意涵，雇主难以借其判断持有不同种类证书的求职者的能力水平差异，从而难以做到"优中选优"，因此，劳动力市场中的资源配置仍然存在着效率的浪费。而资历框架将各级各类证书纳入统一体系，为证书之间的相互比较提供了统一的标准，从而能够弥补个体证书信号功能的不足，因此，从更广阔的政策指向来看，职业教育"1+X"证书制度是构建资历框架的基础性工程，应该从这一更加长期的发展目标去理解及实践该制度。按照覆盖范围划分，资历框架可以分为涵盖所有教育领域的综合型框架和只涉及部分教育领域的局部型框架。当前，我国要按照稳步推进的原则，通过"书证融通"实现职业教育学历证书与职业技能等级证书双向互认、转化，首先需要构建起职业教育内部的局部型资历框架。在此基础上，逐步推进构建覆盖职业教育与普通教育的综合型国家资历框架，不断完善证书的信号功能。

5.5.2 试点探索

自 2019 年开始，重点围绕服务国家需要、市场需求、学生就业能力提升，从 10 个左右领域做起，启动"1+X"证书制度试点工作。落实"放管服"改革要求，以社会化机制招募职业教育培训评价组织，开发若干职业技能等级标准和证书。试点院校将"1+X"证书制度试点与专业建设、课程建设、教师队伍建设等紧密结合，推进"1"和"X"的有机衔接，提升职业教育质量和学生就业能力。通过试点，深化教师、教材、教法"三教"改革；促进校企合作；建好用好实训基地；探索建设职业教育国家"学分银行"，构建国家资历框架。首批启动试点的为建筑信息模型（BIM）、Web 前端开发、物流管理、老年照护、汽车运用与维修、智能新能源汽车 6 个职业技能等级证书（以下简称证书）。② 汽车运用与维修（含智能新能源汽车）职业技能等级标准，由北京中车行高新技术有限公司职业技能培训评价中心组织行业有关专家结合国内外先进经验和职业技能标准根据《中华人民共和国教育法》《中华人民共和国职业教育法》《国家职业教育改革实施方案》等相关法律、行政法规、实施方案及依据《中华人民共和国职业分类大典》的 GBM20207、GBM62200、GBM62201、GBM62202、GBM41201、GBM20215 的有关规定制定了《汽车运用与维修（含智能新能源汽车）职业技能等级标准》（以下简称《标准》）。本《标准》依据汽车专业教学，借鉴相关国际标准考试模式体系，使用标准化模块试题，60% 为中心题库，40% 为校企题库。所有试题均以理论知识和实践技能相结合，以提升考生的科学诊断

---

① 史洪波.职业教育"1+X"证书制度的背景、意蕴与实践——基于教育筛选理论的视角 [J].教育与职业，2019（15）.
② 教育部.关于在院校实施"学历证书若干职业技能等级证书"制度试点方案 [Z].2019-04-15.

思路和规范性操作流程，并结合互联网平台，实现终身学习与技能培训。《标准》的开发设计借鉴国际汽车专业领域惯用区分五大系统十大模块职业技能等级框架，遵循职业教育理论，从知识、技能、态度（情意）、实证四个维度综合设计的实施方案和考核模式与难易度辨识。参照汽车行业等级划分惯例，新能源汽车"1+X"证书等级分为三级。三个等级分别为初级、中级、高级，反映了新能源汽车维修技术不同阶段的职业活动内容及对维修人员的职业技能要求。考核分为实务理论与实操两部分完成，实务理论考核由初级至高级难度依次递增，在学习过程中，教师可参照教学过程的完成程度来确定是否免于实务理论考核。实操考核设定为等级化模块考核。以汽车动力与驱动系统综合分析"技术—模块"为例：①参加职业技能汽车动力与驱动系统诊断分析技术【高级】考试，成绩合格，具备熟练的汽车动力系统、变速箱系统、分动箱系统、传动系统、差速器系统诊断分析技术的职业技能；②参加职业技能汽车动力与驱动系统检测维修技术【中级】考试，成绩合格，具备熟练的汽车动力系统、变速箱系统、分动箱系统、传动系统、差速器系统检测维修技术的职业技能；③参加职业技能汽车动力与驱动系统检查保养【初级】考试，成绩合格，具备熟练的汽车动力系统、变速箱系统、分动箱系统、传动系统、差速器系统检查保养技术的职业技能。试点院校根据汽车运用与维修专业领域、智能新能源汽车专业领域的"1+X"试点的初、中、高级共43个等级证书模块的标准要求，针对各汽车专业所面向的主要职业岗位，针对不同基础、不同来源的学生及社会人员的学历教育和职业培训要求，按照模块化分类重新改造和建设现有的汽车实训室。如：对原来的发动机实训室进行升级改造为汽车动力与驱动系统综合分析技术实训室；对原来的汽车美容、汽车钣涂实训室进行升级改造为汽车美容装饰与加装改装服务技术实训室、汽车车身漆面养护与涂装喷漆技术实训室；新建新能源汽车多种能源高新系统技术、汽车 I/M 检测与排放控制治理技术实训室、摩托车检查保养检测维修诊断技术实训室。在实训设备要求、考核标准等方面开展与"1+X"证书制度的对接融合，实现基地功能模块化。

5.5.3 分析与启示

5.5.3.1 "1"体现在教育功能上，着力培养全面发展的人

"X"则体现了职业功能，要培养技术技能人才，唯有如此才能真正实现学生就业创业本领的提升，才能彰显职业教育作为类型教育的特色。教育部"1+X"证书制度试点方案指出，要"引导社会力量积极参与职业教育与培训"，而且在组织实施中提到"推动学校建好用好学校自办、学校间联办、与企业合办、政府开办等各种类型的实训基地"① 等要求，这就充分反映了"1+X"证书制度

---

① 段禹，吴叶林.高职院校"双证书"制度的实践困境及其优化策略论析［J］.当代职业教育，2018（2）：37–41.

绝不单单是教育部门一家所能完成的，必须是多元主体协同的结果，所以说，"1+X"证书制度是多元、开放、立体的。从职业教育的办学属性上讲，兼具"教育"和"职业"双重属性，又作为一种特殊的教育类型，从根本上讲，重在培养服务区域经济社会发展需要的技术技能人才，尤其是要服务于中小微企业的技术研发、科技创新和产品升级，这就要求职业教育必须走产教融合、校企合作之路，人才培养自然要体现在深化校企协同育人模式上。在"1+X"证书制度体系下，不仅学历教育证书需要通过校企合作实现，各类证书也是要向社会开放的。从这个意义上讲，职业教育人才培养的过程就是职业院校、行业、企业、社会组织等多元主体协同的过程，通过校企协同制订人才培养方案、共同开展课程及资源建设、协同共建学生学习的职业环境、推行工学结合的育人机制、多方协同参与学生的考核评价等活动，最后实现共建、共享、共生、共赢的校企协同育人的生态圈。①

5.5.3.2 完善多元主体协同合作，重构教学内容

现代职业教育是在技术进步推动下发展起来的，与经济社会发展和产业结构调整具有高度的同构性，其所依赖的生态系统受到包括但并不局限于政府部门、职业院校、市场组织、社会力量、学习者等多元主体的共同作用，有着非常复杂的交互协同关系。但是，这么多年来，在职业院校和行业企业之间始终存在一个"中间地带"不能有效消除，阻碍了职业教育的发展，制约了人才培养供需的有效对接，而"1+X"证书制度的设计初衷就在于打破这一"中间地带"，当职业院校在"1"和"X"之间确定对接之后，就要升级改造原有专业结构、课程配置，使之具备多接口和多元服务的功能。尤其是在当前智能化背景下，机器换人更加突出，职业更迭愈发快速，职业边界趋于模糊，劳动力。

5.5.3.3 加强培养质量标准建设，完善证书体系"1+X"证书制度还内隐着"质量"和"标准"两个关键词

当前，我国经济已由高速增长阶段转向高质量发展阶段，对提高职业教育人才培养质量提出新的时代要求。职业教育必然要通过改革创新，强化内涵建设和提高育人质量，走在高质量发展前列，为经济社会发展提供高素质技术技能型人力资源，是办好职业教育的内在要求，是职业院校发展的生命线。而职业教育人才培养质量的高低却无法通过毕业证书的"含金量"来界定，更应看是否适应了行业企业等用人机构的需要。而这个标准不是职业院校所能定的，而必须来自行业企业，必须由行业内具有代表性的企业认可的专业标准、课程标准、职业技能等级证书标准，标准在职业教育质量提升中具有基础性作用，制定并落实"1+X"证书的标准就是搭建证书体系的基础支撑，就是雕塑职业教育的未来。当前首要的问题就是要完善"1+X"制度框架下的技能等级证书体系，成为职业院校内外学习者乐意选择的优质证书集合，切实提升学生就业质量和创业本

---

①代玉梅，薛晓峰.探索多维度校企协同育人模式改革［J］.中国高校科技，2019（3）：76-79.

领。"1 + X"证书制度工作的核心思想是通过政策引导、扶持和监督，探索职业证书和学历证书的衔接，其更深层次的含义是鼓励社会力量参与，通过制度建设激励企业积极支持职业教育，让职业教育朝着更健康、更完善的方向发展。①

5.6 协同共建生产性实训基地

校企协同共建实训基地是校企协同技术技能积累合作最有效、最紧密、最成熟和最希望建立的合作方式。② 在最有效的工科高职院校校企协同技术技能积累平台调查结果中，最有效平台依次是共建实训室或生产性实训基地（40.6%）、共建产业二级学院(19.6%)、共建大师工作室（12.8%）、共建技术工艺和产品开发中心（9.6%）、共建技术服务联盟和平台（8.0%）、共建校办产业（5.8%）和共建职业教育集团（3.2%）。2015 年，教育部《关于印发高等职业教育创新发展行动计划（2015—2018年）的通知》指出："支持高等职业院校与技术先进、管理规范、社会责任感强的规模以上企业深度合作，共建生产性实训基地，提升专业建设水平，培养中国制造 2025 需要的不同层次人才"。③ 2017 年国务院办公厅《关于深化产教融合的若干意见》也指出："鼓励以引企驻校、引校进企、校企一体等方式，吸引优势企业与学校共建共享生产性实训基地，支持各地依托学校建设行业或区域性实训基地，带动中小微企业参与校企合作。"④ 校企协同共建生产性实训基地遵循职业教育职业性、实践性和开放性原则，可以有效解决工科高职院校自建实践教学实施投入过大、实践教学封闭、实践设备不能适时对接企业需求、技术技能人才培养与产业需求匹配度不高及技术应用能力不强等问题，因此，协同共建实训基地是工科高职院校校企协同技术技能积累最显性和最有效的策略。

5.6.1 基本内涵

生产性实训基地是专业群的基础性要素，加强生产性实训基地建设是达成专业群人才培养目标符合度和技能形成有效度的重要途径。⑤ 可以说，生产性实训基地是高职教育教学的根本性和基础性保障，是体现高职教育与普通高校教育不同教育类型的典型外在表现。生产性实训基地是一种高度凸显产教融合特征的校企协同共建共享型实训基地，是指由高职院校主导，校企双方共同出资，在校园内通过引企入校、创办生产企业或培训公司和组建应用技术研究所等模式，引进企业真实生产设备，契合企业生产实际需求，参照企业工厂及车间进行布局，实行企业化内部管理、质量控制和绩效考核等管理模式，兼具生产功能和实践教学功能，旨在培养高素质工匠型技术技

---

① 程舒通."1 + X"证书制度试点工作：诉求、解析与误区的防范 [J]. 教育与职业，2019（15）．
② 方德英. 校企合作创新——博弈·演化与对策 [M]. 北京：中国经济出版社，2007．
③ 教育部. 关于印发高等职业教育创新发展行动计划（2015 -2018 年）的通知 [Z]. 2015 - 10 - 21．
④ 国务院办公厅. 关于深化产教融合的若干意见 [Z]. 2017 - 12 - 19．
⑤ 朱厚望. 高职院校专业群实训基地建设策略研究 [J]. 江苏教育研究，2018（Z3）：75 - 77．

能人才的实训基地。① 校企协同共建的校内生产性实训基地是技术技能人才培养专业化和职业化教学平台，是高度集约化的校企协同技术技能内生性积累平台。

校企共建生产性实训基地是集实践教学、社会培训、企业真实生产和社会技术服务于一体的技术技能积累平台，其功能特征体现了四个融合：一是学生职业技能培养与企业实际生产的融合。校企共建生产性实训基地是提升高职人才培养质量的有效途径，该基地为工科高职院校学生提供了基于真实生产过程的岗位体验和基于工作的学习，学生在企业师傅的指导下能有效地掌握岗位需要的技术技能及先进的装备设施的工艺操作，实现了专业与产业、课程内容与职业标准及教学过程与生产过程的对接，深化了产教融合和校企合作，从而达到培养高素质技术技能人才目标。② 校企共建生产性实训基地为校企双方"捆绑式"发展提供了载体，一方面，学生通过在基地的现场学习，感知了行业最新的技术发展趋势和掌握了最新的工艺技术；另一方面，企业可以借用院校的场所和学生劳动力节约了生产成本，学生职业技能培养与企业实际生产的融合实现了校企合作共赢。二是学生职业技能培养和技能鉴定与职工培训的融合。生产性实训基地依托区域产业发展，面向先进制造业等技术技能人才紧缺领域，根据专业（群）设置与职业岗位要求提供职业技能鉴定和职业资格认证服务，面向在校学生、企业员工等所有社会劳动者，拓宽各级各类培训渠道，为社会公众、职业院校在校生取得职业技能等级证书和企业提升人力资源水平提供有力支撑③。三是学生职业技能培养和应用型技术创新的融合。生产性实训基地为工科高职院校专业教师提供了发挥智力优势开展技术升级和产品研发的平台，可以将人才培养性、生产性和技术创新性很好的融合，促进科研专利研发与转化，将生产性实训基地建设成为应用技术创新、推广和技术成果孵化的职业教育开放平台，服务于地方经济建设，服务于学生高质量就业，服务于人的全面发展的作用，建成具有辐射引领作用的高水平专业化产教融合实训基地。④ 四是学生职业技能培养和技能大赛的融合。生产性实训基地可建设成承办国家级、省级和行业技能大赛的比武"校场"，以赛促教，以赛促学，把大赛成果转化成课程教学资源，基于项目引领和任务驱动，教学过程对接生产过程，教学情境对接岗位环境，教学评价对接工作绩效评价，开发新型活页式和工作手册式教材，在创新技术技能型人才培养模式上发挥示范引领作用。⑤

---

①陈清.职业教育校企共建共享型校内生产性实训基地建设研究［J］.中国职业技术教育，2017（23）：88 - 91.

②陈玉峰，池卫东，何林元.共建共享型生产性实训基地建设的探索与实践［J］.中国职业技术教育，2018，No. 672（20）：13 - 17.

③国务院办公厅.关于印发国家职业教育改革实施方案［Z］.2019 - 02 - 13.

④殷勤.高水平专业化产教融合实训基地开放共享模式的研究与实践［J］.职业教育研究，2019（6）：19 - 24.

⑤郑莹，周红莉.高职院校公共实训中心（基地）建设运行的挑战与创新［J］.高等职业教育：天津职业大学学报，2019（2）：36 - 40.

5.6.2 典型案例

5.6.2.1. 校企协同技术技能积累过程

学院是由享有"中国机电产品摇篮"美誉湘电集团有限公司主办，坚持"依托湘电、对接产业、校企融合、错位竞争、特色发展"的办学思路，在追求"产教融合典范，校企合作样板"愿景上实践校企双主体办学新模式，学院校企协同共建共享的校内生产性电梯实训基地践行了职业教育职业性、实践性和开放性理念，成为中国电梯产业专业化、规模化和生产化的校企共生性技术技能积累平台。

学院电梯二级学院自 2012 年起，与湖南海诺电梯有限公司开展深层次、紧密型的战略合作，建立校企双主体二级学院——海诺电梯学院，并共同投资 655 万元建设了集教育教学、技能鉴定、技术培训、技能大赛和远程监控于一体国内领先的电梯生产性实训基地；2014 年学院与湖南省特检院深度合作，成为湖南省电梯从业人员培训基地，开展电梯检验员培训、电梯从业人员培训与考证等工作近 1 万人次；[①] 2016 年，与奥的斯建立战略性合作关系，校企共投入 800 多万元共建奥的斯在华首家电梯实训中心，包含 12 台直梯、2 台扶梯、1 台货梯、1 台液压梯、1 台杂物梯、60 台套单元模块组件，并成立校企合作委员会，开展了"学生双身份""培养双导师"和"工学双交替"现代学徒制人才培养，与学校共同制订人才培养方案和校企协同教学和实习实训指导，实践了校企双主体"二级学院"的办学形式。承办了湖南省首届电梯维修工职业技能竞赛暨全国第二届电梯维修工职业技能竞赛，同时，与湖南得力通电梯有限公司合作，成立了"电梯技术研发中心"，开展了 8m/s 高速电梯研究；[②] 为了适应电梯在高铁和地铁车站的广泛应用，2018 年学院与广铁集团、奥的斯电梯公司共同投资投入 120 多万元扩建了电梯扶梯实训室，本基地拥有 4 台扶梯、1 台自动人行道；2 套城市轨道交通票务与客服实训设备；[③] 2019 年，学院与奥的斯电梯公司共建奥的斯电梯技术产业学院和电梯产教融合基地，承办了"一带一路"暨金砖国家技能发展与技术创新大赛电梯工程技术赛项中国赛区决赛，同年，学院与亚洲富士电梯共建电梯技术研发中心，与普林志公司校企共建电梯专业群教学和培训仿真资源。学院紧紧抓住"产教融合，校企合作"的主线，坚持"资源互用、优势互补、平等合作、利益共享"的原则，合作单位从一家企业延展几十家，先后参与合作企业有苏州默纳克控制技术有限公司、上海新时达公司、通力电梯有限公司等 20 多家知名电梯企业参与基地的建设，延伸到整个电梯行业。经过近 7 年的建设，该基地已成为集电梯技术技能人才培养、职业培训、电梯职业技能鉴定与考

---

① 湖南电气职业技术学院. (2015). 湖南电气职业技术学院高等职业教育质量年度报告.湘潭，湖南省.
② 湖南电气职业技术学院. (2017). 湖南电气职业技术学院高等职业教育质量年度报告.湘潭，湖南省.
③ 湖南电气职业技术学院. (2018). 湖南电气职业技术学院高等职业教育质量年度报告.湘潭，湖南省.

证和技术研发创新多功能于一体的具有国内示范引领作用的电梯生产性实训基地。①

5.6.2.2 校企协同技术技能积累成效

2014年，基于学院电梯实训基地教学案例的"凸显企业办学优势实现校企深度融合"课题荣获职业教育国家级教学成果二等奖；2017年，学院被教育部确定为全国高职电梯工程技术专业实训教学条件标准牵头制定单位，学院电梯工程技术专业被教育部确定为全国职业院校装备制造类示范专业点，荣获全国职业院校技能大赛高职组"智能电梯装调与维护"赛项一等奖；2018年，学院被评为湖南省一流特色专业群建设项目，荣获全国职业院校技能大赛高职组"智能电梯装调与维护"赛项二等奖；2019年，学院被教育部创新发展行动计划确定为全国骨干专业，荣获全国职业院校技能大赛高职组"智能电梯装调与维护"赛项一等奖，承办了电梯产教融合国际高峰论坛。协同共建生产性实训基地，为教学改革和技术创新夯实了技术技能积累实体条件，遵循专业设置与职业岗位、课程内容与职业标准、教学过程与生产过程的三对接，创新了"典型产品任务驱动、理实交互、分步晋阶"教学法、"电梯安装十井道分步"教学法和"电梯维护通关实操"教学法，显著提升了学生的实践能力和创新能力，促进了人才培养质量的提高，毕业生就业率超过99%，企业满意率达到95%以上，每年为东南亚输送一批高素质电梯维护和安装技术技能人才，助力国家"一带一路"倡议服务。学院与湖南得力通电梯有限公司和亚洲富士电梯有限公司校企协同电梯技术创新也有长足的进步，共拥有各类电梯技术专利近60项，利用电梯企业自有的159m电梯试验塔，通过设计过程的自动化和标准化，搭载自有核心技术，协助电梯企业在8m/s超高速电梯、永不坠落电梯、冷库专用大吨位电梯、浅底坑节能电梯等技术研发和产品检验测试平台上创建了自己的电梯品牌。

5.6.3 分析与启示

从学院电梯实训基地建设过程与成效分析，校企协同共建生产性实训基地是工科高职院校技术技能人才供给侧为现代实体企业发展需要培养高素质复合型专业人才的重要路径，是教育资源与产业资源有效整合的技术技能积累平台，也是产业文化、企业文化和专业文化的深度渗透融合的重要载体。② 高职教育是处在与经济社会和生产实践关系最为密切、最为直接的职业教育体系的高端，是推动经济社会发展的主力军与经济发展，而市场是推动经济发展的原始动力，因此，工科高职院校的发展需要强化经济思维和市场意识，校企协同共建生产性实训基地管理与运行要充分发挥市场在资源配置中的决定性作用。

---

①湖南电气职业技术学院.(2019).湖南电气职业技术学院高等职业教育质量年度报告.湘潭，湖南省.
②唐细语.高职教育校企合作生产性实训基地的建设研究与实践探索［J］.职教论坛，2018，（4）：123-127.

5.6.3.1 协同共建生产性实训基地是深化校企合作最强力的催化剂和强化技术技能积累最有效的平台

建立生产性实训基地契合了实体企业和工科高职院校两方面的需要,一方面满足了院校技术技能人才培养的需要,因为先进实训设备操作和一线生产管理体验是培养高素质技术技能人才的不可缺少的实践教学环节;另一方面满足了实体企业压缩生产成本和人力资源成本的需要,因为生产场地租赁和人力资本在企业生产经营是一笔很大的开支。2019年,国家发展改革委和教育部联合颁发《建设产教融合型企业实施办法(试行)的通知》激励以校企合作等方式共建产教融合生产性实训基地,对重点建设培育主动推进制造业转型升级的优质企业,给予"金融+财政+土地+信用"的组合式激励,并按规定落实相关税收政策。[①] 组合式激励对参与企业享受更多政策红利,必将激发优质企业或行业龙头企业协同共建生产性实训基地的积极性和内生动力。生产性实训基地也实现了院校实训设备与行业企业新技术实时的匹配和同步,专业教师可以利用生产性实训基地平台开展技术创新和工艺改良,保障基地处于良性的运行状态,因而,协同共建生产性实训基地是工科高职院校进行共生技术技能积累最有效的载体和平台。

5.6.3.2 协同共建生产性实训基地管理与运行要充分发挥市场在资源配置中的决定性作用

工科高职院校面向实体产业经济发展需求办学,在推进协同共建生产性实训基地过程中充分发挥市场调节机制的作用,增强适应市场经济的能力。2014年,教育部等六部门联合印发了《现代职业教育体系建设规划(2014—2020年)》,明确指出职业教育办学要"充分发挥市场在资源配置中的决定性作用,充分调动社会力量,吸引更多资源向职业教育汇聚,促进政府办学、企业办学和社会办学共同发展,"[②] 正式将市场调节定位为职业教育办学的主导力量。生产性实训基地管理要引入市场要素驱动,既能保障实训基地技术技能人才培养的公益性和教育性,又能通过"自身造血"来维持运行成本和技术先进性。首先校企双方共同成立管理委员会或理事会,与企业开展股份混合制合作运营,负责实训基地生产与教学的安排、应用技术开发合作与社会服务等,以培训项目和技术开发项目为引领加速市场机制的运行,有效保障基地运维费用和设备折旧费用;其次,以市场机制引入科研院所与本科院校研究团队充分利用实训基地先进设备和实训装备,做好新技术的孵化和科技成果的转化工作,通过创新创造价值实现实训基地增值和造血功能;最后健全和完善实训基地相关制度,明确各自的责、权、利,保障实训基地的良性运转。更为重要的是,在制度中要体现教学优先和校企双元育人原则,为开展"学生双身份""培养双导师"和"工学双交替"现代学徒制人才培养做好制度安排。

---

① 国家发展改革委,教育部.建设产教融合型企业实施办法(试行)的通知[Z].2019-03-28.
② 教育部.关于印发《现代职业教育体系建设规划(2014-2020年)》的通知[Z].2014-06-16.

5.6.3.3 协同共建生产性实训基地要强化产业文化、企业文化和专业文化的融合

从高素质技术技能人才培养目标维度分析，知识是基础性的，具有文化生成性；技能是本位性的，蕴含文化应用性；方法是理论化的，具有文化哲理性；文化是高端性的，指向育人的目的性。可见知识、技能、方法的教育都是服务于文化的。① 工科高职院校产业文化的传承与创新是技术技能积累的应有之义，协同共建生产性实训基地不能忽视技术技能积累产业文化性。生产性实训基地是高职教育与普通大学教育不一样教育类型的外在显性体现，开辟了产业文化融入校园文化和课堂文化的主渠道。强化产业文化、企业文化和专业文化的融合主要有三个主要途径：一是把产业文化的精髓、业态模式和工业软实力深度融入专业实训基地物质、制度和精神文化中，构建具有特色鲜明的产业属性的专业文化；二是把产业文化的工匠精神、职业精神与专业精神融入学生专业技能培养，搭建具有特色鲜明的岗位属性的课程文化；三是把企业管理的 PDCA 意识、质量意识和安全意识等企业文化融入学生课堂管理和教学组织，创建具有特色鲜明的职场属性的课堂文化。②

5.7 协同共建专业群

专业群是高职院校适应产业界集群发展趋势创新的一种专业建设形态，也是高职院校深化产教融合促进教育链、人才链与产业链、创新链有机衔接的重要纽带，呈现资源集聚度更高、产业契合度更高和社会贡献力更强等特征。2019 年 1 月颁发的《国家职业教育改革实施方案》提出："到 2022 年，建设 50 所高水平高等职业学校和 150 个骨干专业群"，强调通过建设国家级骨干专业群引领高职院校专业群建设和发展。目前，高职院校的专业群建设普遍存在专业群结构同质化、专业群内涵建设表层化、专业群结构与区域产业集群结构错位、专业技术技能人才供应和社会行业需求脱节、专业群技术技能积累乏力和专业群特色不突出等问题。在我国经济结构快速转型和高职教育竞争日趋激烈的时期，专业群建设是提升高职院校核心竞争力和保持整体最优态势的关键要素，因此，高职院校在专业群内涵提升过程中，深入分析和研究产业发展和自身内部环境的基础上，基于战略管理，审视、筹划和统率专业群建设与发展，无论是对提高专业群自身的竞争力，还是提高学校整体的办学实力，都具有重要的现实意义。

5.7.1 基本内涵

专业群是一种新型的专业发展方式和教学组织，由一个或多个办学实力强、影响力大、就业率高的重点建设专业作为核心专业，若干个工程对象相同、岗位

---

① 张健. 产业文化育人跨界育人的高端境界 [N]. 中国教育报，2017-02-28.
② 周哲民，王晓阳. 高职院校技术技能积累的内涵与特征 [J]. 职业技术教育，2017，38（10）：35-41.

领域相关、技术领域相近或专业学科基础相近的相关专业组成的一个专业集合。① 工科高职院校构建专业群基本上有三种路径：围绕产业链构建专业群；围绕职业岗位群构建专业群；围绕学科基础构建专业群。高职院校以专业群的形态提升内涵有利于聚焦资源培育办学核心竞争力，提升技术技能积累力和技术技能人才培养力；对接产业集群或产业链，有利于形成专业群体优势，增强市场适应力和技术技能人才的支撑力；品牌专业带动，有利于形成专业特色和整体优势，提高学院美誉度和影响力；推进"底层共享+中层分立+高层互选"的专业群课程改革，有利于增强学生就业的竞争力和工作岗位的适配力。科学地规划专业群布局，是使专业群全面适应社会需要的重要举措，是专业群建设科学化和专业结构优化的重要步骤，是学院建设与发展总体规划的重要组成部分。② 专业群战略管理有助于高职院校特色发展培育核心竞争力。2006年，国家启动实施了"国家示范性高等职业院校建设计划"；2010年，又实施了"国家百所骨干高等职业院校建设计划"；2015年教育部颁发《高等职业教育创新发展行动计划（2015—2018）》提出建设200所优质高职院校的目标，各高职院校进入争创"世界水平，中国特色"的优质高职院校竞争。建设全国优质高职院校的本质是核心竞争力要素的建设，高职院校核心竞争力要素就是差异性、独特性、能力难模仿性或资源专有性、能力延展性或资源可转移性、持久性等核心竞争力要素，基于战略管理视角，对这些要素进行战略管理以发挥"关键的、强势的"要素作用，是高职院校实现战略管理理念，提高核心竞争力的重要环节。③ 专业群建设是高职院校核心竞争力要素最关键的载体和根本体现，因此，在专业群战略管理中，高职院校在构建专业群结构要体现差异性、独特性、地方性和区域性等核心竞争力要素。在专业群建设战略分析中，深入调研和系统剖析地方区域经济结构或行业产业整体发展，同时，比较研究同区域兄弟院校的专业设置和专业群结构，避免"趋同化"和"同质化"，差异发展，错位竞争，基于战略发展思维，规划战略重点，重构组织机构模式，聚焦资源配置，提高专业群集成能力和内涵水平，形成不可复制的核心竞争力。专业群战略管理有助于高职院校保持战略定力打造高端品牌。经过近三十年的快速发展，高职院校的数量从1985年年底的118所发展到2017年的1 300余所，但绝大多数高职院校是由原来的中职学校独立升格或者合并组建而成，专业群建设理念相对滞后，具有战略管理思维的校长更是凤毛麟角。目前，《国家职业教育改革实施方案》开启了职业教育改革发展的新征程，正努力推动由政府举办为主向政府统筹管理、社会多元办学的格局转变，由追求规模扩张向提高质量转变，由参照普通教育办学模式向企业社会参与、专业特色鲜明的类型教育转变，同时，高职院校外部发展环境复杂多变，院校之间的竞争暗潮汹涌，高职教育从自在发展期进入生存挑战期，表现为专业领

---

① 沈建根，石伟平.高职教育专业群建设：概念、内涵与机制 [J].中国高教研究，2011（11）：78-80.
② 袁洪志.高职院校专业群建设探析.[J].中国高教研究，2007：52-54.
③ 刘兰明.高等职业院校战略管理要义 [J].中国高教研究，2013（3）：91-93.

军人物和双师型教师竞争、生源竞争、专业同质化竞争、办学资源竞争和品牌、声誉竞争。部分高职院校热衷追求专业数量的大而全，在专业布局上，盲目跟风，但资源投入不足，人才培养低效，出现"结构性浪费"现象。例如，全国380所高职院校竞相布局工业机器人技术应用专业，专业趋同现象非常严重；另外，又存在专业设置"乱""散""断"，迟滞经济发展需求，专业结构与经济产业结构严重脱节，从而出现"结构性缺失"，服务和支撑产业发展乏力。缺乏战略管理的专业群布局应该引起高职院校管理层的关注和警惕，长此以往，高职教育的吸引力和存在价值将逐渐丧失。高职院校战略实施重点以专业群建设为核心，突出产教融合和校企合作，打造职业教育高端品牌。这些战略重点实施需要高职院校建立与产业良性互动，信息整合体系和科学决策体系，校企协同建立和完善产业技术技能人才需求相关信息和产业发展的市场信息大数据，健全专业群动态结构优化调整机制，分析和挖掘大数据，确定战略方向，并在对信息充分掌握和科学分析基础上制定战略规划，进而推进战略管理，从而保障高职院校科学发展。[①]

5.7.2 典型案例

长沙航空职业技术学院创办于1973年，1998年3月，经原国家教委批准，该学院升格创办高等职业教育学校。学院隶属空军装备部，是全国唯一所军队主办管理、军地共建共享的高职院校，主要承担为军队航空装备修理和地方航空产业培养高素质技术技能人才的任务。学院围绕航空产业链，面向航空维修、航空制造、航空运营与服务三大职业岗位群，按照"专业基础相通、技术领域相近、职业岗位相关、教学资源共享"的原则，以国家、省级重点专业为牵引，构建了飞行器维修技术（原航空机电设备维修）、飞机电子设备维修（原航空电子设备维修）、飞行器制造技术（原航空机械与制造）、空中乘务（原航空服务与管理）四大特色专业群（图5-2）。践行"以群建院"治理理念，以4个专业群为基础，与先进航空企业共建航空机电设备维修学院等4个专业二级学院。下面以飞行器维修技术专业群为例讲述专业群如何构建与产业链岗位群映射关系（图5-3），该专业群由飞行器维修技术、航空发动机维修技术、通用航空器维修、机电一体化技术和理化测试与质检技术5个专业组成，核心专业为飞行器维修技术专业。[②]

[①] 寿玉琴.战略管理理念与大学核心竞争力[J].浙江社会科学，2006（4）：102-105.
[②] 长沙航空职业技术学院.(2018).长沙航空职业技术学院高等职业教育质量年度报告.长沙，湖南省.

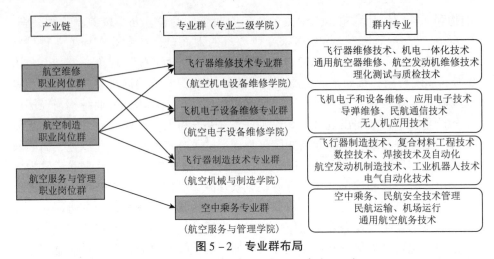

图 5-2　专业群布局

5.7.2.1　对接飞机维修产业链与岗位群，构建专业群

我国飞机维修业已建立起由航空器维修、航空发动机维修及相关部（附）件维修组成的较为完整的产业链，覆盖军航、民航及通航飞机维修等领域。职业岗位群主要有飞机结构修理与装配调试、航空发动机修理与试车、通用航空器维修与定检、飞机机电部附件修理等。对接飞机维修职业岗位群，按照"专业基础相通、技术领域相近、职业岗位相关、教学资源共享"的原则，组建飞行器维修技术专业群。专业群与产业链岗位群对应面向飞机维修职业岗位群，培养军地两用技术技能人才针对飞机维修产业链上的飞机结构修理与装配调试、航空发动机修理与试车、通用航空器维修与定检、飞机机电部附件修理、航空器无损检测等岗位群，培养具有航空器结构、航空材料、航空法规等基础知识和航空维修基本技能，从事飞机主机维修、改装、通用航空器维修维护、航空发动机装调检修、飞机机电部（附）件装调维修、航空器无损检测等岗位（群）的军地两用高素质技术技能人才。

5.7.2.2　基于产业链各环节地位，确立龙头专业，引领集群发展

在飞机维修产业链条上，飞机结构修理与装配调试环节处于集成环节，具有龙头地位，航空发动机维修、飞机部附件维修等环节是飞机维修的单项环节。以对接产业链集成环节的飞行器维修技术专业为龙头，引领群体其他相关专业，一是有利于培养适应产业发展需求的人才，集成环节的岗位人才素能结构变化引导整个航空维修类专业人才培养规格变化，体现龙头专业的引领作用；二是有利于专业群教学资源共建共享，集成环节岗位知识、基本能力结构要求相对较宽，与之对应，飞行器维修技术专业的基础素能课程等资源可以拓展为专业群的平台资源；三是飞行器维修技术专业为我院优势特色专业，综合实力强，作为龙头专业，能更好地实现专业群资源共享，发挥专业群建设的引领辐射作用，带动群内各专业实现集群式发展。

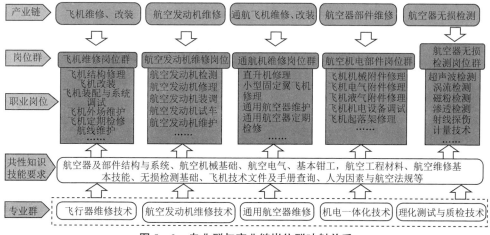

图 5-3 专业群与产业链岗位群映射关系

5.7.2.3 专业群建设成效

飞行器维修技术专业群为湖南省示范性特色专业群、湖南省一流专业群,有国家示范专业点1个,国家首批现代学徒制试点专业1个,湖南省示范性特色专业1个,湖南省特色专业、精品专业2个;牵头主持了飞行器维修技术专业国家职业教育专业教学资源库建设;主持制定了飞行器维修技术专业国家教学标准和湖南省国际化教学标准;飞机维修实训基地是省级重点实习实训基地、全军装备修理实训基地、中国民航局认定的"CCAR-147民用航空器维修合格培训机构"、民航维修执照考点和民航145部维修机构。连续三年学生第一志愿报考率达100%,平均报到率均在98%以上;年均接待省内外院校、企业参观交流30家以上。作为全国航空行指委飞行器维修技术专业指委秘书长单位,积极参与指导省内外职业院校航空维修相关专业建设,得到同行高度认可,2019年承办全国职业院校技能大赛"飞机发动机拆装调试与维修"赛项。与加拿大卡纳多学院多年合作开展飞行器维修技术中外合作项目,为航空维修企业"走出去"提供了国际化人才支撑。主持飞行器维修技术专业国家职业教育专业教学资源库建设,创建26门课程,开发资源11 000余个,开发典型教学模块18个、教学案例43个,制作各类测试试题8 000道,建成湖南省精品在线开放课程10门;为全国航空类职业院校师生、企业员工及部队机务士官等学习者提供能学辅教的优质教学资源,2015年以来,群内学生在省级以上技能竞赛获奖38项,其中,国赛一等奖3项、二等奖5项,获2018年中国"互联网+"大学生创新创业大赛银奖1项;毕业生就业率和就业质量明显高于全国同类院校平均水平,2017届毕业生用人单位满意度为98.84%,2018年毕业生初次就业率为96.82%,对口就业率为90.76%。[①]

[①]长沙航空职业技术学院.(2019).长沙航空职业技术学院高等职业教育质量年度报告.长沙,湖南省.

5.7.3 分析与启示

专业群核心竞争力体现在为区域地方经济或行业发展提供自己独特的价值和贡献及为适龄青年提供"人人皆可成才、人人尽展其才"育人通道。在专业群建设的战略举措中，应重点培养专业群四个方面的能力：专业群产业支撑力、技术技能人才培养力、人才核心竞争力和技术技能积累力。①

5.7.3.1 专业群战略愿景是专业群建设与发展的灵魂核心，是未来发展的战略性预期

需要遵循职业教育发展规律，同时，需要高度凝练核心价值，成为文化自觉引领专业群发展走向，如威斯康星大学坚守"威斯康星思想"，即大学需要为社会经济核心价值战略愿景而迅速发展壮大。高职院校须做到"当地离不开"，服务区域经济发展和服务当地产业及企业是必然使命，专业群的建设和发展应坚持战略思维，扎根当地，坚定不移确立为区域经济和行业经济发展服务的战略愿景，遵循产教融合发展路径，聚焦区域产业链，在应用技术创新和技术技能人才培养和培训上精准发力，推动和提升产业发展。高职院校要基于"区域经济和行业经济发展服务"战略愿景明确专业群战略目标，把加快构建技术技能积累集聚中心作为战略重点，以高契合度融入区域经济结构转型和产业优化升级之中，对接产业链优化专业群结构，围绕"一流示范特色专业群"总体目标，在促进专业群自身发展，强化人才培养、应用技术研究、社会服务等功能发挥的方面制定相应具体目标，如在校企合作机制创新、"双元"育人培养模式、产业领军人物、双师型专业团队、内部治理、课堂教学改革、创新型人才培养、高素质大国工匠造就、条件资源保障和技术技能创新及社会服务等方面做出具体规定，按照专业群的战略规划配置专业资源，层次上分出战略重点与一般支持，顺序上可分出优先与从属，功能上可分出核心与辐射，聚焦资源，进而为采取战略举措提供思路。

5.7.3.2 以定位战略思维对接区域产业集群，增强专业群产业支撑力

工科高职学院的专业群建设必须要解决以就业为导向的专业设置和优化问题。② 以服务发展为宗旨，以促进就业为导向是高职教育的使命。高职院校在履行使命和具体实践中，专业群定位和结构优化是关键点。高职院校定期深入调研和分析地方区域经济和行业经济中的所有制结构、产业结构、技术结构和劳动力层次结构，准确把握整个产业升级对专业技术技能人才的需求，遵循产业发展规律和高职教育办学规律，按照"专业基础相通、技术领域相近、职业岗位相关、教学资源共享"的原则，科学构建深度对接产业结构的集群式特色专业群格局，带动资源优化配置和专业建设水平整体提升。每年实时采集产业链内的行业信

---

① 应智国. 论专业群建设与高职院校的核心竞争力 [J]. 教育与职业，2006（14）：33-35.
② 肖凤翔，肖艳婷，雷姗姗. 高职院校承担技术创新的条件和策略 [J]. 中国职业技术教育，2014（6）：78-83.

息、岗位信息、毕业生就业信息，实时优化专业群结构。坚持以职业岗位需求为出发点，对准生产岗位变化调整课程内容。"调研产业发展＋把握人才需求；可以对准岗位＋调整课程"的专业群两级闭环反馈动态调整，采取撤销、新增、调整等措施优化专业群结构实现专业群紧密对接产业链，深度融合，协同发展，达到"提升产业、引领产业"的目的。面对同类高职院校竞争的加剧，高职院校坚持比较优势和"差异化发展"路径要对区域内同类院校相同或相近专业的建设情况做出全面、准确、客观的比较分析，摸清本校专业群在校企合作、技术培训、技术服务、人才培养模式和教师队伍等方面的比较优势，深入分析产业链对高技术技能人才的需求状况，构建与之相适应的专业链体系，形成链条式专业群，使专业群与产业链对接，形成学院的办学优势和特色。区域经济发展是高职院校专业群建设的基点，以区域经济产业链为依托，围绕岗位群能力体系，集聚高职院校专业师资、实训等多方面的办学优势，而且拓展专业发展方向或空间，形成专业集群优势，提升在行业和区域内技能型人才的配置水平和能力，凝练特色铸就品牌，增强专业群产业支撑力。

5.7.3.3 以条件保障战略思维聚焦资源建设，提高技术技能人才培养力

战略资源理论指出，独特的资源是组织建立起持久竞争优势的关键。高职院校专业群的建设需要借助协同效应、集聚效应、品牌效应和互补效应挖掘和利用资源。通过多元主体的产教跨界联盟，获取资金资源、人才资源、实训资源和数字化课程等有形资源。另外，建立互利互赢机制，主动服务地方经济和行业经济的发展，加强产教融合和校企合作的多元互动，利益共振，共生共荣，优化资源的配置，提升管理效能，实现创新型高素质技术技能人才培养的高端化和集约化。同时，要加强无形资源的培育，如专业群文化、专业特色、专业声誉和品牌建设。专业群领军人物和双师型队伍是高职院校专业群建设最重要的核心战略资源，但也是目前专业群建设最薄弱的环节。基于战略性人力资源管理理论改革传统的"唯学历"聘任机制，在"经历＋学历"上均衡考虑，适当降低职业院校专业教师学历门槛，在专业群各个对接的岗位群重点引进企业一线技术实践专家和技能大师充实专业骨干教师队伍，优化专业群教学团队层次结构、学历结构和经历结构，建立高水平的在产业界拥有技术话语权的产业导师和双师结构专业团队，有效提升核心竞争力，促使专业群的战略目标顺利实现。专业群实训基地是培养学生专业实践技能和职业素养的重要保障资源，在专业群实训基地战略规划中，融合专业教学功能和社会服务功能，包括专业群专业基础实训基地、各专业的核心技能训练实训基地、专业群综合实训基地、校企合作企业的职工培训基地、职业技能训练鉴定基地和技术开发应用与推广基地。

5.7.3.4 以学生为本战略思维赋能创新思维培育，提升人才核心竞争力

我国从工业经济逐步进入知识经济，知识经济最主要的特征是科技持续创新，创新是经济发展的主要推动力。自主创新成为国家发展战略是必然选择，创新有三种类型：知识创新、技术创新和制度创新，其中技术创新把科学理论转向

生产实践，将高新技术产业化，从而实现科学成果经济价值最大化。因此，高职院校在国家创新体系中担当培养高职学生技术创新能力的责任和使命，技术技能型人才培养功能和承担技术创新职能并举是保障高职院校办学质量和效益的基本要求。① 现阶段，高职院校在培养价值取向上重"技术灌输"，轻"技术创新"，忽视了对学生的技术创新意识、技术创新能力的培养。在专业群战略实施中应把塑造学生创新人格、培养学生创新思维纳入战略重点。重构专业群课程体系，增设创新教育课程，启迪学生的创新思维，培养学生的创新精神和创新能力。创新课堂教学模式，提倡项目化学习＋探究性学习课堂教学，把创新思维的培养融入情景化课程，促进学生有建构的学习。课程管理推行完全学分制，增加课程的选择性和弹性。定期举办校企协同创新实践活动，提高应用技术创新能力。高职院校培养的创新技术技能人才的另一个基本特征是技术精神。② 技术精神是由技术性质所决定并贯穿于技术行为之中的基本的精神状态和思维方式，技术精神渗透下的先进的技术理念、技术规范、技术方法及路径等往往成为技术创新的关键因素。校企协同创新具有产业特色的学生技能竞赛机制，充分发挥技能大赛在技术创新能力培养和技术精神培育的引领和示范作用。

5.7.3.5 以产教融合战略思维校企共建区域创新平台，增进技术技能积累力

《现代职业教育体系建设规划（2014—2020 年）》中明确指出："规划建立一批企业和职业院校紧密合作的技术技能积累创新平台，促进新技术、新材料、新工艺、新装备的应用，加快先进技术转化和产业转型升级步伐。"因此，我们要从产业发展的高度，认识现代职业教育体系建设的伟大意义，加强技术技能积累机制和制度的构建。③ 加强技术技能积累是专业群战略举措的着力点，尤其在以"中国制造 2025""工业互联网""工业 4.0"为典型代表的新工业体系的背景下，高职院校不仅要成为高素质技术技能人才的摇篮，而且要成为推广创新技术的"加油站"和工艺技术革新的"高地"。工科高职院校在专业群战略规划执行中，构建校企协同技术技能积累机制，推动专业链与产业链深度融合共建技术工艺和产品开发中心、实验实训平台、技能大师工作室等地方经济技术技能积累与创新的重要载体，主动参与科技型微企业技术创新，积极推动技术成果传播和扩散，将专业群打造成区域或行业技术技能积累的重要资源集聚地，成为推动区域经济结构转型升级的不可或缺的重要力量。④

5.8 协同共建产业学院

协同共建产业学院是比协同共建生产性实训基地更高级更深入的校企合作形

---

① 夏建国.技术本科创新型人才培养：定位、特征与思路［J］.中国高教研究，2011（7）：63-64.
② 樊勇，高筱梅.技术精神：一种值得关注的精神形态［J］.学术月刊，2011（6）：18-23.
③ 马陆亭.应建立国家技术技能积累制度［J］.高校教育管理，2014，8（6）：6-9.
④ 周哲民，王晓阳.高职院校技术技能积累的内涵与特征［J］.职业技术教育，2017，38（10）：8-12.

式。2015 年，教育部在《高等职业教育创新发展行动计划（2015—2018 年）》"鼓励企业和公办高等职业院校合作举办适用公办学校政策、具有混合所有制特征的二级学院。"① 2017 年，《国务院办公厅关于深化产教融合的若干意见》指出"鼓励企业依托或联合职业学校、高等学校设立产业学院和企业工作室、实验室、创新基地、实践基地"。② 2019 年国务院印发的《国家职业教育改革实施方案》中指出："支持和规范社会力量兴办职业教育培训，鼓励发展股份制、混合所有制等职业院校和各类职业培训机构"。③ 校企共建产业学院一直是国家推进产教融合的有效载体，在工科高职院校开展技术技能积累主要协同平台调查结果中校企协同共建产业学院（59.0%）是仅次于校企协同共建校内生产性实训基地的（87.2%）较为推崇的协同途径。校企协同共建产业学院是集成传统的"订单式"培养、"顶岗实习"和共建"实习实训基地"等校企协同技术技能积累途径优势的升级版，具有丰厚的理论基础和实践逻辑，④ 其主要优势特征是把生产实践、技术创新、技术服务和创业实践等由单纯的价值创造过程转变成价值创造和人才培养的双重过程，具备培养复合型创新型技术技能人才的生态系统，⑤ 因此，产业学院遵循了产业发展规律和技术技能人才培养规律，是对高职教育规律的前瞻性把握，是工科高职院校校企协同技术技能积累有效形式的发展方向。

5.8.1 基本内涵

"产业学院"一词来源于英国所倡导的产业大学，其办学主旨是提供职业教育服务和课程资源，提升企业竞争力和个人就业力。英国版本的产业大学主要通过现代化的网络和通信技术，向社会提供高质量的学习产品及服务，严格意义来讲，产业大学只是现代网络学习平台，并非大学。⑥ 我国"产业学院"源起于广东省中山市，由于中山市工业小镇星罗棋布，特色突出，许多中小微企业转型发展需要技术技能人才和应用技术开发的支撑。中山职业技术学院坚持以服务区域经济发展为宗旨，结合中山市制造业布局特点与产业战略发展需要，与产业行会和行业龙头企业共同兴办了服装学院、电梯学院、灯饰学院等多个产业学院，为中山市的制造实体企业提供了适销对路的技术应用人才和技术创新服务。校企协同共建产业学院作为职业教育校企一体的创新组织形态，在产权结构、办学目标、运行机制等方面体现高度产教融合的特征。在产权结构上，产业学院以院校和企业产权的混合推进了职业教育混合所有制实施，可以实现产权的融合；⑦ 在

---

① 教育部. 关于印发高等职业教育创新发展行动计划（2015—2018 年）的通知 [Z]. 2015 - 10 - 21.
② 国务院办公厅. 关于深化产教融合的若干意见 [Z]. 2017 - 12 - 19.
③ 国务院. 关于印发国家职业教育改革实施方案的通知 [Z]. 2019 - 01 - 14.
④ 贺星岳, 等. 现代高职的产教融合范式 [M]. 杭州: 浙江大学出版社, 2015.
⑤ 赵东明, 赵景晖. 高职校企混合所有制二级产业学院建设研究 [J]. 教育探索, 2016 (6): 42 - 46.
⑥ 洪明. 英国终身学习的新变革——"产业大学"的理念与实践 [J]. 比较教育研究, 2001 (4): 18 - 19.
⑦ 张艳芳, 雷世平. 论混合所有制产业学院的内涵、地位及属性 [J]. 中国职业技术教育, 2018 (34): 50 - 55.

办学目标上,产业学院依托产业园区把技术技能人才培养和服务区域经济发展进行了很好的融合,基于工作的学习和基于学习的工作浑然一体,工科高职院校可以及时掌握企业技术技能人才需求和技术发展的动态,可以实现目标的融合;在运行机制上,工科高职院校可以借鉴企业先进的管理模式和敏锐的市场嗅觉能力、考核与奖惩等机制,产业学院可以有效配置双方优质资源和要素,可以实现管理的融合。① 产业学院依据产业结构和发展趋势,建立专业群跟踪产业链变化的动态调整机制,优化调整学校人才培养数量和规格,组织相应技术研发攻关,深度参与本地区企业的技术改造与更新,承担所属产业企业的员工提升教育与培训,更好地服务区域产业集群发展。

校企共建产业学院技术技能积累功能特征,一是产业学院的专业群结构是与区域产业链结构匹配的,产业学院的专业设置、人才培养目标和人才培养规格等教育要素和产业链的岗位、技术技能人才需求和岗位能力等产业要素能深度对接,因此,能更好地服务区域产业转型升级;二是产业学院能加速产业资源及时引进到教育资源,工学结合能落实落细落地,解决了工科高职院校的专业课程教学内容、教学资源的滞后实体企业需求的现实困境。产业学院能及时把岗位变化、项目资源、职业标准、技术迭代、产业文化等融入高职院校实际课程教学,实现了课程内容对接职业标准,教学过程对接生产过程,专业文化对接产业文化,营造了适合学生职业素养养成的优良"泡菜"职业文化环境,培养的学生才具有"准职场人"的职业气质和职业素养;三是产业学院促使工科高职院校的应用技术研发及时对接企业与产业关键技术和共性问题解决的实际需求,同时,高职院校的应用技术成果也能及时转化到一线生产中。校企协同双方推动共建专业、共建教学团队、共建课程、共建实训基地、共同开展教学、共建数字化教学资源、共育校园文化和共同开发应用技术产品,促进"校企一体"双向深度融合。②

5.8.2 典型案例

5.8.2.1 校企协同技术技能积累过程

广东省中山市拥有 35 个国家级分布在核心城镇的产业基地,专业镇已成为当地经济结构调整和产业转型升级的主战场,其产业学院布局情况见表 5-1。中山职业技术学院是中山市投资兴办的以制造大类专业为特色的全日制普通高等学校,该校紧贴中山产业结构特色实施"一镇一品一专业"专业布局,建成与专业镇先进制造业、现代服务业、战略性新兴产业等高度对接的五大专业群。在古镇镇"国家火炬计划照明器材生产基地"成立"古镇灯饰学院",在南区"国家火炬计划电梯特色产业基地"成立"南区电梯学院",在"中国休闲服装生产

---

① 徐秋儿. 产业学院:高职院校实施工学结合的有效探索 [J]. 中国高教研究,2007 (10):72-73.
② 刘锦峰,贺鑫. 产业学院:高职院校产教深度融合的新途径 [J]. 当代教育论坛,2019 (3):96-104.

基地"沙溪镇成立"沙溪纺织服装学院",在小榄镇商贸物流园区成立"小榄学院",在"中国红木产业之都"大涌镇成立"红木家居学院"。

表 5-1 产业学院布局情况

序号	产业学院	所在镇区	对接产业
1	沙溪纺织服装学院	中山市沙溪镇	休闲服装
2	南区电梯学院	中山市南区	电梯
3	小榄学院	中山市小榄镇	现代服务业
4	古镇灯饰学院	中山市古镇镇	灯饰
5	红木家居学院	中山市大涌镇	红木家居

注：资料源于中山职业技术学院高等职业教育质量年度报告（2016）

以古镇灯饰学院为例，古镇灯饰学院是由中央财政支持、中山职业技术学院与古镇镇人民政府共同投资两千多万元共建的"国家级重点实训基地"，是艺术设计学院和灯具设计与工艺专业延伸形成助推地方灯饰产业转型升级、培养灯具产业急需人才的二级产业学院。2011 年，鉴于目前高校很少有专门培养灯具设计和灯具制造技工的专业，古镇与中山职业技术学院达成共建专业协议，决定合作办学破解灯饰产业人才瓶颈；2012 年下半年，中山职业技术学院灯饰学院正式动工，灯饰学院除了提供大专学历教育外，还设有中专层次的技能教育和短期的职业培训；2016 年成立全国首个（灯饰）知识产权快速维权中心，学院与中山市胜球灯饰有限公司、高雅灯饰厂、华艺灯饰照明股份有限公司、琪朗灯饰厂等多家企业开展深度合作，力推"项目导向、任务驱动"教学模式将公司的设计项目融入课堂教学项目，提高了学生的动手能力和创新能力；2017 年，学院与中山市政府合作打造灯饰产业公共服务平台，促进政府服务能力提升；2018 年建成古镇灯饰知识产权展示交易中心，师生共申报专利 500 余项，30 余款灯具产品在企业投产，学校成为省知识产权示范单位中唯一的高职院校，专利授权量居全省高校前列。目前，该产业学院开设了灯具设计与工艺、灯具电子商务、产品造型设计三个专业方向，现有"双师型"专任教师 15 名，企业兼职教师 13 名，全日制在校学生 300 余人，拥有 13 000 多平方米的教学、实训场地，建成水晶灯生产线与实训车间、灯具模型制作实训室、灯具机加工实训室、陶瓷灯开发实训室、灯具计算机辅助设计实训室和多个灯具产品设计研发工作室，学院还引进了电脑激光雕刻机，3D 打印机，4 轴小型铣床、注塑机、压铸机等先进的灯加工生产设备，能够满足近 600 名学生的学习和实训的需要。[1][2][3]

5.8.2.2 校企协同技术技能积累成效

校企协同共建产业学院加速推进了产教融合的深化，教师的专业实践能力和

---

[1] 广东中山职业技术学院.(2017).广东中山职业技术学院高等职业教育质量年度报告.中山，广东省.
[2] 广东中山职业技术学院.(2018).广东中山职业技术学院高等职业教育质量年度报告.中山，广东省.
[3] 广东中山职业技术学院.(2019).广东中山职业技术学院高等职业教育质量年度报告.中山，广东省.

应用技术开发能力快速成长。专业教师积极履行社会服务职能，承担了中国照明电器行业职业标准工作的撰写制定工作，开发了国家"灯具设计师""灯具装配工"等职业新工种，制定《灯具设计师职业标准（国家级）》《灯具制造工职业标准（国家级）》和《照明装配工职业标准（省级）》职业标准，助力了行业规范健康发展；师生拥有灯具专利作品500余项，获得各类设计大赛奖项50余项，设计的作品在每年一度的古镇国际灯博会上得到了社会的广泛好评，并取得了多项订单；学校积极服务中小微企业科技创新，面向中小微企业的横向科研项目、知识产权及成果转化等均有质的提升，2018年，横向技术服务到款额673.31万元，纵向科研经费到款额583.42万元，技术交易到款额1 095.37万元，企业技术转移6项，并为企业产生经济效益156万元，入榜"全国高职院校服务贡献50强"；学院师生先后在《装饰》《艺术与设计》《美术观察》《美术研究》《人民日报》《文艺研究》等国家级核心期刊和专业期刊发表论文200余篇、作品180余幅。古镇灯饰产业学院将办学边界从中等城市向下延伸至乡镇，使教育科研资源辐射到镇区企业、社区，有效促进了当地产业发展和城镇化进程。①

5.8.3 分析与启示

工科高职院校的产业学院是一种新型产教融合组织，高度整合了产业教育性资源和高校优质应用技术资源，这种创新型模式与高职院校二级学院有点类似，但又具有职业教育跨界、产教高融合度与校企一体的特殊的相对独立办学实体机构。产业学院以产业需求为导向，按混合所有制、特别法人相对独立运作，形成了特殊的组织架构、运行机制及资源整合能力，成为工科高职院校通过推进组织变革、深化产教融合和保持争竞优势的动力之源。②③

5.8.3.1 优化校企共建二级产业学院组织架构，坚守校企双元育人目标

产业学院的本质属性是立德树人，构建二级产业学院组织架构是坚持教学为中心的地位，不能矮化教育教学地位，要确保工科高职院校在产业学院治理结构中享有主导权力，从而避免产业学院"忘记其办学的本质而扭曲办学的初心"。④工科高职院校要赋予产业学院独立的法人地位，设置院务会，院长享有独立决策的权利，同时，为了保障各主体参与产业学院治理的权利和利益，需要建立产业学院理事委员会，建立横向的权力制衡、纵向的权力规约机制，明晰权力边界，厘清不同治理主体的权责关系，图5-4为产业学院功能系统图。产业学院由于引入了产业和企业资源，为了防止教育教学功能被异化，教学质量督导委员会要在共建专业、共建教学团队、共建课程、共建实训基地、共同开展教学、共建数

---

① 广东中山职业技术学院.(2019).广东中山职业技术学院高等职业教育质量年度报告.中山，广东省.
② 宜葵葵，王洪才.高校产业学院核心竞争力的基本要素与提升路径 [J].江苏高教，2018（9）：21-25.
③ 李荣华，邱菁芳.论应用型本科院校产业学院建设 [J].教育与职业，2019（14）：36-42.
④ 许文静.整体性视域下产业学院内部结构的治理逻辑研究 [J].中国职业技术教育，2018，681（29）：13-17.

字化教学资源、共育校园文化和共同开发应用技术产品定期进行督导和检视，防止在教学上因过分突出校企一体实践应用能力的培养而忽视立德树人的根本任务。

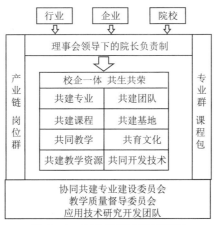

图 5-4　产业学院功能系统图

5.8.3.2　产业学院要依托高水平专业集群建设，凝练特色铸就品牌力

区域经济发展是工科高职院校产业学院专业群建设的基点，产业学院要以区域经济产业链为依托，深入分析产业链对高技术技能人才的需求状况，构建与之相适应的专业链体系，形成链条式专业群。坚持以职业岗位需求为出发点，对准生产岗位变化调整课程内容。通过"调研产业发展+把握人才需求、对准岗位+调整课程"的专业群两级闭环反馈动态调整，采取撤销、新增、调整等措施优化专业群结构实现专业群紧密对接产业链，深度融合，协同发展，达到"提升产业、引领产业"的目的。产业学院在服务学生多元成长成才、服务制造产业发展、服务"一带一路"国家战略等方面引领新时代职业教育高质量发展，把工科高职院校建成高端技术技能人才的"蓄水池"、智能制造"大国工匠"的摇篮，而且拓展专业发展方向或空间，形成专业集群优势，提升在行业和区域内技术技能型人才的配置水平和能力。

5.8.3.3　产业学院建成地方区域的技术创新中心，增强专业群产业支撑力

二级学院依托优势专业群对接当地产业链，选准具体产业链上、中、下游中的发展方向设置专业群，支撑相关产业集群发展。① 工科高职院校通过产业学院汇聚和融合产业资源和教育资源，共同承接企业技术难题改造和升级，联合申请区域级应用技术中心，高职院校协助合作企业申请产教融合型企业，让合作企业实实在在地享受到政府提供的给予"金融+财政+土地+信用"的组合式激励政策，厚植企业承担职业教育责任的环境，促进校企形成命运共同体。② 与此同时，产业学院在专业群战略规划执行中，构建校企协同技术技能积累机制，推动

---

① 孙柏璋，龚森.产业学院：从形态到灵魂重塑的转型发展 [J].教育评论，2016（12）：14-17.
② 国家发展改革委，教育部.建设产教融合型企业实施办法（试行）[Z].2019-03-28.

专业链与产业链深度融合共建技术工艺和产品开发中心、实验实训平台、技能大师工作室等地方经济技术技能积累与创新的重要载体，主动参与科技型微企业技术创新，积极推动技术成果传播和扩散，将产业学院专业群打造成区域或行业技术技能积累的重要资源集聚地，成为推动区域经济结构转型升级的不可或缺的重要力量。

5.9　协同共建技能大师工作室

2014 年国务院颁布的《关于加强发展现代职业教育的决定》（以下简称《决定》）明确指出"推动职业院校与行业企业共建技术工艺和产品开发中心、实验实训平台、技能大师工作室等，成为国家技术技能积累与创新的重要载体"。① 这是第一次在职业教育系统把技能大师工作室作为技术技能积累载体写进《决定》中。"技能大师工作室"是根据国家制定的《国家中长期人才发展规划纲要（2010—2020 年）》而建立的，2011 年人社部启动了面向企业和产业的技能大师工作室建设工程，首批确立的 50 个国家级技能大师工作室在技术革新、技能传承、师徒传技、技能练兵等方面发挥了不可替代的作用。"技能大师"是指"某一行业（领域）技能拔尖、技艺精湛并具有较强创新创造能力和社会影响力的高技能人才"。技能大师工作室的主要功能是面向企业、行业职工及相关人员开展培训、研修、攻关、交流等活动，将技术技能革新成果和绝技绝活加以推广。② 国家级技能大师工作室的成功运行，确定了技能大师工作室不仅是技术技能人才培养培训的一种新模式，也是技术技能积累与创新的一种重要载体。

5.9.1　基本内涵

技能大师工作室一种利益相关者具有师徒关系的思想联合体，就是由学习者（包括学生、教师，一切有学习意识和愿望的群体或个人）和助学者（所有教师和有利于学习者更好学习的群体或个人）共同构成的学习共同体，通过在某专业技能拔尖、技艺精湛并具有较强创新创造能力和社会影响力的高技术技能人才引领和示范，以优秀学生培养、青年教师的专业实践训练、骨干教师培养、课题研究、教学研讨、理论学习、技术攻关、技术创新和现场指导等形式引领优秀学生成长、促进教师专业化成长、促进教师群体共同学习的团队组织。其本质上是一种教师学习共同体和师生实践共同体。③④

校企协同共建技能大师工作室技术技能积累功能特征，一是技能大师工作室

---

① 国务院办公厅. 关于加快发展现代职业教育的决定 [Z]. 2014 – 05 – 02.
② 人社部. 国家级技能大师工作室建设项目实施管理办法（试行）[Z]. 2013 – 05 – 13.
③ 张明月. 辽宁省职业教育"技能大师工作室"的运行及成效研究 [D]. 辽宁师范大学，2018.
④ 严俊杰，秦祖泽，刘迎春. 工作室共同体：现代学徒制的理论重构与路径创新 [J]. 中国职业技术教育，2018（35）：16 – 19.

是企业导师制和学校名师工作室的融合体,创新了工科高职院校培养复合型技术技能人才的培养模式,技能大师由单一型技能人才转化为复合型技能人才,既是岗位工作能手,又是带队伍、育人才的高级教练,很好匹配了工科高职院校面向企业生产第一线从事生产、安装、调试与维护的高素质复合型技术技能人才培养定位,通过传授基础知识与培养专业能力并重,强化学生职业素养养成和专业技术积累,将专业精神、职业精神和工匠精神融入人才培养全过程,实现"准职业人"的全面发展;① 二是技能大师工作室是青年教师专业实践的培训平台。工科高职院校的新进专业教师大都是工科大学毕业的研究生,理论水平高但缺乏专业实践和企业历练,技能大师工作室刚好可以成为青年教师专业成长和发展的平台,新进专业教师与技能大师签订学徒协议,指导青年教师的专业实践能力沿着从新手到专家的身份不断转变的轨迹,同时专业教学团队开始建构,形成实践共同体和教研学习型教学团队,② 技能大师工作室也成为项目课程开发和教法研究的教学团队集聚地、专业建设与发展的先行者及创新创业的工作坊;三是校企协同实施应用技术开发的平台。技能大师工作室依托专业群面向具体岗位的联合技术创新共同体,技能大师来源于企业,也最终为企业第一线服务,结合技术攻关生产,在生产技术攻关、技术创新,处理生产、工作问题的过程中实现师带徒的人才培养目标,并把应用技术成果转化成教学资源;③ 四是行业技术技能文化积淀和传承中心。技能大师工作室以产业技能文化为主题,把大量存在在工作实践过程中的而非以文字等符号表征的隐性知识显性转化成独具产业特色的技艺教学视频资源和对应岗位的现场操作视频,把各个专业的技巧型陈述性知识和诀窍技能程序性知识撰写成书籍及新型活页式和工作手册式教材教学资源,通过不断的积淀和积累,将使丰富的企业优质技术技能资源融入工科高职教育课程和课堂教学,从而实现传播技术技能经验和传承产业技能文化功能。④

5.9.2 典型案例

5.9.2.1 校企协同技术技能积累过程

包头职业技术学院坐落于享有"塞外明珠""草原钢城"美誉的全国首批文明城市——包头,是国家示范性高等职业院校,紧密依托全国特大型兵器制造企业,在技能大师工作室建设创新成果,并在全国工科高职院校中推广。2013年10月,建立了集教学、培训、鉴定、生产、科研、育人六位一体"王文山技能大师工作室",技能大师领军人物王文山老师,高级技师、全国技术能手、国防科技工业"511人才工程"高级技能人才、全国劳动模范。技能大师工作室占地面积达1 800平方米,包含焊接技能训练、特种材料焊接技术、焊接机器人操作

---

① 教育部.关于职业院校专业人才培养方案制定与实施工作的指导意见 [Z].2019-06-11.
② 魏文婷.职业院校技术学习中的隐性知识习得研究 [D].河北科技师范大学,2015:38
③ 林润慧,王玫瑰.高职院校校企合作——方法、策略与实践 [M].北京:清华大学出版社,2012.
④ 唐智彬.强化职业教育技术技能积累功能的内涵与意义 [J].职教论坛,2016 (2):1-1.

技术、焊接质量检测技术及教学研讨、交流展示等 6 个功能区，拥有气体保护焊、埋弧焊、电阻焊、激光焊、焊接机器人等先进的焊接设备，设备总值达 800 余万元，建有 50 个焊接操作培训工位，能同时容纳 100 人进行训练。王文山技能大师工作室自建立以来，不断开发实训课程和训练项目，持续改进教学方法。在实训基地管理方面，将企业管理模式引入到工作室的建设与管理中，与团队教师共同组建了学院"特种焊接技术实训室"，促进了焊接新技术的应用；在设备利用方面，积极想办法，自制辅助工具装置，保证设备的有效利用；在节能降耗方面，工作室成员合理规划设计，提高焊接试板的利用率，使实训材料消耗降低了 30%。王文山技能大师工作室建立以来，充分发挥了其技术平台和团队人才优势，推动了大师的带徒授技的"传、帮、带"作用。根据行业企业的要求，设计开发了反映企业典型问题的课程包，创建了焊条电弧焊、CO_2 气体保护焊、钨极氩弧焊等"菜单式"培训模式，先后开展了焊工技师、高级技师职业资格培训班、短期焊工技能提高班、焊接专项技能培训班、焊接技师研修班等培训工作。[1][2][3]

5.9.2.2 校企协同技术技能积累成效

"王文山技能大师工作室"在创新型技术技能人才培养、专业骨干教师成长和应用技术开发中成效显著。创建了"五步教学法"和"焊接技能四度操作法"焊接操作训练技巧，学生的操作技能水平大幅提高，学生参加焊接职业技能大赛成绩卓越；王文山老师还将企业管理模式引入到实训基地建设与管理中，创建了"班组化管理"的实践教学模式，教学过程中不仅将自己的操作技巧、绝活传授给学生，而且注重培养学生勤俭节约、严谨踏实、精益求精的工作作风。近三年，工作室累计培训全国高职高专焊接专业骨干教师 65 人次，技能鉴定 1 321 人次，为内蒙古一机集团、包头北方股份、神华集团等企业培训高技能骨干人才 380 余人。目前，工作室已培养了 12 名焊工高级技师和 18 名焊工技师，其中，有 5 名焊工被评选为劳动模范，他们都成为单位的技术骨干，为企业的生产、建设和发展贡献着自己的力量。王文山老师获得了国家技能人才培育突出贡献个人奖。"王文山技能大师工作室"实现了生产技术攻关、新技术应用、新项目（新产品）开发与技能人才培养的有机结合。为神东煤炭集团设备维修中心完成了"采煤机滚筒焊接工艺修复方案""采煤机链轮焊接工艺修复方案""液压支架缸口修复工艺方案""采煤机刮板修复方案"等多项煤机设备修复工艺研究项目。其中，"缸口修复工艺方案"为神华神东煤炭集团设备维修中心节约外委资金 282 万元。2013 年，完成了"采用 MIG 焊修复煤机震动塞侧板"技术改造项目，使煤机寿命大幅提高。2014 至 2015 年开展链轮修复工艺技改项目，完成产值 136.5 万元，节约外委资金 633 万元。2014 年为北方创业公司针对目前车辆轻量

---

[1] 包头职业技术学院.(2016).包头机电职业技术学院高等职业教育质量年度报告.包头，内蒙古.
[2] 包头职业技术学院.(2017).包头机电职业技术学院高等职业教育质量年度报告.包头，内蒙古.
[3] 包头职业技术学院.(2018).包头机电职业技术学院高等职业教育质量年度报告.包头，内蒙古.

化技术（铝合金轻量化材料）的开发和应用，参与和实施了高强度 KM100 型铝合金粮食漏斗车焊接工艺及焊接变形的控制项目，填补了该企业铁路车辆在铝合金应用相关方面的空白。"王文山技能大师工作室"先后获得内蒙古高技能人才培养基地，首批全国机械行业职业院校先进制造技术促进与服务基地和包头市公共实训基地，焊接技术实训基地被确定为国防科技工业职业教育实训基地。

5.9.3 分析与启示

工科高职院校校企共建技能大师工作室是企业导师制和学校名师工作室的融合体，借鉴了人社部企业技能大师工作室运行模式，创新了复合型创新型技术技能人才的培养途径和模式，在生产技术革新、技能文化传承、青年教师实践能力培养、现代学徒制培养、技能大赛技能练兵等方面发挥了不可替代的技术技能积累作用。

5.9.3.1 技能大师工作室要在创新人才培养模式和现代学徒制培养"本地化"方面探索和积累经验

现代学徒制滥觞于传统的学徒制，以"稳固的师徒依附关系"为核心，以"校企交替结构化组织"为基础，以"工学结合为职场做准备"为主要内容，与现代学校教育相结合的一种职业教育制度。① "稳固的师徒依附关系"指通过学徒合同规定一定的时间内依赖企业师傅传授技艺，并强调教学期间要承担各自的责任和义务。"校企交替结构化组织"是指通过学校和企业交替进行的系统化和结构化教学组织，发挥校企各自资源优势共同培养德技双馨的应用型技术技能人才。"工学结合为职场做准备"是指通过基于工作的学习，为即将进入的岗位所属职业做准备，企业师傅言传身教，提高学生专业实践能力。② 技能大师工作室为实施现代学徒制提供了实体条件和制度安排，工科高职院校可以基于技能大师工作室创新、探索"中国特色"现代学徒制。另外，技能大师工作室要成为强化技术技能传承和共享的"资源库"，把大国工匠丰富的隐性知识转化成可视化的教学资源。③ 建设以行业标杆企业现场的场地布置、设施设备的配置、操作和生产流程现场实操的素材资源，并以 3D 方式再现真实的工作过程的实训专题资源；建设产业特色的技艺教学视频资源和对应岗位的现场操作视频特色专题资源；建设以竞赛活动作品为主体的成果专题资源，推动产业资源与教育资源融通，提高工科高职院校专业课程资源建设效能，助力职业教育标准对接产业和企业标准，提高技术技能人才培养质量。

5.9.3.2 技能大师工作室在培养工科高职院校青年教师专业实践能力方面提供了新的途径

工科高职院校的青年教师专业实践能力一直是影响青年教师专业成长的一个

---

①张莉."现代学徒制"人才培养模式与"工匠精神"培育的耦合性研究［J］.江苏高教，2019（2）：102－105.

②刘育锋.论学徒制的本质属性［J］.中国职业技术教育，2018（36）：5－10.

③王前."道""技"之间——中国文化背景下的技术哲学［M］.北京：人民出版社，2009.

关键因素，当然，下企业实践锻炼是提高青年教师专业实践能力的一种基本途径，技能大师工作室企业导师制和学校名师工作室的融合体，不仅可以培养青年教师专业实践能力，而且可以提供青年教师的职业教育教学法培训、项目课程开发能力的指导，为青年教师拓展了更广域职业综合素养的培训途径。专业实践技能知识是一种以行动为导向的隐性知识，由于隐性知识的复杂性、难言性、内嵌性和无序性，因此，造成了其流动和传播的难度，隐性知识的获得主要依赖于技能大师手把手的传授，在技能大师的示范下通过观察和模仿，青年专业教师在不知不觉中学会了那种技艺的规则，增强了专业实践能力，激发了技术思维，丰富了职场的体验，吸收了必要的产业素养，技能大师工作室专业实践的培养为青年教师成为专业骨干教师甚至职业教育名师厚植了根基①②。技能大师工作室还可以定期举办专业教师教学竞赛活动和教学研究活动，充分发挥技能大师在专业课程教学改革的示范和引领作用，成为青年教师的教学创新中心和行动导向教学研究中心。为了加强技能大师的绩效和考核，要健全完善的管理制度和业绩评价等。

5.9.3.3 技能大师工作室理应在发挥专业群优势、为当地区域应用技术改革创新上下功夫，积极推动中小微企业技术革新

中小微企业没有成建制的技术创新中心，缺乏技术创新和技术改造能力，工科高职院校应用技术研究可以面向中小微企业施展拳脚，技能大师工作室可以结合自己的专业优势在某一技术方向以"钉钉子"的定力进行深度研究和开发，以影响力和贡献度获得产业的认同和中小微企业的横向课题协同研究协议，提升工科高职院校对现代化主战场的直接贡献率，最终获得社会认可，提高高职教育的吸引力和美誉度。③ 技能大师工作室还可以着力架构面向行业中小微企业的信息服务平台，推动企业解决用工需求、服务中小微企业技术升级和工艺设备改造等方面的难题，促进校企互动、互信、互赢，搭建生产链、技术链和人才链，链链相扣的有效集聚平台。④

5.10 协同共建技术服务联盟

高职院校经过二十多年的快速发展，先后通过国家示范校、国家骨干校、国家优质校建设，内涵建设向纵深递进，产教融合也越来越深化，人才的培养力也

---

①Robert J,Sternberg, et. Practical Intelligence in Everyday Life [M]. NewYork：Cambridge University Press, 2000.
②[美] 波兰尼.个人知识——迈向后批判哲学 [M].许泽民译.贵阳：贵州人民出版社, 2000.
③俞仲文.时代呼唤高职教育3.0版 [N].中国青年报, 2013-01-14.
④吴一鸣.职业教育产教融合的现实问题与应对策略：一个市域案例 [J].教育与职业, 2018 (31)：44-50.

在增强，高职教育彰显了职业性、实践性和开放性。高职教育技术技能人才供给能力不断增强，在现代制造业、战略性新兴产业和现代服务业等现代产业领域，70%以上的一线新增从业人员来自职业院校毕业生。国家前所未有地把高职教育放在增加就业、发展民生、优化教育机构的战略高度上，李克强总理在2019年政府工作报告中提出，对高职院校实施扩招100万人。显然，高职教育社会认可度显著提升，但是，高职教育在招生上一直面临严峻的困境，[①] 为什么高职教育在人们心目中一直是"弱势教育类型"？从事高职院校的高层管理者也在反思尴尬局面，"高职院校没有地位，实际上是忽视了高教性所导致的"。[②] 高职教育姓"高"名"职"，职业性太突出，而高职院校的科学研究和社会服务功能没有体现"高教性"。在工科高职院校从企业获得技术技能输出所遇到的主要障碍调查结果表明，"高职院校应用技术研究与开发能力不强，缺乏平等对话的能力"（80.1%）是最主要障碍，因此，作为高职院校的管理者在办学的内涵建设过程中不得不思考以下三个问题：如何平衡"高"与"职"的关系？如何基于"职"强化技术技能积累提升"高"的高度？高职院校的"高"与普通高校的"高"分辨度在哪里？

5.10.1 基本内涵

以服务地方发展为宗旨，以促进就业为导向一直是高职教育的指导思想，这也为高职院校的功能定位明晰了方向。工科高职院校的"服务地方发展"主要是指工科高职院校通过科技服务、集成创新、技术开发、技术推广等方式为当地区域地方经济服务，技术服务联盟是为了共同提高社会贡献度和产业技术创新及技术转移应运而生。[③] 职业教育技术服务联盟是战略联盟理论在职业教育领域的拓展和创新应用，是指校际、校企等多方之间为了实现资源共享、优势互补，增强综合竞争力和可持续发展能力，以契约形式为纽带，有效分工协作而结成的合作关系，是合作伙伴为了形成更大的竞争优势，自愿达成协议而建立的一种开放组织形式。[④] 目前，职业教育技术服务联盟主要由地方技术技能积累能力强的工科高职院校牵头，由中职学校、高职院校、应用性本科、企业及应用技术研究院所组成，促进成员深度合作和协同发展，是一种由内生动力自主发驱动、以分工协作实现优势互补为直接目的的开放型、虚拟组织形式。[⑤]

---

① 包生来. 新形势下高职院校招生的困境与出路 [J]. 黑河学刊, 2018, (3): 143-144.
② 黄达人. 展望高职的前程 [J]. 国家教育行政学院学报, 2012 (7): 3-8.
③ 黄达人, 王旭初. 关于现代职业教育体系的一些思考 [J]. 中国职业技术教育, 2016 (10): 13-19.
④ 刘丽彬, 王卓. 职业教育：从集团化走向战略联盟——基于我国职业教育集团化发展现状的研究 [J]. 教育研究, 2012 (8): 77-80.
⑤ 高健, 周志刚. 信任机制对职业教育校企战略联盟价值生成的影响 [J]. 中国职业技术教育, 2015 (3): 13-17.

校企协同共建技术服务联盟其技术技能积累功能特征：一是校企协同技术服务联盟是依托社会服务能力优、技术技能积累基础好和产业话语权强的工科高职院校提升整体职业教育服务区域经济和社会发展的平台。作为服务产业结构调整和技术升级的"泛"职业教育的结构性平台，积极服务国家创新驱动战略，依托多元主体，践行校企合作，深化产教融合，在稳步发展中逐渐形成代表"中国特色"的职业教育办学模式。优化与整合了职业教育和产业资源，形成联盟化、集约化和高端化的共享型资源和技术技能智力结构，主动为产业转型升级、创新驱动、技术革新等提供技术和人才支撑；[①] 二是校企协同技术服务联盟是面向地方区域经济发展服务的应用技术创新、推广和转移的联盟组织。校企协同技术服务联盟在组织功能上不同于职教集团。职教集团是以专业和人才培养为纽带，以骨干示范职业院校为核心，以开设同类专业的高、中职学校为主体，以优势企业为伴侣，以行业、企业或科研单位为依托，自愿结盟、资源共享、互惠互利、优势互补，旨在推进校企深度合作的产教跨界利益共同体。[②] 校企协同技术服务联盟聚焦科技服务、集成创新、技术开发、技术推广和技术转移；三是校企协同技术服务联盟是为专业教师应用技术能力发展和学生的技术创新能力发展服务平台，为双师型教师成长和学生创新精神和创新能力赋予动能。区域经济技术革新需求和技术创新应用是校企协同技术服务联盟建设的逻辑起点。[③] 工科高职院校的专业教师基于联盟为中小微企业担任技术顾问或访问工程师，与企业协同开展应用技术项目研究，为刺激技术创新提供了有益的机会，也为专业教师的应用技术能力发展提供了专业实践的平台。[④] 同时，工科高职院校专业教师把应用技术成果融入专业核心课程教学之中，以丰富教学载体，提高教学内在动力，应用技术研究改善了实践教学，提高了教学质量，学生的创新能力培养也有了很好的资源和环境。"没有高水平的科研队伍和科研成果，高职院校就没有社会地位，也无法进行高层次的技术研发与合作办学，同时，也无法将科研成果运用到教学之中，无法提高教学质量，促进学生零距离就业"。[⑤]

5.10.2 典型案例

5.10.2.1 校企协同技术技能积累过程

温州职业技术学院是 1999 年经教育部批准创办的温州市举办的全日制综合

[①] 郭苏华，隋明.职业教育产学研结合实践研究［M］.上海：上海财经大学出版社，2009.
[②] 周哲民，张孝理.职业教育集团化办学的探索与实践［J］.职业教育旬刊，2013（2）：5-8.
[③] 冯新广.努力建好技术技能创新服务平台［N］.中国教育报，2019-06-11.
[④] ［美］博克著.走出象牙塔：现代大学的社会责任［M］.徐小洲等译.杭州：浙江教育出版社，2001.12.
[⑤] 李薪茹，韩永强.职业教育与产业协同发展及其策略［J］.中国职业技术教育，2017（6）：47-51.

性高职院校,拥有国家示范性高职院校、全国创新创业典型经验高校50强称号。[1] 学院坚持面向温州区域经济建设需要,服务温州地方经济和社会发展,坚持培养适应区域经济和支柱产业需要的不可替代性的高素质创新型技术技能应用型人才,全面发挥了工科高职院校人才培养、科技开发和社会服务的三大职能。[2] 2012年,建立了浙江省首个落户高职院校的省级重点科技创新服务平台——轻工机械技术创新服务平台,该平台为温州出口量最大的鞋企——巨一集团开发了皮料全自动激光雕刻装备,实现了皮料的柔性力学牵引、精确数字定位、快速激光雕刻;2014年,学院针对温州中小微企业多,但又"养不起、做不了",研发中心需要科技创新和技术革新的问题,学院成功申报了"服装行业人才培训平台""制鞋行业公共技术研发平台""汽摩配件制造技术人才培训及技术信息服务平台""温州电器行业人才培训及技术信息服务平台""阀门制造技术人才培训及技术信息服务平台""服务产品设计中心"6个浙江省公共外贸服务平台,获浙江省商务厅资助建设资金384万元,与中小微企业共建了研发中心、产学研合作基地20家;2017年6月24日,牵头成立全国高等职业院校技术应用服务联盟,并发布《温州共识》;2018年,建设了浙南轻工装备智能技术协同创新中心、温州时尚产业设计智造协同创新中心、区域经济与文化融合发展研究中心三大科研综合服务平台;2019年正在建设投资1.2亿元的智能制造公共实训与服务中心、投资约5 270万元的时尚产品一体化公共服务平台和投资3 062.878万元的跨专业现代经营管理实训平台。学院在与地方企业协同共建技术服务联盟,为面向温州区域经济提供技术技能积累和创新,呈现了良好的态势。

5.10.2.2 校企协同技术技能积累成效

温州职业技术学院以应用驱动技术技能积累,协同共建技术服务联盟取得了卓越成效。近五年,牵头成立了三大职业教育集团或技术服务联盟,即服务地方区域发展的浙南职业教育集团、服务高职战线的全国高职院校技术应用服务联盟和服务"一带一路"倡议的中国—东盟职业教育联盟。该院充分发挥工科高职院校在国家创新驱动发展战略和技术转移体系建设中应有的作用,大力促进了技术成果转化,进一步提升了高职教育的技术应用服务能力。学院依托现有专业,按照"需求—方向—条件"一体化建设思路,建成占地20 000m^{2}的技术研创大楼,内设45个省、市、院多层次科技创新服务平台,学院聚集了41个省、市、院级研发平台,有20家校企共建的研发中心和产学研合作基地,合作企业达736家;近3年学院为温州企业提供技术研发580项,获授权专利600余项,成功转让专利123项,科技到款额4 700万元。学院依托技术服务联盟平台,以"平台—项目—团队"为建设思路,创新教师培养模式,以智能制造、时尚设计、现

---

[1]温州职业技术学院.(2019).温州职业技术学院高等职业教育质量年度报告.温州,浙江省.
[2]温州职业技术学院.(2015).温州职业技术学院高等职业教育质量年度报告.温州,浙江省.

代服务三大专业集群师资团队建设为核心，全力提高教师的"双师"能力、新技术应用能力、行业影响力；瞄准市场方向逐步积累新技术教学经验，锻炼师资队伍；积累雄厚的教学资源，依托新技术应用平台培养教师的新技术应用能力；通过"发明专利、专利转让与论文等同，横向课题与纵向课题等同，行业技术难题与项目等同"等鼓励政策，鼓励平台开展新技术对传统产业转型升级的技术攻关。学院百名专任教师获技术专利（技术发明）项目数量全省排名第一，主持科研课题人均经费全省排名第二。学院通过技术服务联盟把创新创业与"产学研"深度融合，打造"实训—研发—创新创业"一体的实践教学体系，促进了研发端向创新创业和人才培养两端延伸，培养了学生创新精神和创新能力，2018年，学院获得全国创新创业典型经验高校50强。①②

5.10.3 分析与启示

工科高职院校与一批企业协同共建技术服务联盟具有非法人管理性质，面向地区或面向产业的中小微企业的技术技能积累和创新能力不足的问题，各院校以契约式的认同形式，本着自愿原则参与联盟组织的各项技术创新活动和应用技术改造，"报团取暖"，资源共享，形成合力，为产业经济结构调整和转型升级提供了技术创新能力的支撑，但由于在法律层面无法对各联盟院校实施法人治理权，在技术联盟资源调度、战略决策、绩效考核没有行政效能，导致协同行动较难、管控能力弱和内部治理效率不高。③

5.10.3.1 协同共建技术服务联盟应主动对接当地区域的中小微企业技术革新和技术转移

对工科高职院校而言，"科研"是指面向中小微企业，注重技术创新、工艺创新和管理规范创新等以应用为驱动的解决实际问题的创新，为企业解决最后一公里的技术难题。④ 协同共建技术服务联盟应以服务一线技术研发和中小微企业的科技创新为重点，深入对中小微企业进行技术上的调查研究，了解其存在的问题和困难，根据中小微企业实际情况和技术创新能力不足，组织院校的技术研究能力强的专业教师科研队伍，与企业的技术人员协同创新，联合进行产品的技术攻关。为了与中小微企业持续开展技术革新服务和技术成果转化服务，激发创新主体活力，工科高职院校可以委派一到两名科技研发能力强的专业教师作为科技联络人与企业加强技术供需对接。⑤

---

①温州职业技术学院.(2018).温州职业技术学院高等职业教育质量年度报告.温州，浙江省.
②温州职业技术学院.(2019).温州职业技术学院高等职业教育质量年度报告.温州，浙江省.
③王磬."一带一路"倡议下我国职教联盟的内涵、特征、问题及发展路径［J］.教育与职业，2019（1）：11-16.
④黄达人.中国高职同样能创国际一流［J］.高等职业教育探索，2013（6）：1-3.
⑤王媛媛.基于SWOT分析的高职院校校企合作长效机制研究——以江苏沿海地区为例［J］.中国职业技术教育，2017（3）：49-52.

5.10.3.2 协同共建技术服务联盟要打破封闭的"场域",广纳产业链、创新链和人才链的应用技术科研院所和应用本科院校

目前,工科高职院校应用技术创新能力不强的一个主要因素就是校企双方信息不对称,缺乏一个政行企校共建共享的协同技术服务平台,不能最大限度地发挥各方优势。①工科高职院校融入包含产业链、创新链和人才链的产业创新"大环境",找准与企业对接的利益需求,产生利益同频共振,才能在技术创新项目中提高技术创新的能力。由工科高职院校牵头的技术服务联盟要吸纳产业链、创新链和人才链的高职院校、行业标杆企业、应用技术科研院所和应用本科院校不断拓展联盟企业和学校的广度,有条件的技术服务联盟还可以建立院士专家工作站,以中国科学院、中国工程院院士等高端人才资源为依托,以产学研合作项目为纽带,为企业科技创新和技术服务联盟提供更高端的智力支撑和更高站位的技术牵引。

5.10.3.3 协同共建技术服务联盟要加强制度建设和规范运行管理,优化内部治理水平,提升联盟的发展质量

健全和完善技术服务联盟章程等一系列规章制度,确保联盟的组建与运行有法可依,有章可循,包括建立与市场经济体制相接轨的对话机制、保障机制与考核退出机制,发挥联盟的协同效应、集聚效应、品牌效应和互补效应,营造良好的技术创新生态,激发联盟活力,共生共荣。建立技术服务联盟内部沟通技术交流平台,促进各成员单位之间的沟通与交流,为技术服务联盟多元主体民主共治创造更丰富的渠道和形式。构建利益协调机制,明确校企技术开发角色定位和权益,规定院校从新技术新产品经济效益中提成的利益分配,加强知识产权保护,建立新产品技术开发中经济风险防控机制,建立新产品技术开发中经济风险管控模式,引入新产品技术第三方保险,激发企业的技术开发和创新热情。②③

5.11 协同共建应用技术创新中心

针对高职院校技术技能积累基础和社会服务能力不强的问题,国家近年来颁发了系列文件鼓励高职院校强化技术创新。2014 年 5 月,国务院办公厅在《关于加快发展现代职业教育的决定》中对高职院校的技术创新提出了明确的方向:"专科高等职业院校要密切产学研合作,培养服务区域发展的技术技能人才,重点服务企业特别是中小微企业的技术研发和产品升级,引导高校将企业生产一线

---

①宋静辉,储开峰,孙杰. 无锡市高等职业教育与区域经济协调发展研究 [J]. 教育与职业,2018,(16):21-25.

②杨华勇,张炜,吴蓝迪. 面向中国制造2025 的校企合作教育模式与改革策略研究 [J]. 高等工程教育研究,2017 (3):66-71.

③黄诚. 新时代职教集团化办学内部治理的行动要旨、困境与突破 [J]. 教育与职业,2019 (11):13-20.

实际需求作为工程技术研究选题的重要来源。"2015年1月，教育部在《关于印发高等职业教育创新发展行动计划（2015—2018年）》中也明确要求高等职业院校与当地企业合作办学、合作育人、合作发展，以市场为导向多方共建应用技术协同创新中心，以创新牵引技术技能积累，共同推动地方区域经济的发展，① 因此，工科高职院校在加强技术创新能力时必须遵循"中小微企业"的技术面向原则、"技术研发和产品升级"的创新路径原则、"校企协同"的创新主体原则和"双元育人"的人才培养原则。

5.11.1 基本内涵

创新是知识经济时代企业最基本的特征。1912年，美籍奥地利经济学家约瑟夫·熊彼特在其成名之作《经济发展理论》中指出："技术创新是指把一种从来没有过的关于生产要素的'新组合'引入生产体系。"这种新的组合包括引进新产品、引用新技术、新的生产方法、开辟新的市场、新的原材料、新的工业组织。一个成功的技术创新过程分为四个特征阶段：应用基础理论研究阶段、新思想提出和新技术路线形成阶段、实验室研究和技术路线完善阶段、新产品市场化和应用技术开发阶段。② 工科高职院校在技术创新过程的第四个应用技术开发阶段施展能力，完成技术创新"最后一公里"的难题。工科高职院校开展应用技术创新就是服务地方企业特别是中小微企业，围绕企业关键技术、核心工艺、产品升级和技术共性问题和需求，提出技术路线到技术研发与验证的协同创新全过程，最终把应用技术创新的成果转化成教学资源反哺培养创新型技术技能人才。

校企协同共建应用技术创新中心技术技能积累功能特征，一是工科高职院校要成为区域经济主体产业的关键技术创新中心。工科高职院校如何在职业教育中发挥引领作用，一方面，体现在"高端"技术技能人才培养上；另一方面，体现在"高位"的应用技术开发、技术革新和技术创新上。为了聚焦高端产业和产业高端，重点支持一批优质高职学校和专业群率先发展，引领职业教育促进产业升级，国家启动实施中国特色高水平高职学校和专业建设计划，简称"双高计划"，集中力量建设50所左右高水平高职学校和150个左右高水平专业群，打造技术技能人才培养高地和技术技能创新服务平台，支撑国家重点产业、区域支柱产业发展，引领新时代职业教育实现高质量发展。③ 可见，工科高职院校技术技能积累的手段不仅仅是技术转移，更重要的是技术创新，建设技术协同创新中心才是治本之策，构成区域创新体系和经济发展的关键技术创新中心与技术信息资

---

① 教育部.关于印发高等职业教育创新发展行动计划（2015—2018年）的通知［Z］.2015-10-21.
② ［美］约瑟夫·熊彼特著.经济发展理论［M］.何畏等，译，北京：商务印书馆，1990.
③ 教育部，财政部.关于实施中国特色高水平高职学校和专业建设计划的意见［Z］.2019-04-01.

源基地,才能支撑区域经济发展。① 二是工科高职院校要成为"科学—技术—生产"创新驱动链的"中转站"。工科高职院校拥有丰富的技术技能人才和较为先进的实验仪器和设备,可以与研究型、教学研究型大学合作,把高层次科研成果向企业转移和扩散,成为一个能参与技术创新、技术交流、技术转化和技术转移的"技术—生产"技术创新驱动链的"中转站",一方面,把自己的应用技术成果、技术发明、先进工艺、先进产品通过技术市场转化为生产力;另一方面,可以利用自身与企业间天然形成的校企技术服务平台和网络,根据当地企业和地方经济发展的技术需要来调整自己的技术创新方向,更加精准满足当地企业和地方经济的需要,产生更大的经济效益和社会效益②。三是工科高职院校技术创新中心要成为培养创新型技术技能人才的"充电桩"。工科高职院校技术创新中心具备了行业技术技能"蓄水池"的功能,专业教师把技术创新中心的技术研究成果转化成课程教学资源,有利于专业课程内容的调整与企业技术同步调整。创新型技术技能人才培养只有在创新的环境中,才能培养创新的意识和思维;只有在技术市场的环境中,才能培养技术的逻辑和思维。完善工科高职院校的技术研究后评价体系,激励专业教师将技术研究成果转化成生产力的同时转化成课程资源,为培养创新型技术技能人才备好充足的项目库。

5.11.2 典型案例

5.11.2.1 校企协同技术技能积累过程

四川工程职业技术学院地处国家重大技术装备制造业基地——四川省德阳市,是国家首批示范性高职学院。2013年,该院以学科专业建设为突破口,努力促进产学研合作,先后成立了四川装备制造业产业集群技术创新服务中心,四川机械工业数控、电气、焊接技术应用与培训中心、德阳市装备制造业产业集群服务平台、德阳市机械制造业技术研究中心,与东电研试、启林实业、智科电子、德阳汉龙等企业联合成立了产品研试中心;③ 2014年,该院投入2 000万元建立产学研园信息平台,与中国二重联合建设大型模锻设备和产品工艺技术省级重点实验室,开展大型模锻设备、模锻件材料与模锻工艺技术、模锻产品切削加工工艺技术、大型模锻件和模具检测、激光加工等技术研究,为大型模锻产业企业提供技术支撑。与中国航空材料研究院共建航空材料理化检测中心。同年,引进了全国熔融焊接技能大师、国家十大技能人才楷模高凤林,智能控制专家师克力博士,成立了机械工程技术、智能控制、材料工程技术、云技术应用等11个

---

① 崔发周,田红磊,张晶晶.职业院校章程的基本特征与制定原则[J].中国职业技术教育,2017(3):20-23.
② 黄宗远.高等职业教育在国家自主创新体系中的地位和作用研究[J].中国高教研究,2006(10):71-72.
③ 四川工程职业技术学院.(2014).四川工程职业技术学院高等职业教育质量年度报告.德阳,四川省.

研究所;① 2015 年，相继揭牌运营了航空材料检验检测中心、生产性智能制造示范基地和大学生创新创业俱乐部;② 2016 年，该院成功申报了"装备制造业机器人应用技术工程实验室""高温合金切削工艺技术工程实验室"和"航空材料检测与模锻工艺技术工程实验室"三个省级工程实验室;③ 2017 年，该院成功打造了"四川装备智能制造应用创新中心"和"工业机器人应用创新中心"，组建了全国机械行业高端装备制造技术职教集团和四川省装备制造业产教联盟;④ 2018 年，该院基本建成了高温合金切削、工业机器人、航空模锻 3 个"四川省工程实验室"。⑤ 表 5-2 为四川工程职业技术学院部分技术创新一览。

表 5-2 四川工程职业技术学院部分技术创新一览

序号	技术创新中心名称	协同共建企业
1	四川省工业机器人应用创新中心	德国 KUKA 公司、成都环龙公司
2	大连机床四川技术服务中心	大连机床集团有限公司
3	德阳机械技术研究中心	德阳市政府
4	高速运送技术创新中心	德阳经开区、中国空气动力研究与发展中心
5	四川省高温合金切削工艺技术工程实验室	中国二重、东方电气
6	四川省航空材料检测与模锻工艺技术工程实验室	中国航空材料研究院、中国二重万航模锻
7	德阳智造工程技术有限公司	德阳市产投公司、西门子工业软件上海分公司
8	四川装备制造业产业集群技术创新中心	四川省经信委、四川省机械协会

资料源于四川工程职业技术学院2018 年状态数据库。

5.11.2.2 校企协同技术技能积累成效

四川工程职业技术学院协同共建应用技术创新中心，显著增强了服务重大战略和产业能力及创新型技术技能人才培养力。一是充分发挥了产学研一体化平台优势服务区域经济社会发展。近三年，该院完成产品试验试制项目 75 项、科技服务 14 项、成果孵化转化 31 项，拥有国家专利 284 项。2018 年，平台通过共性技术研发、科技成果转化、公共技术服务、人才引进培养、科技信息咨询及科技金融服务等方式，共服务企业 74 家，横向技术服务带动产值 6.8 亿元，共服务企业 62 家，组织申报省市项目 23 项，横向计算产值 5.8 亿元；二是不断提升了专业教师教学水平和工程实践能力。2018 年，教师第一作者发表论文 303 篇，其

---

① 四川工程职业技术学院.(2015). 四川工程职业技术学院高等职业教育质量年度报告. 德阳，四川省.
② 四川工程职业技术学院.(2016). 四川工程职业技术学院高等职业教育质量年度报告. 德阳，四川省.
③ 四川工程职业技术学院.(2017). 四川工程职业技术学院高等职业教育质量年度报告. 德阳，四川省.
④ 四川工程职业技术学院.(2018). 四川工程职业技术学院高等职业教育质量年度报告. 德阳，四川省.
⑤ 四川工程职业技术学院.(2019). 四川工程职业技术学院高等职业教育质量年度报告. 德阳，四川省.

中 SCI/EI 收录 9 篇，北大中文核心 80 余篇，开展横向技术服务共 89 项，横向技术服务到款 1 371.8 万元，立项在研科研项目共 87 项，科研经费到款 2 332.7 万元，获得授权实用新型专利 19 项；①三是深化了产教融合，搭建了一个集技术创新、人才培养、创新创业高度融合的创新型技术技能人才培养的"大生态"。该院通过产权明晰的混合所有制，共建共赢的成本分担机制改革，以校企合作、校地合作、军民融合、国际合作等方式，运用市场机制集聚装备制造行业协会、科研院所、企业和职业院校的创新资源，以及通过整合省市级技术服务中心、行业技术中心，企业技术中心、孵化中心等资源，围绕产业转型升级和国家重大专项，协同实施科技成果转化、新技术新工艺的推广应用、工艺技术服务、社会化培养培训、创新创业教育等，形成了直接服务产业发展的创新体系和创新型技术技能人才培养体系。该院先后荣获"高等教育国家级教学成果一等奖""国家高技能人才培育突出贡献奖""全国普通高校就业 50 强"和"全国高等职业院校服务贡献 50 强"等荣誉。四川工程职业技术学院通过加强校企协同共建应用技术创新中心的建设，成为全国高职院校技术技能积累与转化的典范。

5.11.3 分析与启示

在"中国制造 2025"和"工业互联网"为典型代表的新工业体系的背景下，工科高职院校要面向地方区域主导产业，以技术研发和产品升级为导向，将院校专业群应用技术优势转化成产业竞争优势，在技术创新过程的第四个应用技术开发阶段解决"最后一公里"难题上汇聚能量，聚焦定位，不仅要成为高素质创新型技术技能人才的摇篮，而且要成为推广创新技术的"加油站"和工艺技术革新的"高地"。

5.11.3.1 协同共建应用技术创新中心坚持战略定力，依托专业群优势对当地企业的关键技术、核心工艺和共性问题开展协同技术创新

工科高职院校以服务当地产业转型发展和地方企业产品升级为导向，分析和调研企业发展中的技术需求和技术问题及企业之间存在对关键性技术和复合性技术的需求，并以问题为导向，主动在技术应用链上寻找位置，通过技术创新和产品升级提高中小型企业的生产力和竞争力。资金投入是保障校企协同共建应用技术创新中心顺利运行的关键要素之一。校企需要协同加强多渠道资金筹措，如校企联合申报省部级工程技术中心和自然科学基金课题，争取更多的政府财政资金投入，也可以构建多元投资的资本市场机制，吸纳创投资金和天使资金的投入，将政府、企业、高职院校、风投等多方面的资本聚合在一起，确保有充裕的资金

---

①四川工程职业技术学院.(2019).四川工程职业技术学院高等职业教育质量年度报告.德阳，四川省.

购买科研仪器设备和高水平的技术研发团队投入到技术创新。① 建立技术创新中心相关人员和设备的共享机制，优化整合企业资源和院校资源，促使双方优质资源向技术创新中心提升的方向流动。从个人回报、研究支持、知识交流这三种动机因素制定激励政策，鼓励技术创新中心研究成果和专利向中小企业技术转让和技术转移。

5.11.3.2 协同共建应用技术创新中心需要高水平的技术创新团队支撑

工科高职院校技术技能积累和创新能力不强与传统的高职教育就业导向意识和发展土壤息息相关。一方面，院校管理者缺乏将应用技术研究作为促进发展的重要手段的决策意识和思维；另一方面，匮乏高水平技术研究领军人才、浓厚的学术氛围和有明确研究方向的技术研究团队。高水平的技术创新团队才能开发高水平的技术应用研究成果，现阶段的技术创新仅仅依赖"单打独斗"不可能取得高水平的技术研究成果，必须要建立跨学科协同技术创新平台，组建学科交叉、优势互补和校企协同技术研究团队，优化开展技术研究的软硬环境，有效整合校内外优势资源，为产出高水平的技术创新成果提供坚实的基础。②

5.11.3.3 协同共建应用技术创新中心需要多专业、多层面、多方位的交叉融合

在科学重大发现中，许多重大科技突破如诺贝尔自然科学奖成果中有半数以上属于交叉学科研究成果。③ 在技术创新与发明中，专业交叉和融合已成为技术创新和技术研发最为显著的特征，物联网工程、智能制造、工业机器人等新兴专业之间广泛交叉、深度融合，已经成为新兴产业和战略性产业发展的重大趋势。现代技术问题往往不是单一专业的问题，其解决技术路线需要多专业、多层面、多方位的交叉融合形成集成创新解决方案。在开放式和跨界式创新理念的指引下，组建由大学教授、企业家、高职院校技术产业教授、多专业带头人、技能名师和企业技术骨干组成的大团队，下大力气推进专业间的交叉融合和跨学科资源配置，淡化组织边界，通过技术创新知识的共享来形成和维系技术创新共同体。④⑤ 在创新型技术技能人才培养体系中，以解决企业技术问题为导向，挖掘毕业设计课题素材，深度融合创新创业思维和意识，为了专任教师更好地参与技术创新研发和反哺创新型技术技能人才培养，建议将校企协同技术创新中心设在

---

① 谷丽洁. 高职院校协同企业科技创新及成果转化的策略研究 [J]. 中国职业技术教育, 2018: 51 - 55, 67.
② 刘燕. 高职院校教师科研现状及影响因素的调查分析 [J]. 中国职业技术教育, 2019 (15): 54 - 59.
③ 陈其荣. 诺贝尔自然科学奖与跨学科研究 [J]. 新华文摘, 2009 (23): 146 - 149.
④ 胡赤弟, 张国昌. 高校协同创新社区及其治理原则分析 [J]. 中国高教研究, 2019 (3): 72 - 76.
⑤ FICHTER K. Innovation communities: a new concept for new challenges [M]//FICHTER K, BEUCKER S. Innovation communities: team working of key persons - a success factor in radical innovation. Berlin: Springer, 2012.

工科高职院校内。①

5.12 协同推动职业教育集团化办学

集团化办学作为一种战略创新，在职业教育体制与机制创新、办学模式和人才培养模式改革等内涵建设方面发挥了巨大的战略推动作用。集团化办学秉承"合作交流、资源共享、互利互惠、多方共赢"的宗旨，弘扬"合作、诚信、创新、共赢"的精神，创新集团治理结构和运行机制，集团化办学已从"手拉手"的形式向"你中有我、我中有你"深度融合的方向发展，全面增强学院的办学活力和服务能力，给学院可持续发展产生了巨大的战略推动作用。

5.12.1 基本内涵

"集团化"最初源自经济学领域。其内涵是将经济领域中分散的、生产规模比较小的实体以集团的形式有机地结合起来，形成规模较大的经济运行实体，并以规模优势实现企业经营中的规模效益。当"集团化"概念延伸到职业教育领域，其外延得到了拓展，不仅包括紧密型组织结构，还包括松散型的组织结构。职业教育集团是以专业和人才培养为纽带，以骨干示范职业院校为核心，以开设同类专业的高、中职学校为主体，以优势企业为伴侣，以行业、企业或科研单位为依托，自愿结盟、资源共享、互惠互利、优势互补，旨在推进校企深度合作的产教跨界利益共同体。职业教育集团化的基本内涵可归纳为：通过多元主体的产教跨界联盟各方利益共赢，资源优化，优势互补，共同发展，借助协同效应、集聚效应、品牌效应和互补效应，实现高技能人才培养的高端化和集约化。职业教育集团的组建，既符合职业教育发展的基本特征，也进一步体现了国家整合职业教育资源，推动了公办职业院校办学体制改革与创新，走的是规模化、集团化、连锁化办学的发展战略。

职业教育集团（以下简称"职教集团"）的办学有利于学院可持续发展的战略推动。职教集团是跨界性的战略性组织，在获得政府的强力推动下，发挥了学校与企业互利共赢和资源互补的功能特性，既符合市场经济规律，实现各方的发展利益最大化；又符合社会发展规律，有效推动职业教育这一重要社会事业领域的持续健康发展；同时，还符合职业教育的人才培养规律，有利于推动以工作过程为导向的职业学习，提高职业教育的有效性和针对性。职业教育集团办学有利于集团内学校之间资源共享和优势互补。职教集团牵头学校在办学层次、专业设置、教育内容与人才培养规格等方面实行全面统筹；在办学思想、师资、设备等

---

① 周珂，赵志毅，李虹."学科交叉、产教融合"工程能力培养模式探索 [J].高等工程教育研究，2019（3）：33-39.

方面发挥示范、辐射、带动作用，对集团内其他同类学校施加积极的影响，从而提高职业教育的整体水平。集团内部门合作打破了条块分割，集团内多元投入拓展了经费渠道，集团内优势互补体现了利益双赢。职业教育集团办学有利于中高职衔接沟通。在职教集团内部，中职学校与高职学院双方将以培养目标、专业课程衔接为纽带，共同确定人才培养目标、制定人才培养方案、确定课程体系和课程内容，分学段组织实施教育教学及管理，共同完成职业人才培养工作。通过这一新模式，中职毕业生可以不用通过单考单招、自考或成考就有机会直接进入高职学习，毕业后取得相应中等和高等职业教育学历证书及相关职业等级（资格）证书。这种方式有利于培养适应产业发展需要的高素质劳动者和高技能人才。

5.12.2 典型案例

全国机械行业新能源技术装备产业职业教育集团，作为机械行业首家、全国唯一跨区域的新能源装备职教集团，以校际合作、校企合作和产学研结合为主要形式，由湖南电气职业技术学院牵头，联合相关职业院校、企业、行业协会、科研机构等自愿组成的产教联合体与利益共同体，2019年立项为全国示范性职教集团。目前，集团已发展为成员单位75家，由机械工业教育发展中心、30所高职、11所中职、3所本科、26家企业及4个科研院所组成，促进了集团成员深度合作和协同发展。在集团理事会的统一指导、协调下，有效汇聚"人才、资本、信息、技术"等创新资源和要素，实现校企深度合作，提高创新能力和内涵水平。7年多来，秉承"对接国家重大产业需求，服务新能源装备发展"的历史重任，改革创新并努力发展，形成了如下的特色与优势：

5.12.2.1 "理事长轮值、集团与专指委协同推进"办学机制创新

针对"职教集团办学体制机制"难题，在健全集团内部决策、执行、协商、投入、考核、监督、奖惩等日常管理工作制度基础上，实施联席理事长单位定期轮值机制和集团与新能源专指委联合推进运行机制，提高了成员单位工作积极性，保证了专业建设、课程建设、资源建设和实训基地建设的针对性和有效性，为职教集团高效运行提供了范本。一是成立了专业建设指导委员会，统筹集团内各院校专业设置专业和专业方向调整，校企合作共同开发课程，确定教学内容、教学方法和教学手段；二是成立了创业就业工作委员会，制定具体的创业就业实施方案，搭建创业就业平台，进一步提升学生创业和就业能力；三是成立了人力资源管理工作委员会，负责发布全国新能源产业高素质技术技能人才需求信息，搭建集团内部毕业生就业网络平台；四是成立了技术服务和职工培训工作委员会，合作开展技术应用、技术转移和技术咨询等工作，为企业职工提供继续教育和培训项目等。制定了职业教育集团章程等一系列规章制度，建立了与市场经济体制相接轨的对话机制、政策机制、保障机制与退出机制。集团每年召开一次工作年会，建立了多方参与的对话与协作机制，校企共商集团发展；定期召开专业

建设研讨会；定期组织行业发展状况和人才需求调研；每年组织两次大型人才招聘会，多次举办企业专场推介会，为企业和学生提供双向选择平台。

5.12.2.2 "政行企校合作、重大项目推动"资源共建共享模式创新

为了有效提高人才培养质量，以"新能源类专业国家级教学资源库""全国机械行业新能源装备技能大赛项目"和"新能源专业教学标准"建设为抓手，创新了"政行企校合作、重大项目推动"的资源共建共享模式，显著提升了学生的实践能力和创新能力，为职业教育集团教育资源建设提供了借鉴。由全国20个省市的30所职业院校和24个行业企业共同建设的新能源类专业国家级教学资源库建设项目于2018年5月12日验收通过。资源库平台注册人数达到27 000余人，来自全国281个院校和186家企业；集团开发的全国机械行业"风力发电机组的安装与调试"技能大赛项目和"智能光伏系统装调与运维"技能大赛项目好评如潮，已成功举办2届；集团还完成了6个专业教学标准修（制）订工作。在职教集团内部，以互利共赢和自愿合作为原则，以项目为纽带，采取"专业+公司"型发展模式，建立集团内的产业经济实体、技术推广和服务中心，构建了人才培养和产业发展的"一体化"模式。专业教师主动深入中小型企业，合作开展技术攻关和课题研究，同时，发挥集团的"技术转移中心"功能，在不同科技水平之间、院校与企业之间进行技术相互传递和转化。通过应用技术的开发、生产技术的服务、科技成果的推广和转移等共同推进新能源产业的优化升级和结构转型。人员互派，角色互换，建立了教师与专家双向交流机制，在集团内骨干企业设立专业教师流动工作站，在学院设立技能大师工作室，搭建"互聘互培平台"。建立专业课教师"一年一月一线"的双师型培养机制，规定专业教师以"访问工程师"身份每年必须主动联络一家现代新能源企业进行为期一个月的兼职锻炼和访问，实时了解和掌握新能源装备制造业前沿新技术、新装备、新应用，全方位提升教师专业能力。在集团内建立兼职教师师资人才库。鼓励企业技术人员参与高校实习实训、就业指导、人才培养等工作。为企业培训职工、提供技术服务，进行产学研合作，实现校企深度合作、互利共赢。

5.12.2.3 "产教融合，校企一体"专业改革模式创新

针对"校企共建专业"难题，首次系统提出并实践了"校企双主体，育人八共建"二级学院的办学形式、办学制度、办学目标和任务，帮助集团内专业办学实现真正意义上的"产教融合，校企合作"。对校企双主体"二级学院"中"企业参与什么、怎么参与"等问题给予了准确破题，提供了确立企业在人才培养的主体地位、让职业教育既满足教育属性又满足产业属性的成功范例；集团内院校获新能源装备类国家级骨干专业9个，国家级生产性实训基地11个，国家级技能大师工作室6个，获2019年度"首批国家级职业教育教师教学创新团队"立项建设单位4个。初步形成"政行校企深度合作，高水平服务新能源装备产业"的办学格局。合作育人，利益共振，建立了互利互赢机制。职教集团化办学

的核心价值体现在高技能人才培养过程中的全程校企合作。在专业设置和动态调整、课程资源开发、实训条件建设、专兼教师团队建设、信息化教学方法改革、岗位培训包开发、技能标准的制定和科技应用成果推广等多个方面，企业为职业院校提供高技能人才培养需要的资金、设备、人员、实习岗位等，职业院校则给予企业职业培训与技能鉴定、顶岗实习、优先选用毕业生等补偿，实现资源共享和优势互补，互利共赢。在人才培养方案制定上，制定《校企合作人才培养方案》；在课程建设上，制定《校企合作开发教材和数字资源库管理制度》等多项制度；在师资队伍建设上，与企业共同制定《企业兼职教师选拔、聘用考核管理办法》《教师参加企业锻炼的有关规定》等制度；在实训基地管理上，校企双方制定《校企合作实习基地管理办法》；在顶岗实习管理上，通过制定《顶岗实习管理办法》《顶岗实习考评办法》和《顶岗实习教师工作指南》等。建立系列规章制度和机制，可以确保高技能人才培养全过程中校企合作的针对性和长效性。

5.12.2.4 产业引领，需求驱动，建立了专业动态调整机制

为了有效对接正面临结构调整和优化升级的新能源产业，培养适销对路的高技术技能人才，使校企合作更具有针对性和长效性，在新能源技术装备产业职业教育集团框架内建立了产业引领和需求驱动的专业动态调整机制。建立了定期调研常态机制。集团成立高技能人才教育培养专题调研组，每两年开展新能源产业发展状况与人才需求调研，建立技术技能人才分岗位就业状况、需求预测和监测制度，重点监测新能源装备制造、风电场维护与检修、光伏发电场等优势专业人才的需求。同时，在大型新能源企业建立岗位监测站，聘请生产现场技术人员和技师定期通报专业岗位和工艺、设备技术发展动态，反馈岗位工作流程和工作内容的变化，通过定期调研和信息收集，较好把握了在新能源产业结构调整和优化升级的大趋势下新能源行业对人才的需求状况，为优化与产业发展需求相适应的专业结构和方向调整及高技能人才培养体系提供了依据。建立科学的专业增设、改造、重组、调整与退出机制。根据专业设置规律和错位发展的原则，对新专业与老专业定期开展专业评估，公布各专业年度建设相关数据，以专业评估结果为依据，逐步建立专业建设经费的拨款资助制度。优化集团框架内各职业院校专业结构与布局，提高专业建设水平，使专业培养人才能够切实符合适应经济社会转型升级的需要，形成了集团内职业院校之间专业布局合理和错位发展的格局。

5.12.3 分析与启示

职教集团化办学具有产教共生共荣的集约化办学优势，但为了加大集团成员之间合作的广度与深度，逐步将成员之间的关系从松散的契约关系转变为紧密的资产关系，需要从政策、规章和资金等方面加强引导。

5.12.3.1 加大政府的政策引导力度，建立激励机制，形成企业参与合作的驱动力

政府应借鉴国外校企合作法规政策，结合中国国情，建立激励企业参与职业教育集团化办学法规体系，明确企业参与职业教育的社会责任，利益补偿机制。为鼓励校企合作实体的参与，激发其积极性，政府应对参与合作的企业提供税收优惠政策，例如政府对公民的职前职后培训费用提供补贴，对在集团化办学中有突出贡献企业应给予奖励等；建立专项基金，在生产性实训基地建设、推动产学研一体化合作、搭建高技能人才和科技信息平台等方面提供财政支持；积极协助集团开辟或拓展资金筹措渠道，出台鼓励社会捐资支持职教集团化办学的相关政策，面向社会各界募集资金，设立职教集团化办学发展基金。创新产教融合办学模式。紧密对接产业链，探索组建区域性新能源装备产业职教联盟；创建"校企双主体"二级学院及多方参与的"特色园区"二级学院；探索企业专业技术人才、高技能人才在校内建设技能大师工作室、专家工作室等办学形式。

5.12.3.2 牵头学校要加强内涵建设，增强自身吸引力，激发企业参与合作的原动力

职教集团是产教跨界利益共同体，企业和高职院校只有找准彼此的利益需求，产生利益共振，才能校企"共舞"，因此，作为职教集团的牵头学校首先要加强内涵建设，切实提高高技能人才培养质量，应按企业发展方向，培养适销对路的人才，为企业发展提供持久动力，从而增强自身吸引力，把合作变成校企双方的共同呼唤和内在驱动。其次，企业最终关心的还是利润，高职院校如何为企业培养优秀的人才，降低企业成本，实现企业用人与高职院校人才培养无缝对接是关键。最后，提高自己的产业服务能力，助推产业的优化升级，从而实现互动发展。搭建全国性专业技能竞赛平台。依托新能源专指委，围绕集团成员单位共性职业岗位和专业，每年至少开展1次集团内学生和企业员工的技能竞赛。提升国际交流与合作能力。建立国际职业教育交流合作平台，开展境外合作办学和对参与"一带一路"国家的职业教育培训。

5.12.3.3 完善集团化办学的体制和机制，增强校企深度合作的凝聚力和效能

进一步建立和完善集团内部各种规章制度，促进校企合作的科学化、规范化、制度化、程序化，增强集团成员合作凝聚力。继续完善和优化合作模式、培养模式，形成"串联式"的合作共同体和联合培养模式，集团主要业务教育、培训、服务要实现一体化，从而提升资源利用率和服务社会的能力。完善集团治理模式，创新集团运行机制。实施联席理事长单位定期轮值机制，集团与新能源专指委联合推进机制，激发集团化办学的活力和服务能力。建立集团紧密层院校、行业企业等共同出资的法人型职业教育集团，逐步形成紧密层、半紧密层、松散层的集团成员组成结构。到2022年，具有新能源装备专业的高等职业院校、中等职业学校参与集团办学的比例分到达到80%和60%以上，参与集团办学的

应用型本科院校不少于 6 所；新能源装备企业达到 50 家。湖南电气职业技术学院以新能源技术装备产业职业教育集团为平台，充分利用在新能源行业中的威信和品牌效应，通过校企合作、校校合作、多方合作等途径，在人才培养、应用技术研究、社会服务等方面，取得了一系列重大合作成果。实现了企业和学校的深度融合，形成了"校企互动、合作双赢、共荣共生"的校企合作长效机制，提升了职业院校服务能力，为新能源产业结构调整和优化升级提供强有力的人才保障和智力支持。申请风电专业实施"1+X"证书制度试点，并形成经验全面推广。开展高质量的职业技术技能培训。根据区域分布建设 5 个左右职业技能培训和行业终身教育培训中心。

5.13　协同共建高水平双师结构团队

"高水平"高职院校内涵水平体现在三点：一是集聚高水平双师团队。这是高职院校培养创新型技术技能人才和创造用技术成果的前提；二是培养高水平技术技能人才。高职院校办得怎么样，专业建得怎么样，最终体现在技术技能人才培养上；三是产出高水平应用技术成果，这是高职院校社会服务能力的体现。① 从三个"高水平"的逻辑关系分析，高职院校高水平的双师结构团队是培养高水平技术技能人才和高水平应用技术成果的关键，没有高水平的双师团队，就没有高水平的高职教育。然而高职院校的专业教师团队能力已成为校企合作持续发展的重要制约因素。60%的受访企业认为高职教师的技术研发与服务等能力不足导致校企合作绩效偏低，主要原因有高职院校产学研平台研发能力不足、很多专业教师缺乏五年以上的实践工作经验、学校人才培养过程与企业生产经营过程脱节等。② 在工科高职院校开展技术技能积累面临的最大问题调查结果表明：专业教师应用技术科研能力较弱（42.9%）是影响校企协同技术技能积累的最大问题；在工科高职院校从企业获得技术技能输出所遇到的主要障碍调查结果也说明"高职院校应用技术研究与开发能力不强，缺乏平等对话的能力"（80.1%）是现阶段工科高职院校从企业获得技术技能输出所遇到的最主要障碍，因此，加强协同共建双师教师团队发挥技术技能积累关键要素主体功能，是工科高职院校破除瓶颈的强化技术技能积累、核心策略。

5.13.1　基本内涵

2019 年 6 月教育部发布的《关于实施全国职业院校教师教学创新团队建设

---

① 葛道凯. 新时代"双一流"建设的内涵与路径 [J]. 中国高等教育，2018（5）：29-30.
② 凌守兴，陈家闯. 高职校企合作生态系统现状调查与可持续发展对策研究 [J]. 教育与职业，2018，925（21）：54-58.

方案》对协同共建双师团队做出了具体要求："深化产教融合、校企合作，推动学校与行业企业合作共建、共享人才、共用资源，形成命运共同体，支持企业深度参与教师能力建设和资源配置，建立学校优秀教师与产业导师相结合的'双师'结构团队。"① 校企协同共建双师结构团队来源于职业教育的工学结合的教育理念，遵循了高职教育具有跨界性、职业性、实践性和开放性的基本特征，借鉴学习型组织理论，以"四有"标准打造数量充足、专兼结合、结构合理的高水平双师队伍。从专业群建设带头人、骨干教师、技术技能大师、行业企业领军人才、大师名匠建设专业化"结构性"教学团队，提升教师教学能力和应用技术研发能力，促进教师专业化发展。②

校企协同共建高水平双师结构团队技术技能积累功能特征：一是校企协同共建高水平双师结构团队的"多元化"特征加速了技术技能知识的流动，有利于技术技能积累。在双师结构团队中，既有擅长专业理论知识的"教师名师"，又有具有丰富实践经验的"技术技能大师"，既有胜任课堂教学和掌握课程开发能力的青年骨干教师，又有具备专业建设领军的专业带头人和引领产业发展的产业导师；二是工科高职院校教师与企业技术专家双向流动、两栖发展是提升高水平双师结构团队技术技能积累的主要途径。高水平双师结构团队具有学习型组织和实践共同体特征，团队成员在取长补短中实现"自我超越"，工科高职院校专业教师可以通过参与技术革新、产品研发等高层次的企业实践提升专业实践能力，企业兼职教师采取柔性聘任、兼职兼薪等用人机制，激发了企业实践专家在人才培养、技术研发上的主动性；③ 团队成员在产业文化和专业精神熏陶中"改善了心智模式"；④ 在共同的教育教学目标和技术研究目标中"建立共同愿景"；团队实践共同体成员通过相互沟通交流、难题探讨、技术攻关、成果汇报等形式，在个人自省、协同学习、思维碰撞和总结反思中提高了"团队学习"能力；双师结构团队以"系统思考"方式把创新型技术技能人才培养、应用技术研究和工艺技术创新、技术技能积累和传承的高职院校三个功能相互融合、相互促进提升了内涵建设，增强了社会贡献度和社会影响力；三是团队成员由"新手教师"向"骨干教师""双师型"教师，再向"产业教授"梯度化、渐序化转变是提升工科高职院校专业教师个人技术技能积累的必由成长路径。尽管我国的"双师型"教师认定标准正在研制中，但"双师型"教师必须具备以下三个特质：在知识领域具备全面扎实过硬的专业知识，教育心理学知识并且熟悉职业工作过程系统化知识；在能力结构具备专业实践能力、职业活动导向教学能力和应用技

---

①教育部.关于实施全国职业院校教师教学创新团队建设方案 [Z].2019-06-05.
②教育部，财政部.关于实施中国特色高水平高职学校和专业建设计划的意见 [Z].2019-03-29.
③梁克东，成军.中国特色高水平高职院校建设的逻辑、特征与行动方略 [J].教育与职业，2019 (13)：9-15.
④王利敏."实践共同体"研究综述 [J].上海教育科研，2016 (12)：28-32.

研究开发能力的高度综合；在精神文化具有跨越校企的工匠文化、专业文化和职业文化的开放的多元融合。工科高职院校的生产、服务和管理第一线技术技能人才培养定位决定其必须以企业岗位需求为依据，校企合作共育人才，"双师型"教师所具有丰富的教学经验和开发新产品、改进工艺流程和技术革新的经历与能力更适合技术技能人才创新思维的培育，创新能力的养成和创新精神的塑造。①

5.13.2 典型案例

5.13.2.1 校企协同共建双师教师团队基本情况

无锡职业技术学院是一所国有公办省属全日制普通高等院校，是首批国家示范性高等职业院校。2018年，获评全国教学资源、国际影响力、服务贡献、实习管理4个50强（全国仅4所），2019年，在"中国高职高专院校综合竞争力排行榜"中，学校从前3年的连续第6上升至全国第4，同年，遴选为中国特色高水平高职院校A档建设单位，学院物联网应用技术教学创新团队立项为首批国家级职业教育教师教学创新团队。该院以高水平专业群建设为统领，依托优势特色专业，集成各专业群优质资源，以主持制定智能制造领域国家标准和高职专业教学标准为高起点，精准对接关键技术领域，重点突出智能制造的数字化、网络化、智能化三大技术特征，打造数控技术、物联网应用技术等5个专业群为主体的智能制造专业集群，建成了数控技术、机械制造与自动化和汽车应用技术3个国家级专业教学团队，建设2个国家级教师技艺技能传承创新平台。现有专任教师593人，教授52人，博士98人，硕士比例达82.5%，"双师"素质教师比例达86%以上，享受国务院政府特殊津贴专家1人，国家万人计划名师1人，国家教学名师1人，技能大师工作室4个，同时，拥有省级教学团队4个、省"青蓝工程"科技创新团队5个；教师中获省"六大人才"高峰项目、省"333高层次人才培养工程"、省高校"青蓝工程"培养对象工程等人数超过50名，江苏省产业教授10名；教师牵头或主要参与生产现场可视化管理系统技术规范、数字化车间通用技术要求等9项智能制造相关的国家和行业标准，完成近500个技术开发项目，教师年平均申获专利500多项。在全国职业院校教学能力比赛中获一等奖4项、二等奖3项，学校聘请了近400人具有行业企业影响力的能工巧匠担任兼职教师，包括"大国工匠"顾秋亮及黄成等省级技能大师12人。"十一五"以来，共获国家高等教育教学成果一等奖、江苏省高等教育教学成果一等奖、二等奖各1项；国家精品课程6门；出版国家"十二五"规划教材7部；申获国家专利20余项；发表论文100余篇。②

5.13.2.2 校企协同共建双师教师团队路径

无锡职业技术学院采取产教融合和战略规划的思维多措施多途径提高了双师

---

① 卢亚莲. 德国应用科技大学（FH）应用型人才培养模式及其启示 [J]. 职教论坛，2014 (13)：84-88.
② 无锡工程职业技术学院. (2019). 无锡工程职业技术学院高等职业教育质量年度报告. 无锡，江苏省.

教师教学团队的水平,一是制定具有"双师"特色的考核评价制度改革和薪酬体系改革。深入调查研究,坚持以问题导向推进教师评价改革,把握师德为先、教学为要、科研为基、发展为本的基本要求,根据不同类型教师的岗位职责和工作特点,制定不同教师任职资格标准,分类、分层、分学科设置考核内容和考核方式,完善多元化的评价方法,制定满足学校发展需要的"双师"特色教师考核评价制度,并组织实施。依据逐年实施情况,不断修订完善考核评价制度;二是通过深入开展双师工程、教授工程、博士工程、名师工程、青蓝工程和双语工程六大人才工程建设,成立了教师发展学院,积极搭建教师职业能力提升平台,不断提高教师科研能力和业务素质。近5年来,选派教师参加海内外进修、培训达2000多人次。鼓励和支持具备一定条件的教师到企业兼职,受聘为企业技术顾问或兼职员工,参与企业技术研发,全面提高教师实践能力和应用技术水平,实现校企共同培养能够为企业攻克技术难关的"技术技能"型教师;三是聚焦智能制造技术相关的主要技术领域,实施"现代产业导师特聘岗位计划",每年聘任10名以上智能制造行业龙头企业(施耐德、西门子、汇川、华为等)技术带头人来校兼任产业教授;四是加强专业领军人物的培养。学校为专业群带头人的培养提供职业教育理论与实践和新产品、新技术、新工艺等方面的国内外培训研修机会。通过走出去、请进来、理论+实践等多种方式,实现带头人的应用研发能力、教育教学改革成果在行业企业和职业院校拥有较大的影响力,专业领军人才要了解职业教育发展的趋势,制订专业建设的顶层设计,组织制订项目建设方案,根据产业发展及社会需求,提出本专业发展目标;制订专业发展规划,引领专业建设发展,为同类专业建设发展提供示范,整合行业、企业和教育资源,组织制订专业标准和教学标准;承担本团队成员的建设与培养工作,成为能全面了解专业人才培养规格、行业技术发展趋势,掌握企业新产品、新技术和新工艺,具有国际视野的专业带头人。[1]

5.13.3 分析与启示

教师队伍是发展职业教育的第一资源,是支撑新时代国家职业教育改革的关键力量。[2] 从无锡职业技术学院校企协同共建双师教师团队成功案例不难得出结论,突出个体成长为"双师型"教师的培养、加强专兼结合的"双师型"结构教学团队建设和健全"双师型"导向的教师考评机制是工科高职院校校企协同共建双师结构团队的主要路径。卓越的双师结构团队发挥了技术技能积累关键主体作用。

5.13.3.1 突出个体成长为"双师型"教师的培养

工科高职院校专业教师要求是"双师型"教师是职业教育的跨界性决定的,

---

[1]无锡工程职业技术学院.(2019).无锡工程职业技术学院高等职业教育质量年度报告.无锡,江苏省.
[2]教育部等四部门.深化新时代职业教育"双师型"教师队伍建设改革实施方案[J].2019-08-30.

也是工科高职技术教育领域师资队伍建设的核心和重中之重。但"双师型"教师缺乏是目前影响工科高职院校技术技能积累能力提升的瓶颈,2019年,教育部等四部门制定了《深化新时代职业教育"双师型"教师队伍建设改革实施方案》加强新教师准入制度改革,职业院校"自2020年起,除'双师型'职业技术师范专业毕业生外,基本不再从未具备3年以上行业企业工作经历的应届毕业生中招聘"。新入职青年教师要成长为"双师型"教师,需在三个能力维度上螺旋式成长:教学研究能力维度成长实施"教育理论—教学技术—教改项目—教学研究"成长路径,专业实践能力维度成长实施"跟岗实践—顶岗实践—技术研发—技术攻关"成长路径,教学综合能力维度成长实施"跟岗学习—独立授课—专业建设—示范教学"成长路径。青年教师要保持开放心态参与到企业实践中,通过对工作任务、人际关系、企业文化的洞察与分析获取专业实践经验,从理论层面对企业实践经验提炼专业应用技术研究水平,在教学改革实践中通过总结与反思感悟中提高讲台教学能力,三个能力维度循环往复,相互促进,深入推进了产业先进技术、优秀文化和发展需求融入专业教学,提高了个体教师既是"工程师",又是"讲师"的"双师型"教师综合能力。[1]

5.13.3.2 加强专兼结合的"双师型"结构教学团队建设

"没有完美的个人,只有完美的团队",现阶段工科高职院校所有的专业教师能成为"双师型"教师是不太现实的,但是很有必要加强包含行业企业领军人才、大师名匠、专业群带头人、骨干教师、技术技能大师的专兼结合和专业化"双师型"结构教学团队建设。工科高职院校结合工作需要设置"固定岗、流动岗",活化组织结构,消除组织壁垒,采用"全职引进、柔性引进、项目化引进"等方式,既引进"职业教育教学名师""理论水平高博士"等专业技术人才,又引进"现代产业导师""大国工匠""国家(省)技能大师"等技术技能人才,同时,建立"院士工作站""技能大师工作室"和"教学名师工作室",加快国家工匠之师、专业领军人物和专业带头人的培养。[2] 工科高职院校聘请企业实践专家作为兼职教师是高水平"双师型"结构建设的必要途径,因此,采取措施规范兼职教师管理,引导兼职教师队伍的规范性和专业化发展。一是建立动态的兼职教师资源库,每年实施兼职教师师德师风、教学能力等综合教学评价,对具有丰富工作经验、技术娴熟的企业技术骨干和能工巧匠实施精准激励嘉奖;二是加强兼职教师的高职教育理论、信息化教学资源制作、教育教学能力培训,提升兼职教师教学能力和信息化教学能力,力争所有兼职教师的教学能力都达标,同时,把"五一劳模"和"大国工匠"等兼职教师的工匠精神融入"双

---

[1] 马树超,郭文富.高职教育深化产教融合的经验问题与对策 [J].中国高教研究,2018,(4):62-65.
[2] 陈淑维.高职院校中青年教师二次成长激励机制初探 [J].中国职业技术教育,2015 (18):54-58.

师型"结构教学团队建设中,不断促进团队精神文化的滋长。①

5.13.3.3 健全"双师型"导向的教师考评机制

以评促建,创新"双师型"导向评价机制,建立以横向技术服务到款额、纵向科研经费到款额、技术交易到款额体现应用技术的研发业绩为导向、以目标管理和目标考核为重点的绩效工资动态调整机制,引导工科高职院校专业教师向"双师型"教师成长;应用技术的研发推广是工科高职院校应用技术研究与社会服务两项职能的综合体现,专业教师可以面向区域性的中小微企业实施访问工程师制度寻找技术开发项目,通过技术研发对接产业、转化成果服务产业、起草标准引领产业、搭建平台融入产业等具体路径,积极参与企业产品的研发和技术革新;② 在专业教师职务评审条件中,工科高职院校明确要求必须有企业实践锻炼的经历和企业技术革新的成果,鼓励专业教师依法取得的技术开发成果转化奖励收入不纳入绩效工资;加强高职院校高水平的教学团队文化的建设,教学团队文化的核心是工匠精神、专业精神和团队精神,在共同的愿景下,遵循产业发展技术创新规律和技术技能人才培养规律,以目标为导向,提升团队凝聚力和战斗力,在专业带头人的组织协调和影响下,带领团队成员不断开拓创新、相互支持,相互信任,紧密合作,提升技术技能人才培养、技术技能积累和创新、专业培训社会服务等方面能力助力区域经济发展。

5.14 协同创新创业教育

习近平同志指出:"抓创新就是抓发展,谋创新就是谋未来"。③ 在"大众创业、万众创新"和"中国制造2025"战略背景下,工科高职学生的创新创业教育如何适应创新驱动发展的要求,如何通过创新创业教育强化技术技能积累能力是高职院校在加强内涵建设过程中不得不思考的问题。在向创新型国家迈进时,"中国制造2025"的颁布标志着中国制造业依靠技术创新驱动朝向中国"智造"迈进。制造产业升级在路径上具体包括两个方向:一是依托技术创新将工艺流程标准化,推进规模生产流程的精细化和高质量,进行组合生产;二是大规模定制化、依托柔性专业化实现灵活生产。④ 组合生产和灵活生产的前提是工艺技术革新,需要现场的技术技能人员有较强的创新能力。现场的技术技能人员不仅要谙熟产品的生产过程,丰富的技能经验,而且要有较强的生产效率意识和质量保证意识,更重要的关键能力体现在不同专业的交叉融合能力,对生产工艺和生产流

---

① 邓宏宝.工匠精神:职教名师必备素养与成长动力[J].中国职业技术教育,2019(17):10-17.
② 杨林生.高职院校科技产业化的路径分析与推进措施——兼论高职教师科技服务能力的提升[J].职业技术教育,2013,34(26):54-58.
③ 习近平.习近平关于科技创新论述摘编[M].北京:中央文献出版社,2016,2.
④ 王星.制造产业升级路径与产业工人技能形成[J].高等职业教育探索,2019,18(3):1-5.

程再造有较强的应用技术创新能力。① 工科高职院校及时顺应产业升级的趋势，在人才培养规格上要逐渐上移，挖掘"高"的内涵要素，在创新型和复合型技术技能人才模式上，引入企业与产业的创新创业资源与禀赋，协同强化技术技能积累孵化功能。

5.14.1 基本内涵

1945 年，哈佛大学出版的《自由社会中的一般教育》一书首次提出高校要挖掘、培养及提升大学生学生创新能力的创新创业教育思想。1947 年，哈佛大学开办首门创新创业教育课程。1973 年，麻省理工学院成立"创新创业中心"和"技术创新研究中心"，通过设置创新创造能力及技术开发等相关课程，结合实践活动培养学生的创新创业能力。1986 年，迈阿密大学举办的首届全国性商业计划大赛，标志高校的创新创业教育实现了从理论到实践的转变。1998 年，联合国教科文组织发表了《21 世纪的高等教育：展望与行动世界宣言》报告，该报告首次正式提出创新创业教育的概念，同时肯定其在素质教育中与学术教育、职业教育具有同等地位，到 21 世纪，国外创新创业教育体系转向对高校创新创业教育与企业之间的"产学协同"。至此，校企协同创新创业教育的价值逐渐显现。② 从哲学的维度分析创新创业的内涵，创新是"知"，是"势能"，创业是"行"，是"动能"，其体现了知行统一观的思想，创新指以现有的知识和物质，在特定情境下改进或创造新的方法、元素、路径和环境等行为，侧重思维层面的创造；创业指通过优化配置和整合资源，在社会经济、文化等领域创办新的企业或事业的过程，侧重行动层面的创造。创业是创新行动化的体现。但大胆幻想和充满好奇是创新与创业共同的基因。③ 工科高职院校的创新创业教育是指通过构建科学的课程体系和实践活动培养学生的创业意识、创业思维和创业技能等各种综合素质，从而达到毕业生具有创新思维活跃、创业能力卓越的技术技能应用人才培养目标的教育体系。工科高职院校的创新教育侧重生产、操作、管理等一线工作过程技术的物化阶段和应用技术方案的创造性实施；工科高职院校的创业教育通过培养学生的基础创业意识和创业技能，旨在培养学生自谋职业、独立创业的能力和企业家精神，培养学生有开创个性的社会变革的参与者，培养学生从事专业实践活动所必须具备的知识技能和社会心理品质。④⑤

---

①舒杨. 新常态下高职创新创业教育的现实困囿、成因及路径 [J]. 职业技术教育, 2016 (29)：49 – 53.

②何继新, 李露露. 高校创新创业教育体系框架与科学范式：一个学术和产业双元视角 [J]. 黑龙江高教研究, 2019 (1)：29 – 34.

③张冰, 白华. "高校创新创业教育" 概念之辨 [J]. 高教探索, 2014 (3)：48 – 52.

④马永斌, 柏喆. 大学创新创业教育的实践模式研究与探索 [J]. 清华大学教育研究, 2015 (6)：99 – 103.

⑤王利平. 高职教育在国家创新链中的位置及维度 [J]. 中国高校科技, 2018, (8)：51 – 54.

工科高职院校校企协同创新创业教育的技术技能积累功能特征表现在三个方面，一是培养学生的创新意识和创业精神是新工科背景下强化高职院校技术技能积累的新要求。新工科是与"新技术、新产业、新业态和新模式"新经济特征相对应的"新兴、新型和新生"工程学科，其内涵为"以立德树人为引领，以应对变化、塑造未来为建设理念，以继承与创新、交叉与融合、协调与共享为主要途径，培养未来多元化、创新型卓越工程人才"①。新工科背景下"创新"与"融合"是工科高职院校专业建设最显著的特征，② 在创新思维和创造力的培养目标导向下，学生不仅要掌握本专业领域实际工作的基本知识和专业技能，更重要的是培养面对应用技术问题"重构和融合"跨专业知识和能力产生新颖、恰当、实用且有价值的想法，"思考型"学力和创造生成适应技术环境有一定技术价值的应用技术能力③。二是培养学生的创新意识和创业精神是工科强化高职院校技术技能积累和社会服务力的途径。积累是创新的基础，创新也是积累的手段，校企协同各自发挥校企在创新和创业资源的优势，协同共建分层递进、专业渗透、相互衔接的创新创业教育课程体系，实现课程体系与创新创业实践平台的相互贯通。加强技术创新科技成果转化为现实生产力促进技术技能积累和社会服务力提升。三是培养学生的创业精神和创新能力可以加速高职院校技术技能积累和迭代。工科高职院校培养学生的创业精神和创新能力需要创新创业教育资源、组织体系及培养体系支撑和保障，包括创新创业课程、创新创业模拟与实践平台、创新创业孵化基地和一支创业优秀、创新能力卓越的企业实践者和专业人士等为主的专兼职创新创业团队建设。为了达成学生创新思维和创造力的培养目标，使学生具备应对未来工作环境和可持续发展能力的创新型人才，将创新创业教育融入人才培养全过程，培养了学生的批判性和创造性思维，推进了双创元素有机融入专业设置与调整、建设与发展，加速了工科高职院校技术技能积累和迭代。④

5.14.2 典型案例

5.14.2.1 校企协同创新创业教育过程与成效

河北化工医药职业技术学院是河北省唯一一所化工医药类高职院校。2016年，该学院被批准立项为国家优质专科高等职业院校建设单位；2017年，入选全国深化创新创业教育改革示范高校，全国高等职业院校双创先进工作单位；智汇众创空间被评为第三批大学生创业孵化示范园；2018年，荣获全国创新创业

---

① 林健.面向未来的中国新工科建设 [J].清华大学教育研究，2017（2）：26-35.
② 钟登华.新工科建设的内涵与行动 [J].高等工程教育研究，2017（3）：7-12.
③ 钟启泉.基于核心素养的课程发展：挑战与课题 [J].全球教育展望，2016，45（1）：3-25.
④ 舒杨，赵恒.高职院校创新创业教育路径探索 [J].中国职业技术教育，2017（2）：88-92.

典型经验高校[①]；2019 年，被遴选中国特色高水平高职学校和专业建设计划建设单位。该学院面对"大众创业、万众创新"的国家战略，抢抓京津冀协同发展的战略机遇，致力于为区域经济发展培养具有创新精神、创业能力的优秀人才，紧紧围绕"培育创新精神 强化创业意识"，聚焦全面提升学生的创新精神、创业意识与创新创业能力，深化创新创业教育改革作为推进教育综合改革、提高人才培养质量的抓手与突破口，取得了显著成效。2015 年，学院与新道科技股份有限公司合作成立了"河北化工医药—新道创新创业学院"，集创新创业基础教育、创新创业模拟与实践、创新创业孵化与融资经营、创新创业成果展示与案例教育等于一体，校企合作建立了与创新创业能力培养相适应的课程体系和实践基地，形成了"五级三融合"创新创业教育模式。[②] 2018 年，3 个学生创业团队注册公司，成功创业。机电系学生李俊峰创立了石家庄恒协医疗设备维修有限公司，吴思玉创立了河北利诺医疗设备维修有限公司石家庄分公司，陈世航创立了石家庄中缘仁医疗设备维修有限公司。学院学生在第四届"互联网+"大赛中荣获省赛金奖 1 项，铜奖 9 项，是大赛主赛道中唯一一所获得河北省省级金奖的高职院校；在第十三届全国高等职业院校"发明杯"大学生创新创业大赛中荣获一等奖 1 项，二等奖 3 项，三等奖 2 项；在 2018 年"挑战杯—彩虹人生"全国职业学校创新创效创业大赛中荣获三等奖 3 项。[③]

5.14.2.2　校企协同创新创业教育路径

河北化工医药职业技术学院校企协同创新创业教育的主要路径：一是依托专业群建设将创新创业教育融入人才培养全过程，构建了具有鲜明特色的"五级三融合"创新创业教育模式（图 5-5），并开发了五级创新创业教育课程体系。将专业教育、职业教育、创新与创业教育有机结合，建设集创新创业基础教育、创业模拟与实践、创业孵化与融资经营和创业成果展示四个功能为一体的"五区一平台"创新创业教育实践基地，建设了"实境化、综合性、开放式"的校内实训基地。建成了 10 个职业氛围浓厚的校内实训基地（车间或中心）、1 个虚拟仿真实训中心和 5 个实训室。化工过程实训中心和青霉素钾盐实训车间两个案例分别被评为全国职业教育虚拟仿真应用优秀案例；以创新创业学院为管理协调平台，在加大投入的同时，全面挖掘全校 5 个专业系的师资、课程、实训及技能大赛等已有资源，打造五个各具行业基因与专业特色的创新创业教育实践区域。专业设置与调整对接产业和双创需求，将双创要素作为专业设置与调整条件，引导

[①]河北化工医药职业技术学院.(2018).河北化工医药职业技术学院高等职业教育质量年度报告.石家庄，河北省.

[②]河北化工医药职业技术学院.(2016).河北化工医药职业技术学院高等职业教育质量年度报告.石家庄，河北省.

[③]河北化工医药职业技术学院.(2019).河北化工医药职业技术学院高等职业教育质量年度报告.石家庄，河北省.

专业坚持双创导向；二是营造创新创业文化生态。将专业教育与创新创业文化相结合，营造是其次，培养创新思维和创新能力的首要目标是对高职教育创新与创业提供良好的氛围，培养学生创新和敢于创业的精神，提高创新和创业能力，促进创新和创业活动，形成师生之间的相互认可，并与创新和创业精神、价值取向、心理状态、文化氛围、管理体系和行为相结合；三是外引内培校企协同打造"双师双创"专业创新创业团队。创新创业教师的双师标准：具备相应的职业发展教育、心理学、经济管理、人力资源管理、职业指导和职业规划等专业背景和具有中级以上相关专业职称。选聘需具有较高的沟通交流能力的成功创办企业经验的青年企业家和杰出的创业优秀校友，与学生面对面畅谈创新创业实践经历，开展创新创业咨询，同时，学院定期举办一些创新路演活动、创新孵化、创业大讲堂、创业实践训练、创业沙龙等创业培训活动，为大学生创新创业者提供有价值的创新创业辅导和培训。

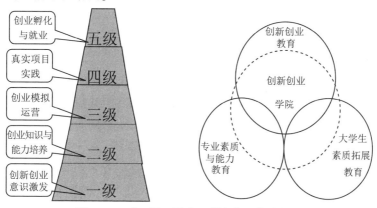

图 5-5 "五级三融合"创新创业教育模式

5.14.3 分析与启示

我国已进入知识经济发展的新常态，创新已经成为引领发展的第一动力。互联网、大数据、区块链技术和人工智能对产业的渗透和融入，新技术、新产业和新业态对技术技能人才的创新能力提出更高要求。从河北化工医药职业技术学院案例分析可以得出，校企协同是做好创新创业教育的前提，校企协同创新创业教育是一项系统工程，需要校企充分发挥各自资源和优势，做好组织、团队、专业和课程之间的协同推进发展，最终使创新创业要素在系统内的功能发挥不受任何压抑。[①]

5.14.3.1 工科高职院校创新创业教育与专业教育必须进行有机地融合才能相互成就和相互促进

创新创业教育与专业教育的关系是毛与皮的关系，也就是说创新创业教育必

---

① 符欲静.高职教育发展进程中的协同创新分析［J］.教育与职业，2018（1）：36-39.

须基于专业教育的基础上开展，但是创新创业教育可以渗透专业教育，推动专业教育的革新和发展。该学院依托专业群把专业教育、职业教育、创新与创业教育有机结合，构建了具有鲜明特色的"五级三融合"创新创业教育模式，创新创业成效突出。工科高职院校要把学生的创新思维和能力及创业精神和能力的培养列入专业人才培养目标的重要内容，使学生主动适应国家经济社会发展和人的全面发展需求，积极投身创新创业实践。校企协同开展创新创业教育，院校有较好的文化根植能力和环境资源，能够给以创业教育实践场地和启动经费的适度资助；企业历经市场经济大潮的洗礼，积累了丰富的创业经验，可以把符合市场变化规律、有潜质的项目引入到学校里面，做好师资培训、投资引导、孵化服务等具体工作。[1] 在学校里建设一批面向地方优势产业和支柱产业的创新创业实践平台，引入中小微科技型企业团队的入驻管理、扶持、科技孵化、服务等，使其成为工科高职院校开展创新创业教育基地。专业群教学团队的核心骨干成员也要加入学院创新创业团队，促进专业教育与双创教育协同发展。

5.14.3.2 工科高职院校的创新创业教育应体现以创业为目标的创新和以创新为手段的创业

工科高职院校创新创业要遵循工学结合和知行统一的职业教育教学原则，创业是创新行动化的体现，创新是创业的灵魂。工科高职院校学生创新主要体现在应用技术的创新、组织创新能力、财务创新能力、营销创新能力和商业模式的创新，这些组合式和集成式创新为创业提供了智慧基础。在创业路演、产权评议、市场调研、评估交易、风险融资、统计分析、信息服务、创业孵化等创业活动和流程也需要技术与市场双重基础上的智力创新，进行商业方法创新和组织变革。同时，启迪学生的创业意愿、创新思维、市场感知力，针对消费者的时尚引领、消费心理、技术趋势，运用跨界思维和互联网思维，突破常规商业运行模式，创新出新的商业运行方案，将应用技术与消费经济、流行文化做到完美的交融，学会在产品的外观设计和包装上，突显产品的情感诉求与审美时尚，引导高职学生在产品功能实现、性能提升、人机对话、造型设计等方面大胆突破集成创新，将不同功能、产品、类型进行融合、交叉、迁移而创新出新产品。"双高计划"旨在打造技术技能人才培养高地和技术技能创新服务平台，2019年入围"双高计划"工科高职院校和专业群在建设中须界定和加强技术创新和技术积累的重要地位，高度重视创新创业教育在提升技术创新和技术积累的作用和功能发挥，把创新思维和创业精神渗透到41专业教育、素质教育和创新与创业教育，以应对变化、塑造未来为建设理念，培养敢于面对挑战的多元化、创新型技术技能人才。

---

[1] 李树陈. 国家治理体系现代化视角下的职业教育政策研究 [D]. 中共中央党校，2016.

5.14.3.3 工科高职院校创新创业教育要构建融合专业教育的"训·研·创·赛"创新创业培养体系

第一，基于"面向全体、融入专业、创新引领、校企协同"的创新创业理念，统筹和发挥校内外专业群的技能大师工作室、产业学院、技术服务联盟、专业生产性实训基地以及区域和院校内创新创业工场、创业学院、众创空间等培养载体，建立专业技能实训、应用技术研发、创新和创业等项目的协同作用，全面深化创新创业教育，以"学中做、做中学、做中创、探中创"等培养形式，加强学生的专业技能、协同创新精神、专业创新能力、创业意识、人文素养等的培养。第二，把培养学生创新思维、塑造学生创新人格和创业企业家精神纳入专业人才培养目标重点内容，将创新创业教育融入专业人才培养方案、课程标准、课堂教学等教育教学的每一个环节。可以对接行业企业核心岗位需求，深度融入创新创业教育，在注重模仿专业技能层次培养的同时，强调创新专业技术层次的人才培养；重构专业群课程体系，增设创新教育课程，启迪学生的创新思维，培养学生的创新精神和创新能力；创新课堂教学模式，提倡项目化学习+探究性学习课堂教学，把创新思维的培养融入情景化课程，促进学生有建构的学习。课程管理推行完全学分制，增加课程的选择性和弹性。第三，把创新创业敢为人先的文化育人理念融入"训·研·创·赛"创新创业培养体系，营造处处有创新思维、人人有创业欲望的创新创业型校园文化。在"训·研·创·赛"不同的实践教学阶段和创新创业实践活动中，培养学生敢于突破、敢于批判、敢于质疑和勇于钻研的创新人格及敢为人先和坚持不懈的创业精神和创业能力。工科高职院校定期举办创业大讲堂、创业实践训练、创业沙龙等创业培训活动，邀请校外创业成功企业家、优秀校友到校与学生面对面分享创业经验，为大学生创业者提供有价值的创业辅导和培训。[①] 强化创新创业类大赛文化在创新创业文化引领作用。坚持"以赛促训，赛训结合"的理念，积极参加各级举办"挑战杯""黄炎培""互联网+"三大创新创业类大赛，充分发挥大赛在技术创新能力培养和创业精神培育的引领和示范作用。[②]

[①]舒杨，赵恒.高职院校创新创业教育路径探索[J].中国职业技术教育，2017（2）：88-91.
[②]张军红，王顺克，陈吉胜.高职特色创新创业教育体系的构建与实践[J].西南师范大学学报（自然科学版），2019（3）：163-168.

第 6 章
研究结论与政策启示

6.1 研究结论

本研究对问卷调查分析和优秀案例分析等实证研究，重点对工科高职院校技术技能积累的现状、问题及原因进行了分析，发现由于工科高职院校技术技能薄弱、应用技术创新能力不足，已严重影响到当前我国工科高职院校的改革与发展和我国经济结构调整和转型升级。本文基于校企协同理论、组织学习理论和社会交换理论，对工科高职院校技术技能内涵特征和理论模型进行创新性拓展，以"校企协同"作为整个提升工科高职院校技术技能积累能力的基调和主轴，并试图研究和回答以下问题：工科高职院校技术技能积累与创新型技术技能人才培养相互耦合提升问题；工科高职院校技术技能积累能力评价问题；工科高职院校技术技能积累体制机制破解问题；工科高职院校技术技能积累平台搭建问题；工科高职院校技术技能积累的关键主体双师教师团队建设问题；工科高职院校技术技能积累与创新创业教育关系问题等。现得出以下系列结论：

6.1.1 校企协同是一个校企双方合作共赢、行动选择、利益博弈和共建共享的过程

校企协同共生式技术技能积累是提升工科高职院校技术技能积累力的重要途径，也是工科高职院校强化技术技能积累力的前提条件。工科高职院校是现代工业经济发展到一定程度的产物，提升工科高职院校的技术技能积累力是现代职业教育内涵发展升级和高职教育体现"高等性"的必然内在要求。工科高职院校技术技能积累力强，高职教育就越有吸引力，对区域经济发展的支撑力也就越强。"校企协同理论""社会交换理论"和"组织间学习理论"是整体提升工科高职院校技术技能积累策略的主导性理论。整体提升工科高职院校技术技能积累是实现工科高职院校从"跟跑"产业转变为与"齐跑"产业甚至于"领跑"产业发展的核心支撑。

6.1.2 个人层面的技能协同、组织层面的管理协同和产业层面的战略协同是校企协同的三个层面

其中，个人技术技能积累是工科高职院校技术技能积累最基本的内在动力和最活跃的要素，而个人层面的技能协同是强化个人技术技能积累的关键路径。为

了增强个人层面的技能协同效能，工科高职院校建立激励机制和流动机制激发专业教师深入企业第一线强化专业实践锻炼，提高专业实践动手能力和技术应用能力，完善和落实高职院校教师轮训制度，提升双师素质，优化专业教学团队结构，尤其是加强专业领军人物的培养和引进工作，健全和完善技能大师工作室运行机制，使技能大师工作室成为高职院校重要的个人技术技能积累平台；采取"柔性引才"吸引企业管理人员、工程技术人员和能工巧匠担任专兼职教师，提高兼职教师专业课课时比例；设置新任教师有至少两年企业工作经历的门槛，严格执行专业教师两年专业实践的时间累计不少于两个月制度；工科高职院校要加强组织自学习能力，创新机制，提升内生驱动力和增强自我造血能力，从根本上提升技术技能积累水平。组织层面的管理协同是提升工科高职院校技术技能积累力的关键。工科高职院校在原始技术技能积累水平较低的情形下，通过深化产教融合和校企合作，善于统筹产教资源，从组织层面的管理协同快速提升工科高职院校技术技能积累力。组织层面的管理协同可以采取校企共建技术协同中心、组建职业教育集团、共建实训中心、产教联盟、共建混合所有制双主体二级学院等多种形式，在共建专业、共建教学团队、共建课程、共建实训基地、共同开展教学、共建数字化教学资源、共育校园文化和共同开发应用技术产品促进人才培养链与产业链有机衔接。工科高职院校要积极创新组织层面的管理校企协同机制，通过组织层面的管理协同强化外生性积累，借力企业技术技能积累资源，发挥校企资源互补优势，既能发挥企业对新技术和新工艺敏感能力，也能激发高职院校的组织自学习能力，有助于在较短的时间内实现社会范围内积累资源的优化配置，调整技术积累结构，有效增强自身的积累水平。工科高职院校管理层还要具有远见卓识和前瞻眼光，强化战略思维扎根区域产业发展的土壤，与当地标杆企业构建产业层面的战略协同和文化协同，壮大技术技能积累力，实现"我中有你你中有我"共荣共生的利益共同体、战略共同体和文化共同体。

6.1.3 工科高职院校技术技能积累和创新型技术技能人才培养两者之间呈现相互作用和紧密耦合的关系

创新型技术技能人才培养是技术技能积累的"压舱石"，培养高素质创新型技术技能人才是强化技术技能积累功能的前提；技术技能积累是技术技能人才培养的"加油站"，通过资源转化和成果迁移赋能技术技能人才培养。工科高职院校向学生传授技术技能知识培养技术技能人才中实现了技术技能的传播、传递、传承、积累和创新，人才培养的过程就是进行技术技能积累的过程；高效的技术技能积累系统将拓展和整合校企资源，加速驱动专业群内涵建设，校企协同共建实训基地和技术创新中心为技术技能人才培养系统提供更多的资源和空间，从而促使技术技能人才培养更具动力和能量。学生、企业、教师、专业和课程是技术技能积累耦元与技术技能人才培养耦元耦合动态运行系统的耦元连接体。学生是工科高职院校技术技能积累和人才培养的耦合运行"媒介体"；企业需求是工科高职院校技术技能积累与技术技能人才培养耦合运行的"导航器";专业教师团队是工科高职院校技术技能积累与技术技能人才培养耦合运行的"发动机";专业(群)和课程建设是工科高职院校技术技能积累和人才培养的耦合动态运行"润滑剂",技术技能积累与创新型技术技能人才培养融合是保持工科高职院校人才培养、技术创新与社会服务高校组织根本属性的唯一途径。

6.1.4 基于协同投入—协同过程—协同绩效评价逻辑结构,构建和探索工科高职院校技术技能积累评价标准

在工科高职院校技术技能积累建设过程中,更重要的是加强协同过程的效能建设。其中,校企协同建立技能大师工作室、校企协同建立技术开发中心、校企协同开发教学标准、校企现代学徒制双元育人、校企协同共建实训基地和校企协同共建二级产业学院是最有效的协同路径。建立工科高职院校评价指标体系的目的是工科高职院校深化校企合作的办学模式和工学结合专业人才培养模式改革提供科学合理的指南引导和规范院校强化技术技能积累的建设,旨在促进院校技术技能积累整体工作水平的提高。建立评价指标体系不仅能促进院校各级主体包括高层领导层、中层管理干部、专业带头人和骨干教师充分发挥自己的优势和特长,履行好岗位职责,促进和深化校企协同技术技能积累,更重要的是可以对不同主体在工科高职院校技术技能积累过程中产生的贡献和价值意义作出评价,从而充分调动技术技能积累利益相关者和参与方的积极性,以确保工科高职院校技术技能积累动力机制和运行机制能有效运行。

6.1.5 整体提升工科高职院校技术技能积累是一项系统工程,需要从个人层面的技能协同、组织层面的管理协同和产业层面的战略协同培育生态环境和文化协同推进技术技能积累

信任是校企协同关系发展的核心,通过构建基于制度保障和协议约束的制度型信任、基于信息共享和沟通互动的认知型信任和基于文化认同和战略互信的认同型信任塑造价值认同共同体;通过"企业大师进学校,教学名师进企业"校企双师嵌入、建立项目式团队学习共同体、建立跨学科和专业应用技术研究联合体构建校企学习机制策略;通过构建混合股份制的校企协同模式、以行业组织为主体的第三方协调服务机制、既有约束又有激励的利益平衡机制,激发校企强化技术技能积累的主观能动性;协同共建具有高度集约化的内生性技术技能积累的生产性实训基地,夯实技术技能积累实体条件;协同共建具有创新创造和人才培养双重功能的产业学院,形成技术技能积累集聚高地,集生产实践、技术创新、技术服务和创业实践于一体,构建培养复合型创新型技术技能人才的生态系统;依托区域产业优势建立技能大师工作室,构建教师学习共同体、师生实践共同体和行业技术技能文化积淀和传承中心,实现技术技能知识生成和共享,引领优秀学生成长、促进青年教师专业化和双师型教师团队共同成长;技术创新能力强的工科高职院校牵头成立区域技术服务联盟对接当地区域的中小微企业技术革新和

技术转移，促进校企深度合作和协同发展，充分发挥高职院校在技术技能积累与创新上的优势，共同推进新技术应用和技术技能的积累；工科高职院校，依托专业群优势和专业教学团队建立应用技术创新中心，围绕区域产业关键技术、核心工艺、产品升级和技术共性问题和需求，服务中小微企业；校企协同共建高水平双师结构团队加速技术技能知识的流动，发挥技术技能积累关键主体作用；工科高职院校要以"双创"与专业教育融合为驱动，强化技术技能积累孵化功能，丰富技术技能积累建设的内涵。

6.2 政策启示

6.2.1 国家层面

《国家职业教育改革实施方案》开篇明确"职业教育与普通教育是两种不同教育类型，具有同等重要地位"论断。由于属于不同教育类型，高职院校与普通本科院校其科技成果研究的评价逻辑和导向应该进行分类评价，普通本科院校科技成果评价遵循的是默顿的科学研究范式和发表成果导向。[①] 高职院校科技成果评价则遵循"后学院科学"范式和应用导向，其价值体现在是否解决教学或生产中的某个具有情境化特征的问题。[②] 作为应用技术创新"驱动极"和创新型技术技能人才"摇篮"，工科高职院校在国家科技创新体系的重要性不可言喻，国家要高度重视工科高职院校技术技能积累和创新功能建设。国家可在以下三个方面引导和激励工科高职院校和企业协同强化技术技能积累和创新的积极性，一是对校企协同技术技能积累项目采取积极的财税信贷政策。发挥中央财政杠杆效应，对校企协同成立的技术创新中心和大学生创业团队采取积极的财税信贷政策；可通过财政出资引导社会资本投入，设立高职院校毕业生创新创业基金，为高校毕业生创新创业提供股权投资、融资担保等服务；积极落实产教融合型企业认证制度，对积极协同参与高职院校技术技能积累的企业给予"金融＋财政＋土地＋信用"的组合式激励；切实落实创新创业孵化器税收优惠政策，对工科高职院校成立双创基地按规定落实相关税收政策，鼓励金融机构改进金融服务，开辟校企合作技术技能创新信贷业务，对中小企业与高职院校协同共建生产性实训基地、技术创新中心和技能大师工作室提供支持；二是强化国家级重点项目建设的技术技能积累和创新导向和引领。高职院校"双高计划"的建设目标导向，要突出"高端"技术技能人才培养和"高位"的应用技术开发、技术革新和技术创新上，把是否成为区域经济主体产业的关键技术创新中心，是否有效支撑区域

[①] 郝天聪.中国特色高水平高职院校建设：必要性、内涵与重点任务——《国家职业教育改革实施方案》解读［J］.职教通讯，2019（3）：29－35.

[②] 马西米安诺·布奇.科学，谁说了算［M］.诸葛蔚东，李锐，译.北京：北京大学出版社，2016：3.

经济转型升级能力纳入"双高计划"高职院校和专业群办学业绩、水平评价和目标考核的重要指标。国家示范性职教集团、国家"万人计划"教学名师评选、全国职业院校教师教学创新团队和国家产教融合生产性实训基地等国家级重点项目的申报和成果验收均要体现高水平的技术技能积累能力和技术技能创新能力。国家在开展本科层次高职教育试点，更要突出技术技能积累和创新的引领和示范；三是积极搭建全国层面的产业技术技能积累平台。在国家层面引入现代信息技术和网络技术，为校企协同技术技能积累和创新合作搭建便捷、高效的信息化管理平台，共享资源和技术信息；充分发挥全国行业职业教育教学指导委员会组织的校企桥梁作用，使行业协会成为校企协同技术技能积累的推进者、监督者和评价者；在全国高职高职联席会议和行业职业教育教学指导委员会工作会议建立诸如"校企协同技术创新对话制度""校企创新技术技能人才需求和技术发展趋势"等产教对话制度。另外，国家对高职人才培养质量年度报告要加强高职院校申报横向技术服务到款额和技术交易到款额指标的可信度核查，建立问责制度，确保真实性和权威性。

6.2.2 地方政府层面

压实各级政府在校企协同强化技术技能积累的主导责任，各地方省市发展改革委、工业和信息化厅（局）等厅（局）充分重视工科高职院校在促进当地经济结构转型和产业创新升级的功能发挥，在制定区域产业，战略规划调整和优化时，对接地方产业布局和优势产业，同步优化工科高职院校布局和专业群结构。基于产教融合思维，把工科高职院校建立在工业园区或把工业园区建立在职教城附近，强化工科高职院校和区域产业发展的紧密耦合关系和相互促进关系；各级政府及其职能部门应当着重加强校企协同强化技术技能积累指导和协调，统筹协调本区域校企协同技术技能积累的项目规划、资源配置、专项经费保障、公共平台、考核评估等一系列具体工作，优化校企协同环境，强化政府各职能部门的政策保障和有效支撑；地方政府要鼓励和支持"双高计划"高职院校牵头搭建校企协同的技术技能积累和创新服务平台，以信息技术手段解决校企深度融合的问题，重点服务中小微企业的技术研发和产品升级；地方政府明确地方企业必须肩负校企协同技术技能积累和创新的社会责任，企业应当接纳职业院校实习学生和实践教师各项实训和顶岗实习，鼓励企业与职业院校开展现代学徒制培养，对接受顶岗实习、学生就业和校企协同共建的生产性实训公共基地的企业应当给予税收优惠；地方教育厅（局）督促各高职院校全面推进现代学徒制人才培养模式改革，优化应用型人才培养模式的专业设置与课程体系，提高人才培养与产业发展的匹配度；地方政府结合实情和产业特点制定职业教育校企合作促进条例实施办法，设立校企协同技术技能积累与创新发展专项资金，鼓励工科高职院校参与企业的技术改造、产品研发和科技攻关等项目，促进科技成果转化。地方政府应当建立职业教育联席会议制度，联席会议由教育、人力资源社会保障、发展改革、工业和信息化、财政税务等单位组成，统筹协调本地区产教融合项目规划、公共技术服务平台建设、技术技能传承平台建设、技能大师工作室建设、区域技术创新中心建设、区域双创空间建设、产教资源配置、专项经费保障、督导考核评估等工作。

6.2.3 工科高职院校层面

工科高职院校高层领导要深刻认识高职院校是国家技术创新体系重要组成部分的意义，把学校建设成区域技术技能积累的集聚中心作为办学愿景和使命。在办学思路上突出以创新驱动就业，办学定位上提升和引领产业发展转型，治理体系进行柔性革新和流程再造推动技术技能积累和创新的扩展，把加强技术技能积累作为高水平工科高职院校建设重要的抓手和提升内涵水平及社会服务力的突破口。强化工科高职院校技术技能积累功能是一项系统工程，秉承系统思维，从战略、组织、体制、平台、设施、团队、保障等方面的全要素、全链条、全过程提升技术技能积累能力。参照工科高职院校技术技能积累评价指标体系，建立专门的校企合作机构统筹校企协同技术技能积累中的事务，加强协同投入，规范协同过程，激励协同绩效。制定学校政策鼓励和引导学校高层领导层、中层管理干部、专业带头人和骨干教师强化技术技能积累意识和能力，立足岗位，发挥协同效能，聚焦校企资源，促进和深化校企协同技术技能积累。通过建立混合股份制的校企协同模式、以行业组织为主体的第三方协调服务机制、既有约束又有激励的利益平衡机制，激发校企参与技术技能积累的主观能动性；加强技术技能积累功能与人才培养功能的反哺，在优化人才培养目标上，突显复合型、创新型技术技能人才培养；优化专业教师以应用技术创新为导向职称评定政策，建立校企"企业大师进学校，教学名师进企业"双向流动机制，加速技术技能知识的流动，协同共建双师结构团队，发挥技术技能积累关键主体作用；在技术技能积累平台建设上，结合区域产业特点和专业群优势积极搭建生产性实训基地、产业学院、应用技术创新中心、技术服务联盟、技能大师工作室和创客空间；加强创新创业教育与专业教育的融合，强化技术技能积累孵化功能，丰富技术技能积累建设的内涵；校企共同开展应用技术研究，服务地方企业特别是中小微企业，围绕企业关键技术、核心工艺、产品升级和技术共性问题和需求，扎根区域产业发展的土壤，构建产业—专业—创新创业产业层面的战略协同，提升技术技能积累的鲁棒性，实现跟随产业发展到引领产业发展的华丽转型。

6.3 研究展望

通过上述章节对工科高职院校技术技能积累的研究，对于工科高职院校强化技术技能积累有了一个系统和整体的认识，对其问题现状、理论基础、内涵特征、评价模型、体制机制、平台与路径及策略体系进行了清晰的逻辑脉络梳理和论证。人工智能技术加速新工科的技术迭代，在"一带一路"中国企业实施"出海"，四年制本科高职院校试点，为工科高职院校技术技能积累与创新提出了新的挑战与新的研究视角，还有待于笔者今后进一步深入系统的研究与论述。

6.3.1 人工智能背景下工科高职院校技术技能积累路径和策略研究

互联网和人工智能的渗透，全产业链和个性化需求定制，不同产业重合叠加，成为制造业态的主要特征。"人工智能"让机器能像人那样理解、思考和学习，从而使得计算机模拟人类的智能。它所涉及的主要研究领域包括：自然语言处理、模式识别、机器学习、计算机视觉与智能控制等。人工智能作为国家的新战略，将会引发经济结构的重大变革，实现社会生产力的整体提升。在产业生态上呈现出跨界融合的变化，在产业形态上出现了链式合作模式，在产业模式上创新了平台经济，在产业内涵上要引进"智能制造+"，在产业质量上迈进了技术驱动的层面。《高等学校人工智能创新行动计划》提出到2020年，全国高校争取建设100个人工智能复合特色专业。"人工智能+"专业为工科高职院校创新型技术技能人才培养改革开辟了新的视域，人工智能领域校企协同育人，人工智能最新成果推动人才培养改革，在智能制造的发展背景下，教育生态、思维模式、知识体系、教师能力、教育技术、教材呈现、教学场景等教育教学也发生了变革。为应对这些变革，我们要主动融入技术迭代的进程，用人工智能改造专业、融合专业，创新人才培养体系，重构人才知识结构，走"数字化、信息化、智能化"之路，用数字化思维开发、设计课程体系。为助力我国智能制造发展、培养高素质综合型人才、人工智能对创新型技术技能人才的影响和技术技能积累途径的影响还有待进行系统研究。

6.3.2 "一带一路"国际合作工科高职院校技术技能积累路径和策略研究

习近平总书记于2013年提出实施"一带一路"，倡导沿线国家共同打造政治互信、经济融合、文化包容的利益共同体、命运共同体和责任共同体。我国实体企业在基础设施建设、能源建设、产能合作和国家基础服务为沿线国家提供了"中国技术"和"中国方案"，工科高职院校与"出海"企业共建技术研发中心，研究适应东道国的应用技术和创新本土化产品等，帮助"出海"企业培养本土化技术技能人才，如天津"鲁班工坊"已成为助力工科高职教育走出去，助推"出海"企业走出去的国际化品牌项目。国家大力鼓励职业教育与企业携手"走出去"背景下，工科高职院校技术技能积累平台和策略有待系统研究。

6.3.3 四年制本科高职院校技术技能积累路径和策略研究

2018年年底德国明确职业晋升性进修分为职业专家、职业学士和职业硕士，职业学士和职业硕士与德国高等教育的学士和硕士学位等值。[①] 从社会经济转型、升级与发展对技术技能型人才需求的质量及层次的提升和国际高等职业教育

---

① Bundesministerium für Bildung und Forschung（BMBF）:Berufsbildungsbericht 2019.

的发展趋势看，我国发展本科职业教育已是必然且迫在眉睫。① 高职本科教育是定位于本科层次的兼具理论素养及善于将技术意图或工程图纸转化为物质实体，同时，能在生产一线进行技术指导和组织协调的高等技术型人才的技术教育，是高职教育的重要组成部分。② 为适应技术生态的变化，高职院校内部的结构和功能不断演进和完善，发展四年制高职是职业教育体系内生发展的需求，四年制本科高职院校技术技能积累内涵、特征、路径和策略有待进一步深化研究。

---

① 陈宝华. 应用技术大学与本科职业教育 [J]. 中国职业技术教育，2017（36）：86-88.
② 丁明军，易烨，陈宇. 四年制高职人才培养的探索与实践 [J]. 高等工程教育研究. 2016（4）：141-145.

后 记

本书以湖南省"十三五"教育科学规划省级重点资助课题"高职院校技术技能积累与创新集成研究（课题批准号：XJK016AZY001）"的结题报告为基础，经笔者多次修改和进一步深化而完成。从课题立项到书稿付梓，历时整整四年时间。回首四年研究历程，是何等的艰难和坎坷，因为人到中年，精力不济；因为工科背景，文史哲功底浅薄；因为兼职研究，用于研究的时间总是碎片的拼凑，但又是何等的顺利和幸运，因为人到中年，丰富经验和经历可以弥补精力的匮乏；因为工科背景，工科与文科思维的碰撞激发创新的思维；因为是结合工作的研究，问题导向与学术研究得到完美融合。该项成果是课题组辛勤耕耘和努力探索的心血铸就的结晶，也是高职教育界支持和共同关心的结果，在此，我对指导、关心和支持本课题研究的同仁致以诚挚的谢意，并对支持本书出版的北京理工大学出版社的编辑们表示衷心的感谢！

我是于 2005 年顺应国家大力发展职业教育的时代大潮中加入高职专业教师队伍，之前有 15 年的企业工作经历，先后担任技术员、班长、工序主任、车间主任及化工自动控制设计师。从事高职教育教学后，又先后担任工业过程控制专业教师、专业负责人、教研室主任、高职教育研究所所长、教务处处长、分管教学和科研的副校长。2016 年很荣幸考取清华大学攻读教育管理专业，希望能够把高职教育管理实践中的迷惑和未知在攻读博士学位的求学质疑过程中逐步变成明朗和已知，更希望在求学过程中按照清华大学"价值塑造、能力培养和知识传授"三位一体培养模式让自己知识结构、思维范式和方法能力继续在未来的高职教育管理实践中探索更多的未知。四年的博士学习，让我逐步养成把研究的思维和行胜于言的风格融入日常工作中的习惯，14 年的工科高职院校的教育教学管理实践和研究，一直在追问工科高职院校的功能定位和核心竞争力到底体现在哪里？职业教育作为一种类型教育，如何在国家发展战略中发挥不可替代的作用？工科高职院校如何在粗放性、规模化发展向特色化和品牌化发展转型期间将四者功能协调和创新发展？工科高职院校又如何在高等教育体系中基于自身特色和优势发挥不可替代的作用，更有力支撑产业发展？鉴于此，首先基于协同理论、社会交换理论和组织学习理论，确定校企协同视域下工科高职院校技术技能积累研究理论框架和研究思路；通过实证研究分析工科高职院校技术技能积累现状、影响因素及技术技能积累与技术技能人才培养耦合关系，然后通过德尔菲法和层次分析法，构建工科高职院校技术技能积累评价体系。最后基于近三年高职院校高等职业教育质量年度报告运用案例分析法对工科高职院校技术技能积累校企协同机制、协同平台、积累载体、关键主体和创新创业实践平台提出整体方案集合和集成策略。

感谢我的博士导师清华大学韩锡斌教授和王晓阳研究员。从课题立项、研究思路、写作提纲，直至论文撰写、修改和定稿自始至终都得到恩师的悉心指导，恩师嘉惠后学，循循善诱，让我终身受益。恩师在治学态度和方法上的严谨及对于专业的忠诚追求，是我学习的榜样；在道德品行、为人处世方面，恩师温柔敦厚的作风也是我终身的楷模。

感谢湖南教育科学研究院院领导及湖南电气职业技术学院、包头职业技术学院和全国新能源装备技术专业教学指导委员会等诸位同仁的积极支持，他们对该课题的调查问卷和高职院校技术技能积累评估体系数据给予了耐心的配合！

本书还只是对专科层次的工科高职教育技术技能积累与创新进行了研究，本科层次的高职教育技术技能积累与创新等其他问题有待后续研究。本研究中的诸多问题还需要进一步深化，有些认识存在局限性，因此，本书的出版还只是开端，希望该领域的专家学者们能进一步共同探索，也真诚希望专家和读者对本书的不足之处提出宝贵意见。

周哲民

2019 年 12 月

附录 1
"工科高职院校技术技能积累现状" 调查问卷

尊敬的女士/先生：

您好！首先真诚地感谢您能在百忙中与我们合作进行关于工科高职院校技术技能积累现状的研究！请您结合贵校的实际情况，帮助填写问卷。您的回答对我们的研究结论非常重要。我们保证本调查的所有数据仅用于学术研究，您的所有资料都将会受到严格的保密，同时本次调研的最终结果也将与高职院校共享，使参加调研的高职院校受益。

专业术语解释： 技术技能积累是高职院校在长期的教育教学、培训、应用技术研发、推广和创新实践中，依托专业优势，对接产业，深度融入产业链，校企协同，依照一定的技术技能轨道和路径，所获得的实体性要素（关键实验实训设备、仪器和工具、大师工作室、技术平台等重要设施等）的增添及技术技能知识和技术技能能力的递进、积淀和传承。

填写说明： 本问卷包括主观题和客观题两种类型，请将您认为合理的选项填在题后括号内，并在横线上填写自己认为准确的答案。

您的职务：□院领导　　□中层干部

贵校名称：

贵校隶属：

贵校为：□国家示范院校　　□国家骨干院校　　□省级示范院校　　□其他

1. 贵校开展技术技能积累面临的最大问题是（　　）。
   A. 院领导重视不够　　　　　　　　B. 政府的激励政策
   C. 专业教师应用技术科研能力较弱　D. 学校的激励政策不给力
   E. 校企间的信息沟通渠道不畅通　　F. 其他（请填写）

2. 贵校目前开展的校企协同技术技能积累平台主要有哪些？（　　）（可多选）哪个平台最有效（　　）。（单选）
   A. 共建产业学院　　　　　　B. 共建实训室或生产性实训基地
   C. 共建技术联盟平台　　　　D. 建技术工艺和产品开发中心
   E. 共建技术服务和平台　　　F、共建科教园区
   G. 共建校办产业　　　　　　H. 共建职业教育集团
   I. 共建大师工作室　　　　　J. 院士工作站

3. 您认为选择企业参与校企协同技术技能积累的因素主要有哪些？（ ）（可多选）

　　A. 企业的经营理念　　　　　B. 企业在行业中的地位
　　C. 企业品牌和社会责任　　　D. 企业工艺水平
　　E. 产业链与专业群对接匹配度　F. 企业的地理位置
　　G. 企业应用技术研发水平　　H. 企业有熟悉的人脉资源

4. 院校主管部门在校企合作技术技能积累中发挥了哪些作用？（ ）（可多选）

　　A. 政策支持
　　B. 资金支持
　　C. 搭建校企合作技术技能积累平台
　　D. 将学校的发展规划纳入行业发展规划统一考虑

5. 您认为政府可以提供的校企合作技术技能积累优惠政策有哪些？（ ）（可多选）

　　A. 企业支持职业院校教育的所有费用可以计入生产成本或减免所得税
　　B. 员工职业培训费用可以得到政府补助
　　C. 设立校企合作专项基金，给予校企合作项目基金支持或奖励
　　D. 设立国家或地方政府校企合作贡献奖，由政府部门表彰优秀的企业或个人
　　E. 其他（请列出）

6. 贵校参与校企技术技能积累的主要协作方式有（ ）？（可多选）

　　A. 技术转让　　　　　　　　B. 合作研究
　　C. 委托培训和咨询顾问　　　D. 与企业合作开展应用性技术服务项目
　　E. 合作开发技能大赛项目
　　F. 共同组织重大项目的招标或重大技术的引进
　　G. 订单培养或现代学徒制培养　H. 与企业合作共建专业，共同开发教材
　　I、为企业开展员工培训、技能鉴定、继续教育
　　J、协同创新创业教育

7. 贵校通过何种途径和企业建立技术技能积累合作关系的（ ）（可多选）

　　A. 中介机构　　　　B. 自己联系　　　　C. 对方主动联系
　　D. 政府牵引　　　　E. 熟人介绍　　　　F. 其他途径

8. 贵校为什么要进行校企技术技能积累（ ）（可多选），其中最主要的因素是（ ）

　　A. 政府的政策　　　B. 技术应用成果转化　　　C. 发展需要

D. 生存压力　　　　　E. 培养人才　　　　　　　F. 已有合作关系

G. 提高知名度　　　　H. 获得政府或其他途径的各类补贴

9. 贵校对校企技术技能积累的重视程度为（　　　），认为合作单位是否重视（　　　）？

　　A. 非常重视　　　B. 比较重视　　　C. 一般重视　　　D. 不太重视

10. 贵校校企技术技能积累的成效（　　　）？

　　A. 没有　　　B. 较差　　　C. 一般　　　D. 较好　　　E. 很好

11. 您认为通过校企合作技术技能积累，院校取得的成效有哪些（　　　）？（可多选）

　　A. 提升了专业教师实践能力　　　B. 提高了学校社会服务能力和贡献力

　　C. 推动了专业改革和课程建设　　　D. 提高了学生的专业能力和职业素养

　　E. 创造了可观的经济利益　　　F. 提高了专业的知名度

　　G. 其他

12. 您认为影响校企合作技术技能积累的主要原因是（　　　）？（可多选）

　　A. 教育行政管理部门缺乏对高职院校的技术技能积累绩效考核

　　B. 高职院校的学生综合素质和教学水平

　　C. 高职院校专业教师积极性不高，太多精力放在教学上

　　D. 企业在合作中害怕承担风险

　　E. 政府引导校企合作的方式和途径不合理

　　F. 政府在促进校企合作运行机制中的组织与协调作用不突出

　　G. 对积极参与校企协同的企业缺乏激励政策和机制

　　H. 政府对校企合作专项资金投入力度不够

　　I. 有资质的社会中介机构没有积极穿针引线

　　J. 高职院校的应用技术科研能力不高

　　K. 企业和高校的利益分配不合理

　　L. 缺乏金融机构的支持

13. 在选择合作对象时，贵校认为最影响双方相互信任关系的因素是（　　　）？

　　A. 合作经历　　　　　B. 良好的声誉　　　C. 双方职能部门有效的沟通

　　D. 合作方的企业文化　　E. 相互依赖性　　　F. 制度保障

　　G. 双方高层的有效互动　　H. 其他

14. 贵校获取外部技术技能知识的主要途径（　　　）？（可多选）

　　A. 技术咨询　　　　　B. 专利转让　　　　C. 人才引进

　　D. 校企合作　　　　　E. 经验交流　　　　F. 参观学习

　　G. 业务培训　　　　　H. 技术联盟　　　　I. 其他

15. 贵校从企业获得技术技能输出所遇到的主要障碍是（　　　）？（可多选）

　　A. 高职院校应用技术研究与开发能力不强，缺乏平等对话的能力

B. 对积极参与技术技能输出的企业缺乏激励政策和机制

C. 企业知识产权保护过度

D. 知识产权不清晰

E. 技术转化资金不足

F. 高职院校技术消化能力不强

G. 企业争夺技术创新的主导权（控制权）

H. 企业不愿意转让市场前景好的技术

I. 企业与高校之间缺乏有效的联系渠道

J. 其他

16. 贵校技术技能输出到企业所遇到的主要障碍是（   ）？（可多选）

A. 高职院校应用技术研究与开发与企业需求脱节

B. 高职院校对技术技能输出教师缺乏激励政策和机制

C. 高职院校应用技术研究与开发能力不强，技术创新不够

D. 知识产权不清晰

E. 技术转化资金不足

F. 中小微企业技术消化能力不强

G. 有资质的社会中介机构没有积极穿针引线

H. 高职院校不愿意转让市场前景好的技术

I. 企业与高校之间缺乏有效的联系渠道

J. 其他

17. 您认为如何才能促进工科高职院校的技术技能积累效果（   ）？（可多选）

A. 高职院校管理层加强技术技能积累方面的意识和战略管理能力

B. 加大校企技术协同力度，共建实训中心，促进校企良性互动

C. 提高高职院校应用技术研究与开发能力

D. 提高高职院校教师主持横向课题的奖励力度

E. 在职称评定、教学名师等评选加大产业影响力评价维度权重

F. 激励专业教师深入企业强化专业实践，提高技术应用能力

G. 加强专业领军人物的培养和引进工作，提高行业影响力

H. 鼓励企业技术骨干聘任兼职教师，加大技术骨干与专业教师双向交流

I. 设置新任教师有至少三年企业工作经历的门槛

J. 其他

18. 您认为，校企合作技术技能积累中利益分配受哪些因素影响（   ）（可多选）

    A. 市场状况　　　　B. 预期绩效　　　　C. 项目投资规模

    D. 技术风险　　　　E. 技术先进程度

F. 参与合作方投入的财务、物力和时间　　G. 其他

19. 您认为校企合作技术技能积累过程中,合作各方冲突产生的来源主要有(　　)?(可多选)

　　A. 参与动机不一致导致冲突　　B. 利益分配失衡导致冲突

　　C. 价值观、文化背景等的差异性导致冲突

　　D. 信息和认识差异引起冲突　　E. 外部环境变化导致冲突

20. 您认为政府在校企合作技术技能积累方面所做的工作中,最需要改进的工作是?(　　)

　　A. 平台建设　　　B. 政策激励　　　C. 资金投入

　　D. 人才引进　　　E. 其他

21. 贵校认为目前参与的校企合作技术技能积累运行过程中存在的主要问题是?(　　)(可多选)

　　A. 知识、信息交流不够畅通　　B. 缺乏信任

　　C. 合作形式单一　　　　　　　D. 过分注重短期利益,研发投入不足

　　E. 政策环境不好　　　　　　　F. 权益分配不当

　　G. 人际关系不协调　　　　　　H. 激励机制不够完善

　　I. 决策管理协调不够　　　　　J. 其他

22. 您认为是什么原因使校企合作技术技能积累关系能长期保持稳固?(　　)(可多选)

　　A. 相互的信任　　B. 长期的政策支持　　C. 长期的技术支持

　　D. 长期的资金支持　E. 长期的信息交流　　F. 长期的人才合作关系

　　G. 协议的约束　　H. 相互的利益驱动　　I. 长期的技术合作关系

　　J. 其他

23. 对建立促进高职院校技术技能积累提升的运行机制与策略您有何建议?

_____

_____

_____

问卷到此结束,再次感谢您的参与!

附录2
"工科高职院校技术技能积累影响因素和评价"调查问卷

尊敬的女士/先生：

您好！非常感谢您在百忙之中填写这份调查问卷，本调查问卷旨在了解工科高职院校在内涵建设过程中影响技术技能积累的因素，此研究为纯学术性研究。本次调查采用匿名填写方式，我们真诚地希望您回答所有的问题，并确保答案真实可靠。如未能得到精确的数据，请尽量做出估计。调查数据只用于学术研究，一切资料将绝对保密。如您感兴趣本项目研究结果，我们将把研究结果发给您。

谢谢您的支持与配合！

专业术语解释：技术技能积累是高职院校在长期的教育教学、培训、应用技术研发、推广和创新实践中，依托专业优势，对接产业，深度融入产业链，校企协同，依照一定的技术技能轨道和路径，所获得的实体性要素（关键实验实训设备、仪器和工具、大师工作室、技术平台等重要设施等）的增添及技术技能知识和技术技能能力的递进、积淀和传承。

一、被访人基本信息

您的职称：□教授 □副教授 □讲师 □双师型教师 □其他

您的教龄：□5年以内 □5~10年 □10~20年以内 □20年以上

贵校为：□国家示范院校 □国家骨干院校 □省级示范院校 □其他

二、测量量表部分

请您结合贵校技术技能积累的实际情况，对下列说法进行打分（请在相应的选项分数上划"√"表示），所有的问题都是采取五分制，其中，1表示非常不同意；2表示比较不同意；3表示既不同意也不反对；4表示比较同意；5表示非常同意。

Part1（因素量表）：请评估校企协同中影响技术技能积累的因素，根据您的总体感受在相应的选项上划"√"。

变量名称	问题内容	选项（非常不同意→非常同意）				
		1	2	3	4	5
个体技能协同	双师型专任教师比例					
	专任教师人均企业实践时间					
	从企业引进兼职教师专业课课时比例					
	从企业引进技能大师的数量					
	从企业引进产业导师的数量					
	教师兼职企业技术人员的数量					
组织学习间协同	与企业合作的数量					
	与行业龙头企业合作的数量					
	共建实训室或生产性实训基地					
	校企共建专业					
	共建技能大师工作室					
	校企协同申请专利					
	与企业协同开发的横向课题数量					
	校企协同开发课程资源和培训资源					
	校企协同开发工艺标准或工艺文件					
	校企协同开发技能标准					
战略规划协同	共建职业教育集团					
	共建科教园区					
	共建技术工艺和产品开发中心					
	共建院士工作站					
	共建众创空间					
	共建校办产业或培训公司					
	共建产教融合联盟					
	共建产业学院					

Part2（评价量表）：请评估校企协同中技术技能积累水平要素，根据您的总体感受在相应的选项上划"√"。

变量名称	问题内容	选项（非常不同意→非常同意）				
		1	2	3	4	5
技术技能积累协同基础	应用技术科研投入总额					
	科研投入在运行费用百分比					
	企业投入科研费用					
	教学和科研仪器总值					
	生均教学科研仪器设备值					
	企业捐赠设备值					
	企业捐赠设备值占百分比					
	专业教师双师型教师数量					
	专业教师双师型教师比例					
	企业兼职教师数量					
	企业兼职教师比例					
技术技能积累协同过程	应用技术协同创新中心					
	校企协同技术联盟					
	职业教育集团					
	校企协同技术工艺和产品开发中心					
	校企协同技能大师工作室					
	校企协同技术孵化、创新和创业基地					
	校企协同专业建设个数					
	校企协同课程开发					
	共建共享实训基地					
	订单或现代学徒制人才培养数百分比					
	校企共同编写技能知识教材					
	校企共同制作技能传授视频					
	校企共建工艺手艺和绝技绝活技术文档					
	教师拥有知识产权的技术开发、工艺标准等技术成果					
	发明、新型实用技术专利					
	应用技术论文					
	横向技术服务到款额					
	横向技术服务产生的经济效益					

续表

变量名称	问题内容	选项（非常不同意→非常同意）				
		1	2	3	4	5
技术技能积累协同绩效	纵向科研经费到款额					
	技术交易到款额					
	非学历培训到款额					
	公益性培训服务					
	校企协同开发省级以上技能大赛项目					
	校企协同开发实训设备					
	全日制在校生人数					
	每年毕业生人数					
	每年毕业生留在当地就业百分比					
	毕业生就业率					
	毕业生月收入					
	毕业生工作专业相关度					
	母校满意度					
	毕业生自主创业比例					
	雇主对毕业生满意度					
	毕业三年职位晋升比例					
	师生技能大赛获奖					
	学生创新创业大赛获奖					

问卷到此结束，再次感谢您的参与！